Neue Grundlegungen der Theologischen Ethik bis zur Gegenwart

THEOLOGISCH-PHILOSOPHISCHE BEITRÄGE ZU GEGENWARTSFRAGEN

Herausgegeben von Susanne Dungs, Uwe Gerber, Lukas Ohly
Gerhard Schreiber und Andreas Wagner

BAND 19

Zu Qualitätssicherung und Peer Review der vorliegenden Publikation

Die Qualität der in dieser Reihe erscheinenden Arbeiten wird vor der Publikation durch die Herausgeber der Reihe geprüft.

Notes on the quality assurance and peer review of this publication

Prior to publication, the quality of the work published in this series is reviewed by the editors of the series.

Lukas Ohly

Neue Grundlegungen der Theologischen Ethik bis zur Gegenwart

13 Modelle von Barth bis Herms

Bibliografische Information der Deutschen Nationalbibliothek
Die Deutsche Nationalbibliothek verzeichnet diese Publikation
in der Deutschen Nationalbibliografie; detaillierte bibliografische
Daten sind im Internet über http://dnb.d-nb.de abrufbar.

ISSN 2194-1548
ISBN 978-3-631-75843-4 (Print)
E-ISBN 978-3-631-75844-1 (E-PDF)
E-ISBN 978-3-631-75845-8 (EPUB)
E-ISBN 978-3-631-75846-5 (MOBI)
DOI 10.3726/b14239

© Peter Lang GmbH
Internationaler Verlag der Wissenschaften
Berlin 2018
Alle Rechte vorbehalten.

Peter Lang – Berlin · Bern · Bruxelles · New York · Oxford · Warszawa · Wien

Das Werk einschließlich aller seiner Teile ist urheberrechtlich
geschützt. Jede Verwertung außerhalb der engen Grenzen des
Urheberrechtsgesetzes ist ohne Zustimmung des Verlages
unzulässig und strafbar. Das gilt insbesondere für
Vervielfältigungen, Übersetzungen, Mikroverfilmungen und die
Einspeicherung und Verarbeitung in elektronischen Systemen.

Diese Publikation wurde begutachtet.

www.peterlang.com

Für Ulrich von Stuckrad-Barre in alter und neuer Freundschaft

Inhaltsverzeichnis

Vorwort 11

1 Einleitung 13

I Einige evangelisch-ethische Entwürfe des 20. Jahrhunderts 17

2 Karl Barth 19
   2.1 Der zwingende Charakter des Gebots 19
   2.2 Das Problem unliebsamer Beziehungen 22
   2.3 Zusammenfassung und Ergebnis 26

3 Dietrich Bonhoeffer 29
   3.1 Bonhoeffers Personenkonzept 31
   3.2 Kollektivpersonen 33
   3.3 Die endlose Dauer von „Christus als Gemeinde existierend" ... 37
   3.4 Folgen für eine legitime Gebotsethik 43
   3.5 Ein anwendungsethisches Beispiel 45
   3.6 Resumée zur Gebotsethik 46

4 Trutz Rendtorff 51
   4.1 Die Grundelemente der Ethik 51
   4.2 Die Zuordnung ethischer Ansätze zu ihren Grundelementen ... 54
   4.3 Anwendung der Grundstruktur der Ethik 56
   4.4 Würdigung und Kritik 56

II Evangelisch-ethische Entwürfe des 21. Jahrhunderts 59

5 Johannes Fischer 61
- 5.1 Kommunikation und Geist 63
- 5.2 Die Sprachlogik Wittgensteins und die Metaethik Fischers ... 67
- 5.3 Die Abhängigkeit moralischer Urteile von sozialen Beziehungen 73
- 5.4 Der Geist der Geister als Richtschnur der Überprüfung 76
- 5.5 Kritische Weiterführung 78
- 5.6 Ein anwendungsethisches Beispiel 83
- 5.7 Abschließende Bemerkungen 86

6 Wilfried Härle 89
- 6.1 Härles Ansatz 90
- 6.2 Das Theologische an Härles Beitrag 96
  - 6.2.1 Eine trinitarische Neuanordnung 96
  - 6.2.2 Theonomie 98
- 6.3 Welche Anwendungsethik ergibt sich daraus? 101

7 Eilert Herms 107
- 7.1 Wie wird die Ethik begründet? 109
  - 7.1.1 Ethos als Sein 110
  - 7.1.2 Das Wesen des christlichen Ethos 115
- 7.2 Welche Ethik ergibt sich aus diesem Ansatz? 122
  - 7.2.1 Wie lässt sich die Grundlegung anwenden? 122
  - 7.2.2 Ein anwendungsethisches Beispiel 128
- 7.3 Was ist das Theologische an Herms' Ethik? 133

8 Jörg Hübner 137
- 8.1 Freiheit als Grundlage der Ethik 137
- 8.2 Wie wirkt sich die Freiheitsgrundlegung anwendungsethisch aus? 145

8.3 Wie werden Tugend- und Rechtsethik
aneinander angebunden? 148
    8.3.1 Die Ehe 148
    8.3.2 Die Kirchengemeinde 150

8.4 Ergebnis 153

9 Christofer Frey 155

9.1 Ethik aus der Gottesbegegnung 155

9.2 Die Spannung aus Identitätsethik und Eschatologie 159

9.3 Die Bedeutung der Bibel für die Ethik 164

9.4 Eine Rückfrage 168

10 Hermann Deuser 173

10.1 Zwei metaethische Hauptfragen 173
    10.1.1 Methodische Vollständigkeit? 173
    10.1.2 Vollständigkeit durch Theologie? 175

10.2 Hermann Deusers Programm 175
    10.2.1 Deusers ethische Prinzipienlehre 176
    10.2.2 Das Verallgemeinerungsprinzip 178
    10.2.3 Das Realisierungsprinzip 180
    10.2.4 Das Glaubensprinzip 183

10.3 Der trinitarisch-theologische Charakter der drei Prinzipien ... 184

10.4 Die Vollständigkeit der drei Prinzipien 186

10.5 Wie setzt sich die Prinzipienlehre anwendungsethisch um? ... 189

10.6 Ein blinder Fleck der Prinzipienlehre? 191

11 Klaas Huizing 195

11.1 Scham 196

11.2 Die Bedeutung der Bibel für die Ethik 203

11.3 Die Schamethik in der Anwendung 206
    11.3.1 Medienethik 206
    11.3.2 Medizinethik 208

11.4 Der theologische und ethische Charakter der Schamethik 209

III Ethische Entwürfe anderer Konfessionen und Religionen ... 213

12 Klaus Demmer ... 215
12.1 Innerlichkeit ... 217
12.2 Wie wird aus der Innerlichkeit eine Ethik? ... 220
12.3 Zusammenfassung ... 225

13 Mouhanad Khorchide ... 227
13.1 Die Ablehnung eines juristischen Verständnisses von Islam ... 228
13.2 Evolutionäre Ethik ... 232
13.3 Zusammenfassung und Weiterführung ... 236

14 Emanuel Levinas ... 239
14.1 Was der Andere für mich ist ... 239
14.2 Der ontologische Beweis ... 242
14.3 Das Problem der Freiheit ... 245
14.4 Der Andere und der Dritte ... 249
14.5 Eine neue Lösung des Freiheitsproblems ... 252
14.6 Ergebnis ... 254

IV Ertrag ... 257

15 Konvergenzen der ethischen Ansätze ... 259
15.1 Begegnungen mit einem zwingenden Charakter ... 259
15.2 Texthermeneutik ... 260
15.3 Sein und Sollen ... 260
15.4 Skizze einer theologischen Ethik ... 261

Literaturverzeichnis ... 265

Vorwort

Um Licht in das Dickicht gegenwärtiger theologisch-ethischer Grundlegungen zu bringen, habe ich seit 2007 begonnen, ihre Konvergenzen und Hauptstränge zu rekonstruieren. Intensiviert habe ich diesen Forschungsbereich seit dem Jahr 2014. In einigen wissenschaftlichen Zeitschriftenbeiträgen habe ich Vorarbeiten und zuletzt in einer Vorlesung zum WS 2017/18 einen ertragreicheren Gesamteindruck vorgelegt. Den kritischen Rückmeldungen insbesondere meiner Studierenden möchte ich an dieser Stelle danken. Sie sind ins vorliegende Manuskript eingegangen.

Für einen Druckkostenzuschuss des „Vereins zur Förderung ethischer Urteilsbildung in Erziehung und Unterricht" (VEU) möchte ich an dieser Stelle sehr herzlich danken. Stellvertretend für die gewohnt vorzügliche Zusammenarbeit mit dem Peter Lang Verlag danke ich Hermann Ühlein.

Einem meiner treuesten akademischen Begleiter und Freund, Pfr. Ulrich von Stuckrad-Barre, möchte ich dieses Buch widmen.

1 Einleitung

Examenskandidaten sprechen mich häufig darauf an, welchen ethischen Entwurf ich zur Examensvorbereitung empfehlen kann. In der Frage der Studierenden stecken zwei Interessen: einmal, worin sich eigentlich bestimmte Entwürfe voneinander unterscheiden; und dann, wie man theologisch überhaupt Ethik betreibt. Es könnte ja sein, dass die ethischen Entwürfe sich so ähnlich sind, dass man einfach das dünnste Buch lesen kann, weil man fürs Examen ohnehin genug zu lesen hat. Aber leider sind sie sich nicht ähnlich. Das kann man auch als Symptom einer Krise der theologischen Ethik betrachten. Denn wenn ihre Ethik-Entwürfe so unterschiedlich sind, dann gibt es offenbar keine klaren Kriterien, wie theologische Ethik „geht". Und dann sieht es so aus, als stochern Theologen im Nebel, wenn sie Ethik betreiben.

Hinter der Frage der Studierenden, ob ich einen Entwurf empfehlen kann, steckt daher auch die Frage nach klaren Kriterien für eine theologische Ethik. Studierende spüren selbst, wie unzureichend sich das anhört, wenn man auf konkrete Fragen der Sterbehilfe, der Gen-Manipulation des Menschen, des Tierschutzes oder der Umweltethik nur auf irgendwelchen Bibelstellen verweist. Erstens ist eine Bibelstelle noch kein ethisches Argument. Und zweitens muss man klären, welche Bibelstelle ethisch relevant sein soll, und diese Klärung führt schon wieder von der Bibel weg – zu einem ethischen Kriterium. Aber was leisten dann Theologen anderes als Philosophen, die auch ohne Bibel ihre ethischen Maßstäbe begründen?

Das geht über die Examensvorbereitung hinaus und führt zu einer Frage, mit der Theologen früher oder später konfrontiert werden. Im Schulunterricht werden sie gefragt: Warum soll das gelten? Warum sollen wir z. B. die Zehn Gebote lernen? Warum hat die Kirche (scheinbar!) eine so strenge Sexualethik? Oder warum sollen nicht Ärzte auch das Recht haben, sterbenskranke Patienten auf humane Weise zu töten, bevor diese sich selbst vor den Zug werfen? Die Argumente, dass das Leben von Gott gegeben ist, klingen antiquiert und gehen auf die existenziellen Probleme der Betroffenen nicht ein. Genauso die Antwort, dass Sex nur in einer festen Partnerschaft moralisch richtig ist.

Ich halte viele kirchliche oder theologische Argumente zur Ethik für kurzschlüssig: Sie sind oft nur für Menschen überzeugend, die bereits davon überzeugt sind, und klingen wirklich antiquiert. Daher geben sie oft keine Orientierung, sondern orientieren nur diejenigen, die ohnehin schon wissen, wie sie sich verhalten. Als Theologen kommt man also früher oder später in die Situation, wo man selbst wissen muss, wie man ethisch argumentieren sollte – und zwar so, dass es möglichst überzeugend ist. Dafür will man dann auch diejenigen ethischen Grundlegungen lesen, die einem dabei helfen und möglichst wenig antiquierten Ballast mitschleppen.

Ich habe die Ansätze der evangelisch-theologischen Ethik der letzten Jahre untersucht, um eine Antwort auf ihre Fragen zu geben. Die Leser sollen einen Eindruck gewinnen, warum christliche Theologen ihre eigene Grundlegung zur Ethik entwerfen und warum es weder ausreicht, philosophische Ethik zu betreiben, noch, Ethik durch irgendwelche Bibelworte zu überspringen. Dabei werde ich die theologischen Ansätze der jüngeren Zeit vorstellen und konstruktiv vorgehen. Die Entwürfe enthalten teilweise Begründungslücken oder Schwächen, die ich mit meinen eigenen Vorschlägen schließen möchte.

Dabei soll sich auch mitverfolgen lassen, wie sich die Ansätze aneinander annähern. So unterschiedlich, wie sie erscheinen, sind sie dann nicht mehr, sondern betonen eher bestimmte Profile, während sie andere vernachlässigen, die aber trotzdem auch in ihnen latent enthalten sind.

Es ist erstaunlich, dass seit der Jahrtausendwende im deutschsprachigen Bereich allein in der evangelischen Theologie mehr als ein halbes Dutzend theologisch-ethische Grundlegungen erschienen sind. Noch erstaunlicher ist es, dass sie kaum voneinander lernen. Das suggeriert den Eindruck, dass theologische Ethik Privatsache wäre. Hier wiederholt sich das Problem, dass offenbar die ethischen Kriterien fehlen oder unscharf sind. Auch eine Professorin hat mich vor einiger Zeit gefragt, welchen Entwurf ich eigentlich weiterführend finde. Das zeigt, dass sogar unter Profis umstritten ist, ob die jüngsten ethischen Grundlegungen überhaupt hilfreich sind. Ich finde diese Entwürfe hilfreich, aber dieses parallele Angebot nicht. Bei kaum einem Ansatz merkt man, dass er von anderen Entwürfen beeindruckt ist oder von ihnen lernt oder sie weiterentwickelt. Aber umso beeindruckender war dann für mich bei der Erarbeitung dieses Buches, dass man Annäherungen der Entwürfe beschreiben kann. Irgendwann merkt man doch, dass die Entwürfe vom selben Forschungsgegenstand sprechen: nämlich davon, was die Gottesoffenbarung für ethische Konsequenzen unmittelbar nach sich zieht.

Bevor ich aber die aktuellen Entwürfe darstelle (Teil II), werde ich zunächst einige Klassiker des 20. Jahrhunderts untersuchen (Teil I). Dieser Umweg soll die gegenwärtigen Entwürfe verständlicher machen, vor allem bei der Frage: Was ist das Theologische an der Ethik (nämlich die Gottesbegegnung)? Und was ist das Ethische an der Gottesbegegnung (nämlich der zwingende Charakter dieser Begegnung)?

Ich möchte in einem dritten Teil einen interkonfessionellen und interreligiösen Ausblick geben: Könnte es sein, dass sich auch ethische Annäherungen im Hinblick auf die katholische Moraltheologie zeigen – und vielleicht auch im Hinblick auf andere Religionen? In welchem Verhältnis steht die theologische Ethik etwa zur Ethik ihrer Wurzel, dem Judentum? Und gibt es etwa auch Parallelen zur muslimischen Auslegung der Scharia? Dieser Abschluss am Ende des Buchs bleibt eine Andeutung. Ich werde jeweils nur einen katholischen, jüdischen und muslimischen Ansatz vorstellen. Dennoch macht dieser Ausblick Sinn, nachdem ein Gespür für evangelisch-theologische Ethik entwickelt worden ist. Dadurch erkennen wir Anschlüsse, aber auch Barrieren im ethischen Diskurs mit Andersgläubigen.

I Einige evangelisch-ethische Entwürfe des 20. Jahrhunderts

2 Karl Barth

K. Barth:
Kirchliche Dogmatik Bd. II/2, 564–875
Kirchliche Dogmatik Bd. III/4

Barth ist der prominenteste Vertreter einer Offenbarungstheologie, nach der Gott unerkennbar ist, weil er kein Gegenstand der Welt ist. Gott ist Schöpfer der Welt und nicht Geschöpf. Also kann auch nichts Geschöpfliches Gott ähnlich sein. Nichts in der Schöpfung kann Gott repräsentieren – also auch keine Wörter oder Begriffe von Gott. Eigentlich kann also niemand sinnvoll über Gott reden. Es gibt aber eine Ausnahme, wie man doch von Gott reden kann: nämlich wenn Gott über sich selbst redet. Wenn Gott sich selbst zur Redepraxis macht, dann entsprechen diese Rede seiner Wirklichkeit. Von Gott kann also *theoretisch* nie gesprochen werden; theoretisch entspricht ihm kein Zeichen. Aber *praktisch* können Rede-Zeichen der göttlichen Wirklichkeit entsprechen; und zwar wenn Gott selbst diese Redepraxis initiiert. Diese Bezeichnungspraxis, die Gott selbst durchführt, nennt die Theologie eine Offenbarung. Deshalb nennt man dieses Erklärungsmodell „Offenbarungstheologie".

Ich halte die Offenbarungstheologie in ihrem Ansatz für stichhaltig. Sie baut auf den unaufhebbaren Unterschied zwischen Gott und Welt. Der Unterschied zwischen Schöpfer und Geschöpf ist so groß, dass das Bilderverbot angemessen ist – und damit jede immanente Denkbewegung vom Geschöpf zum Schöpfer ausgeschlossen ist. Damit wehrt sich die Offenbarungstheologie gegen eine Verfügbarmachung Gottes durch den Menschen. Und schließlich: Kriterien einer theologischen Ethik können dann nur von einer Gottesoffenbarung ausgehen. Damit wird der Begegnungsaspekt für die Ethik betont: Ethik bekommt ihren zwingenden Charakter durch die Gottesbegegnung.

2.1 Der zwingende Charakter des Gebots

In Barths Ethik findet sich keine Antwort auf die Frage, *warum* wir Gottes Gebot gehorsam sein sollen. Ich halte dies jedoch für eine zentrale ethische Frage, weil sie nach der die Legitimität von Forderungen fragt, an denen sich

Christen orientieren. Bei Barth wird diese Frage aber nicht gestellt. Auch das Wort „Legitimität" sucht man als zentralen ethischen Begriff bei Barth vergebens. Man kann daher weiterfragen, ob Barths Ethik überhaupt eine Ethik ist. Geht es ihr überhaupt um die Legitimation von ethischen Forderungen? Oder geht es ihr nur darum, diese Forderungen darzustellen? Wenn ja, dann verwandelt sich hier die Ethik zur Exegese. Tatsächlich schreibt Barth über die Grundregel kirchlicher Dogmatik, sie sei eine Auslegung der Selbstoffenbarung Gottes (II/2 36). Das gilt dann im Besonderen auch von der Theologischen Ethik. Sie ist Auslegung, aber nicht die Wissenschaft von der Legitimität von Normen. Die ethische Frage ist: Inwiefern ist Auslegung in Jesus Christus geschehen (II/2 597, 600)?

Säkulare Ethik ist darum unmöglich, weil sie Gottes Selbstoffenbarung nicht auslegt. Barth sagt nicht, dass es säkulare Ethik nicht geben *darf*, sondern dass es sie nicht geben *kann* (II/2 601). Die Frage nach der Legitimität von Forderungen ist damit für Barth keine ethische Frage. Sie ist das Selbstmissverständnis des Menschen, sich zum Richter über eine Sache zu machen, die Gottes Sache ist (II/2 578). „[Wir kennen] kein freies Fragen nach Gut und Böse" (II/2 594). Säkulare Ethik ist somit eine Illusion über eine unmögliche Möglichkeit (II/2 595) und damit ein Missverständnis von der Aufgabe der Ethik.

Auch wenn Barth nicht *ethisch* begründet, warum nur eine Gebotsethik, die die Gebote der göttlichen Offenbarung auslegt, die einzig richtige ist, gibt er dennoch dafür eine Begründung, nämlich mit dem zwingenden Charakter der Offenbarung. „Die Ethik als Lehre von Gottes Gebot erklärt das Gesetz als die Gestalt des Evangeliums" (II/2 564). Das Gebot ist ein zweites Element des Bundes zwischen Gott und Mensch neben Gottes Gnadenwahl (II/2 564). Weil Gott den Menschen erwählt hat, beansprucht er ihn auch (II/2 567). Die Gestalt dieser Inanspruchnahme ist das Gebot Gottes (II/2 609). Barths Begründung für Gottes Gebot ist also die Auslegung einer kommunikativen Beziehung zwischen Gott und Mensch. In dieser Beziehung gibt es zwingende Momente der kommunikativen Angemessenheit, die sich in den Geboten ausdrückt.

Nehmen wir an, Ihre Freundin oder Ihr Freund ist bei Ihnen zu Besuch. Doch wie aus heiterem Himmel geht es ihr ganz schlecht und bittet Sie, sie in eine Klinik zu bringen. Natürlich werden Sie sie zur Klinik bringen. Die kommunikative Situation bringt Sie in einen Zwang, jetzt loszufahren. Niemand wird Sie später verständnislos fragen: Warum hast du deine Freundin in die Klinik gebracht? Und selbst wenn man Sie fragt, werden Sie vermutlich nicht so antworten, dass Sie die ethische Legitimität Ihres Verhaltens herausheben. Sie werden nicht sagen: „Meine Freundin ist ein Mensch. Und meiner Freundin ging es schlecht. Immer wenn es einem Menschen schlecht geht, muss man helfen, weil jeder Mensch eine Würde hat. Wenn man selber nicht helfen kann, muss man Hilfe beschaffen. Also habe ich Hilfe für meine Freundin beschafft, indem ich sie zur Klinik gebracht habe." Zwar ist es schon legitim, so zu antworten. Aber Sie werden es trotzdem nicht tun, weil die Antwort Ihnen gestelzt oder lächerlich vorkommen wird. Vielmehr werden Sie einfach antworten: „Es ging ihr schlecht, und sie hat mich darum gebeten." In dieser Antwort beziehen Sie sich auf Ihre kommunikative Situation zu Ihrer Freundin, die einen zwingenden Charakter enthielt. Übrigens profitieren Sie auch davon, weil Sie die Freundschaft erhalten und zeigen können, dass sie Ihnen etwas wert ist. Der zwingende Charakter zeigt sich aber schon darin, dass die kommunikative Beziehung zu Ihrer Freundin gefährdet ist, weil es ihr schlecht geht. Außerdem hat Ihre Freundin Sie gebeten, sie in die Klinik zu bringen. – In dieser Situation ist diese Bitte ein Zwang. Sie werden Ihre Freundin in die Klinik bringen.

In diesem Beispiel können wir auf zwischenmenschlicher Ebene auslegen, was Barth auf der Ebene zwischen Gott und Mensch auslegt. Wir legen aus: Sie stehen in einer kommunikativen Situation. Diese Situation ist zum einen ein Geschenk: Sie sind mit Ihrer Freundin zusammen. Und sie enthält einen zwingenden Charakter: Sie müssen ihr helfen, weil es ihr schlecht geht und Sie darum gebeten worden sind. Es besteht also ein Bund, der von Erwählung und Gebot geprägt ist. Niemand wird hier ernsthaft fragen können, ob dieser zwingende Charakter in der Situation legitim ist. Es liegen zwar Gründe vor, sich ethisch angemessen zu verhalten. Aber diese Gründe sind selbst nicht ethischer Art.

Karl Barths Gebotsethik wird von hierher verständlich und sogar plausibel: Barth reflektiert die zwingenden Konsequenzen der kommunikativen Beziehung zwischen Gott und Mensch. Seine Ethik basiert auf dem Respekt gegenüber dieser Beziehung. Die Frage, ob dieser Respekt *legitim* ist, stellt sich nicht, solange wir in dieser Beziehung stehen: „Der Mensch handelt gut sofern er *christlich* handelt. Christlich heißt: als Einer, der weiß, daß Gott sich seiner in Jesus Christus angenommen [hat]" (II/2 607; Herv. K.B.).

Sie könnten natürlich zu Ihrer Freundin sagen: „Ach, lass uns noch den Film fertig sehen, weil er gerade so spannend ist. Danach kannst du dir ja ein Taxi rufen." Der zwingende Charakter der kommunikativen Situation bedeutet nicht, dass Sie mechanisch gezwungen werden, ins Auto zu steigen, um Ihre Freundin in die Klinik zu bringen. Das Gebot lässt Ihnen durchaus einen Spielraum, sich anders dazu zu verhalten. Aber wenn Sie sich anders verhalten, respektieren Sie die Beziehung nicht, in der Sie stehen. Sie stehen in einer Beziehung, verhalten sich aber gegen sie – und werden das deshalb nicht tun.

Deswegen legt Ethik nach Barth den zwingenden Charakter der Beziehung aus, in der wir stehen. Damit ist auch etwas über den Inhalt der Gebote gesagt: Der materiale Gehalt der Gebote beschränkt sich nämlich auf die Beziehung. Die Beziehung zwingt nicht zu irgendetwas Willkürlichem, sondern dazu, sich entsprechend zur Beziehung zu verhalten. Ihre Freundin wird nicht von Ihnen fordern, Terrorist zu werden. Denn die kommunikative Beziehung zwischen Ihnen und Ihrer Freundin hat darin nicht ihren verbindlichen Kontext, dass Sie Terrorist werden. Das würde den Rahmen Ihrer Beziehung sprengen. Nicht aber sprengt es den Rahmen, wenn Ihre Freundin von Ihnen verlangt, sie in die Klinik zu bringen. Allgemein kann man sagen: *Die Beziehung zwingt, sich dazu zu verhalten, dass sie selbst etwas Verbindliches ausstrahlt*. Ethik als Auslegung macht diese Verbindlichkeit transparent.

Eine Infragestellung der kommunikativen Beziehung ist allerdings zu unterscheiden von einer belastenden Situation in einer kommunikativen Beziehung. Es treten auch in gewollten und respektierten Beziehungen Situationen ein, die unerwünscht sind, etwa ein Familienstreit. Der Unterschied liegt darin, dass man auch beim Familienstreit den zwingenden Charakter der Familienbeziehung achtet. Erst wo man die Verbindlichkeit der Beziehung aufgibt, wird ihr zwingender Charakter aufgegeben.

2.2 Das Problem unliebsamer Beziehungen

Nun stehen wir aber manchmal auch in kommunikativen Beziehungen, aus denen wir am liebsten aussteigen wollen. Wenn sich die Ehefrau vom Ehemann scheiden will, und er bittet sie jetzt: „Bring mich zur Klinik!", dann sieht sie den zwingenden Charakter der Beziehung nicht mehr unbedingt ein. Verliert dann die Beziehung ihren zwingenden Charakter?

Es passt, wie Barth diese Frage behandelt: nämlich gar nicht. Er versucht nicht, die Beziehung zu Gott als etwas Reizvolles und Schönes darzustellen, sodass man aufgrund dieser Bedürfnisbefriedigung an ihr festhalten will. Unsere subjektive Motivation, in die Gottesbeziehung einzutreten, spielt für Barth keine Rolle. Wie bereits erwähnt, beschäftigt sich Barth nicht mit unseren subjektiven Momenten der Beziehung, sondern ausschließlich mit den Sachgründen dieser Beziehung, nämlich mit Gottes Gründen, sich mit uns in Beziehung zu setzen. Wir stehen in einer Beziehung zu Gott, weil Gott uns dazu erwählt hat, nicht weil wir wählen könnten. Wir haben nur die Freiheit, Gottes Erwählung nachzuvollziehen[1], aber nicht die Freiheit, uns sich ihr zu entziehen.

Seine Argumentation wirkt tautologisch: Wir können uns der Beziehung zu Gott – und damit seinen Geboten – nicht entziehen, weil Gott uns zu dieser Beziehung erwählt hat. Aber warum soll diese einseitige Erwählung uns keinen Freiraum lassen, uns dieser Erwählung zu entziehen?

Nun hängt es nicht wesentlich von unserem Wollen ab, ob wir uns einer Beziehung entziehen können. Eine Beziehung bleibt auch bestehen, wenn wir uns willentlich von ihr lossagen. Die Verbindlichkeiten auch einer unerwünschten Beziehung, ihr zwingender Charakter, kann uns immer wieder einholen, auch wenn wir uns davon willentlich lossagen. Denn es ist ein *allgemeiner* Charakter von Beziehungen, dass man das nicht kann.

Allerdings zeigt sich Barth skeptisch gegen theologische Aussagen, die aus einer allgemeinen Struktur hergeleitet werden. Vielmehr sucht er die konkrete Offenbarung, nicht aber allgemeine menschliche Anlagen, Bedingungen oder Strukturen für die Begegnung mit Gott. Solange aber Barth die konkrete Gottesbegegnung unabhängig von allgemeinen Strukturen macht, die eine kommunikative Beziehung ausmachen, kann er dann auch nichts anderes entwickeln als Tautologien. Wenn Barths Ethik Gottes Gebot nur verstehen und auslegen, aber nicht legitimieren will, kann er nur darauf beharren, dass Gottes Gebot gilt, weil die kommunikative Beziehung zu Gott dem Menschen keine Spielräume gibt.[2] Warum sie uns keine Spielräume gibt, hat keine allgemeinen Gründe, die in der Kommunikabilität von Beziehungen liegen. Vielmehr ist diese Beziehung einfach eine be-

---

1 K. Barth: Das Geschenk der Freiheit, 2.
2 K. Barth: KD I,2, 786.

sondere. Daraus kann Barth auch folgern, dass selbst diejenigen, die das Gebot Gottes nicht achten und der Beziehung ausweichen wollen, sich ihr trotzdem nicht entziehen können: „Wir können ja, von der Erkenntnis der göttlichen Erwählung des Menschen herkommend, um kein menschliches Handeln wissen, das nicht unter Gottes Gebot stünde, um keine menschliche Existenz, die nicht so oder so auf Gottes Gebot antwortet" (II/2 594). Auch das liegt an dieser besonderen Beziehung zwischen Gott und Mensch, dass sie keine anderen Begründungen zulässt als solche Tautologien.

Obwohl es daher für Barth nur die Beziehung zwischen Gott und Mensch in ihrer Konkretheit gibt, aber keine allgemeinen Strukturen darin, biete ich einen phänomenologischen Vorschlag für die offenbarungstheologische Begründung der Gebotsethik an, der solche allgemeinen Bedingungen rekonstruiert. Zwar soll die Beziehung zwischen Gott und Mensch eine konkrete Beziehung sein, für die keine allgemeinen Eigenschaften gelten. Allerdings könnte umgekehrt der konkrete Charakter der Beziehung zwischen Gott und Mensch eine konkrete Struktur enthalten, die man dann auch in anderen Beziehungen wiederfinden kann, sobald man sie konkret verstanden hat. Tatsächlich lassen sich Anhaltspunkte für diese Verallgemeinerung der konkreten Offenbarung bei Barth selber finden: „[Gott] tut alles Allgemeine um jenes Besonderen willen und umgekehrt: durch jenes Besondere, ja in und mit ihm selber alles Allgemeine" (II/2, 56). „Es ist wahr, dass dieses [das Gebot Gottes] als solches zugleich dass *allgemeinste*, in seiner Anwendung auf ihn jetzt und hier aber auch ein höchst besonderes Gesetz ist" (III/4 8, Herv. K.B.). Die besondere, unableitbare Beziehung zwischen Gott und Mensch hat damit einen einzigartigen Charakter, den man dann aber in anderen Beziehungen wiederfinden kann, sobald man ihn aus der konkreten Beziehung würdigt.

Dann ließe sich so verallgemeinern: *Wir können uns deshalb niemals einer kommunikativen Beziehung entziehen, weil in jeder kommunikativen Beziehung Gott mit seiner Verbindlichkeit auftritt.* In diesem Sinne etwa interpretiert Barth die Ehe zwischen Mann und Frau. Es gibt kein allgemeines Heiratenmüssen, wohl aber ein konkretes. Sowohl die Ehe als auch Ehelosigkeit kann nur gewählt werden als Sache einer ebenso strengen göttlichen Berufung (III/4 205, 207). Also ist Gott mit seinem Gebot und seiner kommunikativen Verbindlichkeit in der ehelichen Beziehung präsent. Er ist es deshalb, weil wir uns *seinem* zwingenden Charakter auch nicht in der ehelichen Beziehung entziehen können und auch nicht in anderen zwischenmenschlichen Beziehungen. Eheleute können sich zwar scheiden lassen oder sich aus dem Weg gehen. Sie können sich aber nicht dem zwingenden Charakter entziehen, der in dieser Beziehung besteht.

Offenbar strahlen sogar Beziehungen einen verbindlichen Gebotscharakter aus, die wir heutzutage ablehnen: Herrschaftsbeziehungen etwa zwischen Herr und Knecht, Herr und Sklave, Obrigkeit und Untertanen. Auch von solchen Beziehungen können sich Menschen nicht lösen, selbst wenn sie ihnen durchaus entkommen.

Ich vermute, dass dieser zwingende Charakter von Beziehungen der Grund ist, warum das Neue Testament keine sozialrevolutionäre Einstellung gewonnen hat. Die befreiende Botschaft von Jesus Christus wird nicht sozialrevolutionär für eine neue Gesellschaftstheorie genutzt. Dieser biblische Befund hat die theologische Ethik bis heute immer wieder in ein ethisches Dilemma geführt, vor allem in Zeiten sozialer Veränderungen. Das Dilemma hat darin bestanden, die befreiende Botschaft des Christusgeschehens entweder nicht in eine entsprechende soziale Wirklichkeit einmünden zu lassen oder aber es doch zu tun, aber dann auf die biblischen Schriften als Kronzeugen verzichten zu müssen. Ich halte es nun für denkbar, aus der Gebotsethik, wie ich sie hier im Anschluss an Barth interpretiere, diesem Dilemma zu entgehen. Das Neue Testament entwirft keine Staatstheorie, wenn es etwa fordert: „Jedermann sei untertan der Obrigkeit" (Röm. 13,1). Und es zementiert keine sozialen Ungerechtigkeiten, wenn es die Sklaverei anerkennt. Vielmehr rekurriert es auf den zwingenden Charakter gewachsener Beziehungen. Es verweist auf den zwingenden Charakter *bereits bestehender* Beziehungen, *dem man auch dann nicht entkommt, wenn man die sozialen Verhältnisse ändert.*

So interpretiert fängt also die Ethik des Neuen Testaments früher an als gängige Gerechtigkeitstheorien. Das Neue Testament verweist auf den zwingenden Charakter bereits bestehender Sozialbeziehungen. Dabei weist es darauf hin, dass man diesem zwingenden Charakter nicht einfach entkommt, wenn man von nun an andere Beziehungsmuster wählt. Der Satz „Jedermann sei untertan der Obrigkeit" legitimiert also nicht das Herrschaftsverhältnis von Obrigkeit und Untertanen, sondern beschreibt ein Beziehungsmuster innerhalb des Staates, das man nicht wählen kann, sobald man sich im Wirkungskreis des Staates befindet. Die Ethik des Neuen Testaments fängt also nicht erst an der Stelle an, wo Forderungen legitimiert werden, sondern bereits dort, wo Menschen überhaupt auf Forderungen ansprechbar werden. Menschen werden auf ethische Forderungen in Beziehungen ansprechbar, die sie nicht frei gewählt haben, sondern die Bedingung dafür setzen, dass man sich eines Tages auch gegen sie entscheiden mag. Der zwingende Charakter bindet Menschen auch unabhängig von seiner Legitimation.

2.3 Zusammenfassung und Ergebnis

Gottes Gebote gelten nicht deshalb, weil sie das Richtige oder das Gute fordern. Dann nämlich würden sie sich dem Guten unterstellen, und auch Gott würde sich dem Guten unterstellen – was suggerieren würde, es gäbe ein Gutes jenseits der Gottesbeziehung. Eine Gebotsethik ist von einer Ethik des Guten streng zu unterscheiden. Sie kann daher näher am Tragischen liegen als am Guten. Gebote benennen den zwingenden Charakter, der in einer kommunikativen Beziehung herrscht – selbst wenn es zumindest für einige Betroffene schlecht ist, dass diese Beziehung besteht.

Was ich in Weiterführung von Barth als Gebotsethik dargestellt habe, möchte ich nochmals kurz zusammenfassen:

1. Die Gebote gelten, weil sie den zwingenden Charakter benennen, der in einer kommunikativen Beziehung herrscht.
2. Sie haben also ihren zwingenden Charakter nur im Hinblick auf die kommunikative Beziehung. Ihr Inhalt erstreckt sich auf sie und ist auf sie begrenzt.
3. Wir können uns zeitlebens nicht von diesem verbindlichen Charakter distanzieren, auch wenn wir den Geboten zuwiderhandeln. Wir können zwar Verbotenes tun, aber nur, solange wir *wissen*, dass wir damit das Verbotene tun, d. h. etwas, was dem zwingenden Charakter einer kommunikativen Beziehung entgegensteht, in der wir stehen.

Was ich hier unter Gebotsethik dargestellt habe, hat also nichts zu tun mit einer Ethik, die Forderungen damit *legitimiert*, dass sie von einer Autorität geboten werden. Nicht die Gebote legitimieren die Beziehung. Und es sind auch nicht die Gebote, die ihren zwingenden Charakter in Geltung bringen. Vielmehr *benennen* die Gebote nur und machen den zwingenden Charakter nur ausdrücklich, der implizit in der Beziehung schon enthalten ist. Ethik ist Auslegung. Sie macht das Unausgelegte ausdrücklich. Eigentlich dürfte man Barths Ethik nicht „Gebotsethik" nennen; sondern eher „Ethik durch Beziehung".

Mit der hier vorgestellten Gebotsethik wird auch die säkulare Ethik mit einer theologischen These konfrontiert. Als Beziehungswesen können wir uns vom zwingenden Charakter der Beziehungen *nicht prinzipiell* emanzipieren; denn dazu müssten wir in der Lage sein, unsere Grundsituation als Beziehungswesen aufzugeben. Wir können uns aber auch *prinzipiell nicht* emanzipieren; denn auch wenn Beziehungen an ihr Ende kommen, unterstehen wir weiter ihrem zwingenden Charakter. Wir bleiben daran gebunden, ihn zu bearbeiten und zu berücksichtigen, auch wenn die Beziehung für uns beendet zu sein scheint. Beziehungen entwickeln Hypotheken für die Zukunft; sie setzen Realitäten frei, die weit über die Interaktion und die Gegenwart der Beziehungspartner hinausgehen. Das macht den theologischen Charakter aller moralischen Beziehungen aus: Sie sind in ihrer Verbindlichkeit nicht wählbar. Wir mögen frei Beziehungen wählen können, aber wir können nicht frei wählen, dass uns diese Beziehungen binden und wie sie uns binden. Jegliche freie Wahl unsererseits untersteht dieser Bedingung. Unsere Freiheit ist also immer schon eine eingeschränkte Freiheit und dabei grundsätzlich angewiesen auf den zwingenden Charakter der konkreten Beziehungen, in denen wir stehen.

Wir mögen sogar in einer Beziehung mit herrschsüchtigen Menschen stehen, die uns nicht gut tun und mit uns nichts Gutes wollen. Was sie von uns fordern, wird man dann nicht Gottes Wille nennen dürfen und man wird es theologisch-ethisch nicht gutheißen oder legitimieren. Aber der zwingende Charakter der Beziehung verdankt sich nicht der Forderung des herrschsüchtigen Menschen, sondern der Gottesbeziehung innerhalb unserer Beziehung zum herrschsüchtigen Menschen. Das herrschsüchtige Gebot mag man theologisch als Sünde qualifizieren; der zwingende Charakter der Beziehung beruht aber theologisch auf unserer unvermeidbaren Ansprechbarkeit auf eine Beziehung.

Das ist eine wichtige Unterscheidung, weil Gebotsethik damit nicht alle Herrschaftsbeziehungen damit legitimiert, dass sie einen zwingenden Charakter haben. Zwar macht sich auch das verächtlichste Gebot den zwingenden Charakter zunutze, der aus kommunikativen Beziehungen erwächst, von dem man sich nicht prinzipiell emanzipieren kann. Die Aufgabe der Gebotsethik bescheidet sich aber darin, den zwingenden Charakter von Beziehungen *auszulegen*, anstatt willkürliche Gebote zu legitimieren. Die rechte Auslegungskunst wird die rechten Gebote von den unrechten zu unterscheiden lehren. Dafür dient als wichtiges Kriterium die Regel, dass sich die Gebotsethik auf die kommunikative Beziehung *beschränkt*. Dieses Kriterium ist eine wichtige Einschränkung, bedarf aber weiterer Präzisierungen. An dieser Stelle hat Dietrich Bonhoeffer wichtige Klärungen erzielt.

3 Dietrich Bonhoeffer[3]

D. Bonhoeffer:
Sanctorum Communio. Dogmatische Untersuchung zur Soziologie der Kirche; München 1986 (DBW 1) (SC)
Ethik; Gütersloh 1992 (DBW 6) (E)

Das Problem der Gebotsethik besteht darin, dass der zwingende Charakter der Gebote nur der Form nach zwingend ist, indem Gott nur der Form nach in allen kommunikativen Beziehungen als deren verbindlicher Grad begegnet. Dem Inhalt nach aber kann man durchaus daran zweifeln, ob die jeweiligen Gebote einen *legitimen* Zwang ausüben oder Gottes Willen entsprechen. Die Beziehung von Herrn und Sklaven enthält nur formal einen zwingenden Charakter, weil ihr Inhalt den Gleichheitsforderungen widerspricht, die sich z. B. aus der Menschenwürde ergeben. Wie lässt sich aber der Zwang der richtigen Gebote von dem der falschen Gebote ethisch tragfähig unterscheiden?

Hierzu könnte man vorschlagen, dass allgemeine Strukturen von Verbindlichkeit die Legitimität von Geboten unterscheiden helfen. Man könnte etwa versuchen zu zeigen, dass manche kommunikativen Beziehungen zwar einen zwingenden Charakter aufweisen, aber darin widersprüchlich zwingen. Der zwingende Charakter besteht dann darin, einer Beziehung ihren zwingenden Charakter zu nehmen, der nämlich darin bestünde, die Beziehung selbst destruktiv aufzulösen, auf der er beruht. Wo das geschieht, kann von einem legitimen Zwang nicht mehr gesprochen werden.

Dietrich Bonhoeffer hat an dieser Stelle angesetzt und trotz der konkreten Gottesbegegnung eine Ethik entwickelt, die allgemeine Strukturen von Verbindlichkeit heraushebt und damit legitime Strukturen von illegitimen unterscheidbar macht. Bonhoeffer argumentiert in Fortsetzung der Offenbarungstheologie. Zugleich will Bonhoeffer einen phänomenologischen Ansatz entwickeln, der damit aus dem tautologischen Charakter der Offenbarungstheologie herausführen kann.

---

3 Vorarbeiten finden sich in: L. Ohly: Kindertaufe und Kirchenzugehörigkeit. Ders.: Der dreieinige Gott zwischen Ich und Du.

Bonhoeffer teilt Barths Anliegen, dass Gott eigentlich unaussprechlich ist[4] und dass keine innerweltlichen Theorien Gott zur Sprache bringen können.[5] Diese Thesen kündigen einen offenbarungstheologischen Ansatz an.

Von dort aus erklärt sich Bonhoeffers Gegenüberstellung von konkreter und allgemeiner Rede von Gott.[6] Bei Bonhoeffer, der in der Ethik seinen theologischen Ausgangspunkt findet, findet man die Gegenüberstellung von konkret ethisch (was den Gottesbezug in Jesus Christus einschließt) zu abstrakt metaphysisch.[7] Entsprechende begriffliche Gegenüberstellungen lassen sich auch bei Barth finden.

Deshalb ist für Bonhoeffer auch die Unterscheidung von gut und böse nicht im Erkenntnishorizont der Ethik.[8] Das Wissen von gut und böse ist vielmehr ein Kennzeichen des Sünders. Wer zwischen gut und böse unterscheidet, macht sich selbst oder die Welt zum Maßstab der Unterscheidung. Damit wählt er die falschen Wirklichkeitsbedingungen für seine Unterscheidung. Denn die Wirklichkeit, die ethische Maßgaben erst ermöglicht, ist die Wirklichkeit in Jesus Christus. Eine konkrete (statt abstrakte) Ethik zeichnet sich dadurch aus, dass sie nicht fragt: „Was ist ein für allemal gut?". Sondern sie fragt, *„wie Christus unter uns heute und hier Gestalt gewinne."*[9]

Trotz Bonhoeffers Nähe zur Offenbarungstheologie und zu Barth spürt man aber, dass Bonhoeffer nach einer flexibleren Lösung sucht. Weiterführend ist dabei seine phänomenologische Interpretation des offenbarungstheologischen Ansatzes. Bonhoeffer versucht einen methodischen Weg zu finden, der die starren Schemata Offenbarung vs. Erfahrung, objektivistisch vs. subjektivistisch, sogar konkret (und damit unvergleichbar) vs. allgemein (und damit abstrakt) ersetzt. Obwohl er selbst diese Gegenüberstellungen gebraucht, wendet er sie doch flexibler an als Barth. Für Bonhoeffer gibt es die konkrete Christusbeziehung in allgemeinen Strukturen zwischenmenschlicher Beziehungen. Die Christusbeziehung erscheint auch in Beziehungen von Menschen, die keine Christen sind.[10] Gerade darin bewährt sich der

---

4   D. Bonhoeffer: Vorlesung „Christologie", 280; Widerstand und Ergebung, 226.
5   D. Bonhoeffer: Widerstand und Ergebung, 405 ff., 511; AS 87.
6   D. Bonhoeffer: Akt und Sein, 26, 77; Ders.: Vorlesung „Christologie" 298.
7   SC 28, 106; E 69 f., 86, 338, 347.
8   E 301.
9   E 87, Herv. D.B.
10 D. Bonhoeffer: Widerstand und Ergebung, 504.

zwingende Charakter der Offenbarung und der universale Anspruch Gottes an den Menschen.

Seine fragmentarische „Ethik" beruht auf den Grundlagen, die Bonhoeffer in seiner Dissertation „Sanctorum Communio" entwickelt hatte. Sein Ziel ist es, reziproke zwischenmenschliche Dienstverhältnisse zu beschreiben, die durch Christus gegründet werden. Deshalb wurzelt die Ethik in der Ekklesiologie: Denn genau in der Kirche wird dieser Anspruch geltend gemacht, nämlich im Verantwortungsverhältnis, das sich durch den *gemeinsamen* Glauben an den Gott Jesu Christi konstituiert.

Bonhoeffers Grundmodell enthält allerdings auch eine allgemein anthropologische Problembeschreibung, die er christologisch auflöst.

3.1 Bonhoeffers Personenkonzept

Grundlegend für eine phänomenologische Weiterentwicklung der Offenbarungstheologie ist bei Bonhoeffers sein Personenbegriff. Er vergleicht mehrere Personentheorien miteinander und verwirft sie alle, weil sie – gut offenbarungstheologisch – ihm alle zu abstrakt seien (SC 25).[11] Ein konkreter Personenbegriff entsteht, sobald Personen in bestimmten Begegnungen konstituiert werden. Für Bonhoeffer entsteht eine Person, wenn ein Ich einem Du begegnet (SC 31). Hier wird der phänomenologischen Einsicht Rechnung getragen, dass die Begegnung mit einem Du eine andere Qualität hat als zu einem Etwas (SC 23).

Begegne ich einem Stuhl, dann ist diese Begegnungsqualität von einem Gebrauchscharakter geprägt: Wozu kann ich das benutzen? Dabei wende ich auch Abstraktionen an: Dies ist ein bestimmtes Etwas, das durch diese und jene Eigenschaften geprägt ist. Begegne ich aber einem Du, habe ich es mit einer völlig anderen Begegnungsqualität zu tun. Ein Du bringt mich in eine ethische Situation. Vor einem Du muss ich mich rechtfertigen. (Hätte ich es nie mit einem Du zu tun, müsste ich mich auch nie rechtfertigen. Ich könnte es auch nicht, weil ich es nie gelernt hätte.) Vor einem Du fühle ich mich gelegentlich beschämt. Wenn ich eine natürliche Verhaltensweise zeige (z. B. gähne), und das Du sieht mich in diesem Augenblick an, ist das peinlich. Das alles passiert nicht, wenn ich vor einem Stuhl gähne. Die Be-

---

11 G. Thomas: Die Gegenwart des Unverfügbaren, 311.

gegnung zwischen Ich und Du markiert daher eine ethische Situation. Ich befinde mich in einer ethischen Situation durch die konkrete Begegnung zu einem Du. Und ich werde zu einer Person, indem ich in mich in einer solchen ethischen Situation vorfinde.

Der Mensch wird Person durch Verantwortung gegenüber einem Du (SC 32[12]). Dieser Personenbegriff bietet einige Überraschungen. Die wichtigste Überraschung ist: Die Person zerfällt sehr leicht. Niemand ist Person, solange er lebt, weil er lebt oder weil er ein Mensch ist. Der Ausdruck „Mensch" ist wieder eine Abstraktion, die in einer offenbarungstheologischen Ethik nicht zur Grundlage genommen wird. Eine Person besteht also nicht, wenn ein Mensch lebt. Vielmehr entsteht eine Person durch die Begegnung mit einem Du. Endet die Begegnung, so vergeht die Person (SC 28). Das heißt also, dass Personen sehr leicht zerfallen.

Das Telefon klingelt. Sie nehmen an und hören eine Stimme am anderen Apparat. In dieser Begegnung werden Sie zur Person, indem Sie in eine ethische Situation geraten. Sogar wenn sich herausstellt, dass der Andere falsch verbunden ist, befinden Sie sich noch in der ethischen Situation.

Manchmal entschuldigen sich Anrufer dafür, dass sie falsch verbunden sind, oder rechtfertigen sich dafür. Manchmal rechtfertigen sich aber auch die Personen, die angerufen werden, etwa weil sie eine ähnliche Telefonnummer haben wie die Person, die eigentlich angerufen werden sollte. Manchmal legt der Anrufer einfach auf und bringt sein Gegenüber damit in Verlegenheit. Ein Anruf ist offenbar kein harmloses, sondern ein ethisches Geschehen. Man spürt bereits hier die eigene Verletzlichkeit, aber auch die eigene Verantwortung, solange ein Ich dem Du begegnet.

---

12 Die Interpretation neuerer Ausleger, dass erst unter der Sünde die Du-Begegnung eine fordernde wird, während sie im Urstand noch eine gebende war (G. Thomas: Die Gegenwart des Unverfügbaren, 300; S. Brandt: „Christus als Gemeinde existierend", 168), entspricht m. E. weder Bonhoeffers These noch phänomenologischen Einsichten. Phänomenologisch muss auch im gebenden Charakter des Anderen ein Anspruch enthalten sein, weil ansonsten eine Grenze zwischen Ich und Du gar nicht vorliegt. Bonhoeffer unterscheidet daher auch nicht zwischen *rein* gebender und *rein* fordernder Beziehung der Menschen zueinander, sondern zwischen *gebender* und *rein fordernder* (SC 69). Der gebende Charakter des Anderen subsummiert damit auch Ansprüche des Anderen, zumal Ansprüche des Willens Gottes, der in seiner Herrschaft dient (vgl. SC 37).

Nun hat der Anrufer aber aufgelegt. Die Begegnung ist zu Ende. Ob sie wirklich zu Ende ist, hängt m. E. noch davon ab, ob die spezifische Begegnungsqualität wirklich geendet hat. Spüren Sie noch ein schlechtes Gewissen, weil Sie sich vielleicht falsch verhalten haben, oder noch ein Verantwortungsgefühl, weil Sie vielleicht noch besser hätten helfen können? Aber die ethische Beziehung hat sich trotzdem in dem einen Anruf erschöpft. Sie haben keine Möglichkeit, Ihre Unterlassungen in dieser einzigartigen Situation irgendwie wieder gut zu machen. Die Folgen dieser Begegnung mögen zwar weiter reichen als die Begegnung selber. Aber Sie haben keine Handhabe, der ethischen Herausforderung gerecht zu werden, die sich Ihnen in der Begegnung gestellt hat und die nun vorbei ist.

Das Beispiel vom falsch verbundenen Anruf ist deshalb so treffend, weil er meistens eine einzigartige Begegnung ist. Die Person vergeht mit der Begegnung wieder, weil auch ihre konkrete Verantwortung mit der Begegnung endet (SC 28, 34). Die Vergänglichkeit der Person ist eine Konsequenz ihrer nichtsubstanziellen Interpretation.[13]

Das befriedigt aber nicht, zumal ethisch und auch theologisch nicht. Nehmen wir an, jemand fordert Sie auf: „Pass auf mein Fahrrad auf", und geht dann selber weg. Jetzt ist die Begegnung zu Ende. Müssen Sie also jetzt nicht mehr aufs Fahrrad aufpassen? Nur Personen (und Hunde) können auf Fahrräder aufpassen; aber wenn Sie jetzt keine Person mehr sind (und nicht zwischendurch zum Hund mutiert sind), können Sie dann nicht stattdessen ins Kino gehen? – Theologisch wäre es unbefriedigend, weil der Sünder immer nur so lange Sünder ist, wie er Person ist. Somit könnten wir uns vor Gott leicht rechtfertigen, indem wir einfach niemandem mehr begegnen. Also sucht Bonhoeffer nach stabilisierenden Strukturen für eine Person, obwohl er an ihrer Zerfallstruktur und an ihrer fragilen Zerbrechlichkeit unbedingt festhalten will.

3.2 Kollektivpersonen

Personen haben zwar von sich aus keine zeitliche Kontinuität. Wenn daher Personen doch zeitliche Kontinuität haben, dann liegt diese Kontinuität außerhalb der Personalität begründet. Diese Kontinuität von Personen können

---

13 G. Thomas: Die Gegenwart des Unverfügbaren, 298 f.

Gemeinschaften sicherstellen.¹⁴ Gemeinschaften halten die Verantwortung gegenüber Personen aufrecht, wenn die konkrete Begegnung zwischen zwei Einzelpersonen schon geendet hat.

Gemeinschaften gehen über die einfache Begegnung zwischen einem Ich und einem Du hinaus. Sie sind Überlagerungen von Begegnungen, die ihre Individuen in ein komplexes Netz von Beziehungen stellen. Bonhoeffer nennt Gemeinschaften Kollektivpersonen, die strukturell einem Du ähnlich sind (SC 48). Wenn ich in einer Gemeinschaft stehe, begegne ich auch einer Person, nämlich der Kollektivperson der betreffenden Gemeinschaft. Einzelpersonen verdanken nun ihre lebenslange zeitliche Kontinuität dadurch, dass sie Kollektivpersonen angehören. Meine individuelle kontinuierliche Realität als Person verdankt sich der Realität der Gemeinschaft, in der ich stehe. Die Realität der Kollektivperson geht damit der Realität der Einzelperson begründungslogisch voraus.¹⁵

---

14 G. Thomas interpretiert das Sein von Gemeinschaften als ein dingliches (G. Thomas: Die Gegenwart des Unverfügbaren, 306) und übersieht, dass Gemeinschaften Kollektivpersonen sind, die durch die Begegnung zu Einzelpersonen (z. B. ihrer Mitglieder) entstehen und vergehen. Gerade so bleibt der univoke Relationsbegriff erhalten (gegen G. Thomas, ebd.).

15 Deshalb ist auch die inzwischen üblich gewordene Interpretation, zwischen Gemeinschaft und Einzelnem bestehe in Bonhoeffers Kirchengedanken eine Gleichursprünglichkeit (J. v. Soosten: Die Sozialität der Kirche, 77, 249, 272, 275; S. Bobert-Stützel: „Kirche für andere" oder „Spielraum d. Freiheit", 539; P. Zimmerling. Bonhoeffer als Praktischer Theologe, 39) zu undifferenziert vorgetragen. Der Begriff „Gleichursprünglichkeit" kommt bei Bonhoeffer nicht vor. Wenn er über das Verhältnis von personalem und sozialem Sein spricht, benutzt er Begriffe wie „keine Priorität" des einen vor dem anderen (SC 47), „Grundsynthese" (ebd.), „Gleichgewichtslage" (SC 49) oder „gleichgeartet" (SC 52). Eine Gleichursprünglichkeit liegt aber gerade nicht vor, weil sich soziales und personales Sein gerade selbst einem gemeinsamen Ursprung verdanken, nämlich dem Hinzutreten des Du Gottes (SC 32). Nur so können beide ausbalanciert werden, ohne den verhängnisvollen Alternativen der Immanenz bzw. des Absinkens in die Transzendenz des Du zu verfallen. Konkrete Ich-Du-Begegnungen offenbaren demnach durch das aktuelle Hinzutreten des Du Gottes, dass der Mensch *immer schon* in Gemeinschaft mit Gott steht. Im allgemeinen „vegetativen geistigen Zustand in der Gemeinschaft" (SC 44) ist diese Gemeinschaft mit Gott und anderen Menschen ebenso real, wenn auch nicht konkret bewusst. Sie mag nicht konkret aktualisiert sein, ist aber dennoch real gegeben.

Nun könnte man fragen: Sind Kollektivpersonen nicht ebenso in ihrer zeitlichen Kontinuität gefährdet? Kollektivpersonen existieren auch nur durch die Begegnung mit einem Du, weil sie dieselben Strukturen wie Einzelpersonen aufweisen. Wie können dann Kollektivpersonen die zeitliche Kontinuität von Einzelpersonen aufrechterhalten, wenn ihre eigene zeitliche Kontinuität infrage steht?

Der Einwand sticht außer bei Kollektivpersonen, die durch Jesus Christus begründet sind. Bonhoeffer stellt nämlich Jesus Christus als eine Kollektivperson dar und nennt sie „Christus als Gemeinde existierend". Dieser Begriff bedeutet nicht, dass die christliche Gemeinde wie Jesus leben soll oder dass Christus das Programm der christlichen Gemeinde ist. Vielmehr *ist* Christus wirklich Gemeinde. Nicht Jesus von Nazareth als Individualperson, der als Person auch nur so lange existiert, wie sie einem Du oder einer Kollektivperson begegnet, sondern als Kollektivperson, die Jesus von Nazareth zur ewigen Person macht. Christus ist eine soziale Realität.

Nach Bonhoeffer lässt sich zeigen, dass es in allen personalen Begegnungen auf die soziale Realität Christi ankommt, dass sie also alle auf „Christus als Gemeinde existierend" verweisen. Wenn sie das tun, ergibt sich daraus ein Kriterium, den zwingenden Charakter von bestimmten Beziehungen zu *legitimieren*. Das wäre die inhaltliche Bestimmung jeglicher Gebotsethik: Diejenigen Beziehungen wären legitim, deren Gebote sich auch inhaltlich auf „Christus als Gemeinde existierend" beziehen. Für diese These muss zunächst der Charakter von Kollektivpersonen geklärt werden.

Erwacht die Person durch konkrete Begegnungen mit einem Du (SC 30), so folgt konsequent, dass sie auch mit der Begegnung wieder vergeht (SC 28). Die Zeit der Verantwortung ist der Augenblick (SC 28), nicht aber die lineare Zeit oder die Dauer. Dennoch lässt sich die ethische Sphäre verstetigen, indem Personen Überlappungen von Begegnungen aufbauen. Dadurch, dass das Ich mehreren Du zugleich begegnet, reicht seine Personalität weiter als nur bis zum Ende der konkreten Begegnung zu *einem* Du. Zwar endet die konkrete Verantwortung zum einen Du mit dem Ende der konkreten Begegnung zu ihm. Das konkrete Ich, das aus der Begegnung zu einem konkreten Du entsteht (SC 30), hat „seine" Personalität nicht schon dadurch sichergestellt, dass es mit anderen Du zugleich in Beziehung steht. Denn in Begegnung zu einem dritten oder vierten Du ist es jeweils ein *anderes* konkretes Ich. Das folgt aus der nichtsubstanziellen Interpretation des Personenbegriffs, die Bonhoeffer in seiner Kritik an einer immanenten Personalitätsbestimmung wählt. Dennoch kann sich Personalität verstetigen, nämlich wenn die Überlappungen von Du-Begegnungen ein Kollektiv erwachsen lassen, das *wie* ein Du dem Ich gegenübersteht. Solche Kollektivpersonen weisen einerseits dieselbe Struktur auf wie Einzelpersonen (SC 48). Zugleich verstetigt sich damit aber die Verantwortung des Ich gegenüber Kollektivpersonen. Nicht jede Kollektivperson muss dabei eine Gemeinschaft sein, aber jede Gemeinschaft ist eine Kollektivperson. Eine Gemeinschaft ist dadurch ausgezeichnet, dass sie durch Willensakte aller ihrer Mitglieder entsteht, die sich auf die Gleichordnung des Gewollten richtet (SC 55). Wichtig ist, dass in diesem Gemeinschaftsbegriff die Individualperson (Ich oder Du) nicht aufgehoben ist, sondern durch „viceverse Willensakte" (SC 55) erhalten bleibt. Darin wird eine „Einheit im Gewollten" gefunden (SC 55).

Diese These möchte ich am Beispiel einer Sportmannschaft illustrieren: Jeder einzelne Sportler will mit *den anderen* eine Mannschaft bilden. Da er nicht sich selbst zum Anderen werden kann, muss folglich der Wille jedes Spielers von allen anderen verschieden sein, weil jeder alle Mitspieler außer sich selbst meint, wenn er mit „anderen" eine Mannschaft bilden will. In dieser Hinsicht will jeder Spieler allein aufgrund der jeweils verschiedenen personalen Perspektive etwas anderes. Dennoch finden alle die „Einheit im Gewollten", indem sie *dieselbe* Mannschaft bilden wollen. Die Mannschaft ist die Kollektivperson, gegenüber der jeder Spieler dauerhaft Verantwortung trägt, und zwar auch dann noch, wenn die konkrete Begegnung mit einem bestimmten Mitspieler (einem Du) geendet hat, der aus irgendwelchen Gründen aus der Mannschaft ausscheidet.

Die Verstetigung der eigenen Verantwortung und damit der Personalität des Ich ist dann erreicht, wenn das Ich selbst Mitglied der Kollektivperson ist, die sich ihm wie ein Du gegenüberstellt. Ansonsten, wenn das Ich einer fremden Gemeinschaft gegenübersteht – z. B. einer gegnerischen Mannschaft –, endet die konkrete Verantwortung mit der Begegnung (dem Spiel), und zwar weil die „viceversen Willensakte" nicht eine „Einheit im Gewollten" finden. Zwar kann man auch hier sagen, dass die Begegnung einer Kollektivperson, zu der das Ich nicht gehört, Verantwortung relativ verstetigt, weil die Kollektivperson auch als personales Gegenüber auftreten kann, wenn ihre Mitglieder wechseln. Dennoch dehnt sich der zeitliche

Verantwortungsbereich bei einer Gemeinschaft, zu der das Ich selbst auch gehört. Und mit dieser zeitlichen Dehnung der Verantwortung verstetigt sich auch die Personalität.

3.3 Die endlose Dauer von „Christus als Gemeinde existierend"

Für Bonhoeffer ist jedes Du nur dadurch ein Du – d. h., es ruft mich an, es begrenzt mich in meinem Ich und führt mich zur Verantwortung –, dass es mir transzendent ist (SC 31). Seine Transzendenz hat das Du, weil ich es mir nicht zum Du machen kann (SC 33[16]). Ich kann mir nicht vornehmen, einem Du zu begegnen, *damit* ich mir zur Person werde. So könnte ich mich nämlich dann doch selbst zur Person machen, und das heißt wieder den Personbegriff substanzialistisch und abstrakt deuten.

Zwar kann ich schon meine beste Freundin anrufen, wenn ich will, und mir damit vornehmen, eine Begegnung zu haben. Dennoch kann ich die Begegnung nicht „machen": Sie wird nicht schon dadurch ausgelöst, dass ich sie mir vornehme. Man kann sich zwar für Begegnungen öffnen, aber sie nicht vorwegnehmen. Sie können dem konkreten Anderen nur begegnen wollen, wenn es den Anderen gibt. Aber Sie können nicht dafür bürgen, dass er jetzt für Sie da ist. Denn den Anderen (die andere Person) gibt es nur in der Begegnung. Das gilt auch noch in Zeiten, wo man sich mit Handys fast überall und immer erreichen kann, wenn man will. Den Anderen kann man trotzdem nicht selber *erzeugen*, den man braucht, um selber zur Person zu werden.

Das Du bleibt mir also transzendent. Es bleibt sich aber auch selbst transzendent. Genauso wenig wie ich mir den Anderen vorwegnehmen kann, kann ich machen, dass ich zum Du werde. Ich kann mich selbst nie als Du erfahren. Also kann ich mich auch nicht für den Anderen zum Du machen. Wenn ich zum Du werde, so ist das ein passives Geschehen, keine Aktion meinerseits.

Die Transzendenz des Du wird nur dann wirklich erfasst, wenn weder ich noch du hier der Souverän ist, sondern die *Begegnung* souverän ist. Sie ist unabhängig von meinem oder deinem Willen, unabhängig von meiner

---

16 G. Thomas: Die Gegenwart des Unverfügbaren, 299. Darin liegt die Heiligkeit des Gemeinschaftslebens (SC 67), nicht aber in einer Theologie der Schöpfungsordnungen (so aber J.v. Soosten: Die Sozialität der Kirche, 255).

oder deiner Handlung. Wenn weder ich noch du dafür verantwortlich sind, dass wir uns begegnen, aber die Begegnung sich dennoch ereignet, muss es einen anderen Grund für sie geben als mich oder dich. Sie verdankt sich einem Grund, der mir und dir zugleich transzendent ist. Deshalb interpretiert Bonhoeffer die personale Begegnung mit einem Du als eine von Gott gewährte Begegnung (SC 33). Ich und Du begegnen sich, weil Gott uns darin begegnet als (souverän) gewährte Transzendenz.

Gott begegnet uns damit in allen personalen Begegnungen – und damit auch in Gemeinschaften. Alle Gemeinschaften sind Kollektivpersonen und weisen typische Struktur auf wie das transzendente Du: Auch durch die Kollektivperson werde ich angesprochen, sie begrenzt mich und ruft mich in die Verantwortung. Eine Ich-Du-Begegnung ereignet sich also nur durch das gewährte Hinzutreten des Du Gottes. Das gilt immer auch von Gemeinschaften, also nicht spezifisch nur von christlichen Gemeinschaften. –

Das Besondere an der Kirche („Christus als Gemeinde existierend") ist nun laut Bonhoeffer, dass sie die Gemeinschaft ist, in der das *Geschenk über* der aufgebürdeten Verantwortung steht. In der Kirche wird offenbar, dass Christus sich uns ganz schenkt (SC 91), und zwar ein für alle Mal (SC 92). In der Kirche wird also der Geschenkcharakter von personalen Beziehungen sozial wirksam. Eigentlich entstehen und vergehen Personen in Begegnungen. Aber weil es eine Gemeinschaft gibt, die die Begegnung mit Jesus Christus dem Gekreuzigten sozial wirksam hält – d. h. in ihren gemeinschaftlich organisierten Ich-Du-Begegnungen –, übersteigt die Begegnung mit Christus den Tod und ist zeitlich endlos. Die Dauerhaftigkeit unserer Personalität wird durch Christus sichergestellt, aber nur durch Christus als soziale Realität – man könnte auch sagen: durch eine ethische Realität: nämlich durch die Realität der Kirche. Dabei sind unsere zeitlich endlose Personalität und die ethische Realität begründungslogisch aufeinander abgestimmt.

Zur Erläuterung dieser These sind drei Fragen zu behandeln:

1. Warum ist die Gemeinschaft der Kirche eine endlose Gemeinschaft, sodass sie und nur sie die Dauerhaftigkeit unserer Personalität sicherstellen kann?
2. Warum ist die Realität Christi eine soziale Realität? Warum trifft meine dauerhafte Personalität nur in einer ethischen Realität zu? Und warum nur in der Kirche?
3. Was bedeutet das für nicht-christliche Gemeinschaften?

Ad 1) Man kann sagen, dass der Geschenkcharakter von Begegnungen in der Kirche reflexiv wird. Das heißt: In der Kirche wird der Geschenkcharakter von Begegnungen explizit, wo er in anderen Begegnungen und in anderen Gemeinschaften nur implizit ist. Ich erwähnte bereits, dass alle Begegnungen sich dem transzendenten Du Gottes verdanken, das sich uns in Begegnungen schenkt. In Gemeinschaften kann man zwar Begegnungen immerhin eine Zeit lang auf Dauer stellen und damit Personalität stabilisieren. Es kann aber trotzdem noch sein, dass auch Gemeinschaften vergehen. In der Kirche nun kann das aber deshalb *nicht* sein, weil hier der Geschenkcharakter von personalen Begegnungen zum eigentlichen Thema der Gemeinschaft wird. Der Zweck dieser Gemeinschaft ist es, Gottes Geschenk auszudrücken. Die Kirche soll das Geschenk ausdrücken, wie Begegnungen und damit Personen ins Leben gerufen (durch das transzendente Du Gottes) und erhalten (durch die Gemeinschaft „Christus als Gemeinde existierend", SC 166) werden. Der Zweck der Kirche ist es also, dem Geschenkcharakter von interpersonalen Begegnungen die Priorität zu geben gegenüber dem zwingenden Charakter, den Begegnungen ja auch ausüben.

Christus hat sich *ein- für allemal* geschenkt, indem er die Gemeinde schenkt (SC 166). Hat sich Christus aber *ein- für allemal* geschenkt, ist die Frage nach der zeitlichen Dauer der Kirche beantwortet: Ein- für allemal ist zeitlich grenzenlos.

Ad 2) Nur in der Kirche kann diese endlose Dauerhaftigkeit wirksam sein, weil nur hier der Geschenkcharakter der Begegnung sozial wirksam ist. In allen anderen Begegnungen ist der fordernde Charakter einer Begegnung vorherrschend. Personale Begegnungen können beschämen, unter Druck und Rechtfertigungszwang setzen und die eigene Freiheit begrenzen. Deshalb steht die Dauer der Begegnung auch in anderen Gemeinschaften immer infrage: Wer dem Druck der Begegnung nicht standhält, will sich ihr entziehen oder kann für ihre Dauer nicht garantieren. Wenn es in unserer Verantwortung stünde, eine Gemeinschaft zu erhalten, stünde die Dauerhaftigkeit der Gemeinschaft prinzipiell infrage, weil unsere Personalität prinzipiell zerfallen kann.

In der Kirche dagegen steht der Geschenkcharakter *über* unserer Verantwortung. Wer dieses Versprechen erinnert und daraus die richtigen Konsequenzen zieht, steht in der Kirche. Daran zeigt sich, wie das zeitliche Problem mit dem sozialen Problem verbunden ist: Endlose Dauerhaftigkeit, dauerhafte Personalität wird uns nur in einer Begegnung ausdrücklich, die das Versprechen Christi dauerhaft erinnern kann. Das kann aber nur eine Begegnung sein, die dieses Versprechen existenziell vollzieht: nämlich in einer sozialen Gemeinschaft. Deshalb ist Christus als Gemeinde existierend. Und deshalb gilt primär der Kollektivperson Kirche der Anruf Gottes und nur abgeleitet daraus auch unserer Individualexistenz (SC 74).

Der Ruf Christi geht also zuerst an die Gemeinde und nur vermittelt darüber auch an den einzelnen Menschen (SC 74, 100 f., 105). Warum ist das so? Warum ist die Realität Christi eine soziale Realität? Kann nicht der Ruf Christi auch mich persönlich treffen, sodass ich auch ohne Kirche in Gemeinschaft mit Christus stehe?

Das wäre aber ein Widerspruch. Nehmen wir an, unser Glaube an Christus wäre unabhängig von unserer realen Beziehung zueinander als Glaubende. Dann hätten wir keine kontinuierliche Beziehung zueinander, obwohl Christus eine kontinuierliche Beziehung zu jedem Einzelnen von uns hätte. Das ist ein Widerspruch zu der sozialen Realität, die der Glaube an Christus *ist*. Ein solcher Glaube wäre also nach Bonhoeffer ein individualistisches Missverständnis über den Vollzug der Begegnung, auf der unser Glaube gründet (SC 101).

Dieser Widerspruch drückt sich darin aus, dass Gottes Versprechen in meiner Begegnung mit Christus nicht dasselbe wäre wie Gottes Versprechen Ihrer Begegnung mit Christus, obwohl Christus beide Male dasselbe verspricht: Sonst gälte es nicht *ein- für allemal*, sondern für Sie einmal und für mich ein weiteres Mal. Das wäre ein zweifelhaftes Versprechen, weil es keine Kontinuität suchen würde zu anderen Begegnungen, in denen sich Gott auch schenkt. Daher ergibt sich für Glaubende die Verantwortung, entsprechend ihrer Begegnung mit Christus auch die Gemeinschaft zu respektieren, die Christus *ist*: Christus ist eben nur als Gemeinde existierend oder Christus ist gar nicht. Die Gemeinschaft mit Christus respektieren Personen aber nur, wenn sie auch *miteinander eine* Gemeinschaft bilden.

Gottes „undurchdringliches Du" (SC 32)[17] sagt über das Ichsein Gottes nichts aus (SC 32). Das Ich Gottes ist dagegen eindeutig Jesus Christus zugeordnet: *„Wie ich aber Gottes ‚Ich' erst kenne in der Offenbarung seiner*

---

17 Es ähnelt der bewusstseinstranszendenten Realität des Schöpfers aus D. Bonhoeffer: Akt und Sein, 51.

Liebe, so auch den anderen Menschen; hier hat der Kirchenbegriff einzusetzen. Dann wird es klar werden, dass christliche Person ihr eigentliches Wesen erst erreicht, wenn Gott ihr nicht als *Du* gegenübertritt, *sondern als Ich in sie ‚eingeht'"* (SC 34; Herv. D.B.). Es ist aber Christus, in dem Gott seine Liebe offenbart, „nun nicht mehr als Forderung und Anruf, als reines Du an den Menschen herantretend, sondern *sich als Ich schenkend"* (SC 91, Herv. D.B.). Bonhoeffer stellt diese beiden Begegnungsweisen Gottes einander komplementär gegenüber und ordnet Gottes Liebe in Christus dem Geschenk des Ich Gottes zu. Während das Du Gottes in der bloßen Begegnung Anspruch und Forderung aufstellt, ist das Geschenk der Liebe die stellvertretende Übernahme meiner Position durch das Ich Christi gegenüber dem Anspruch des göttlichen Du.

Ad 3) Der Ernst des göttlichen Versprechens wird nur erfasst, wenn auch Nicht-Christen von ihm mitbetroffen sind, obwohl sie nicht in der Kirche stehen. Man scheint hier einem Dilemma ausgesetzt zu sein: Entweder gehören Nicht-Christen nicht zur Kirche. Dann ist ihre Personalität nicht endlos dauerhaft, und Gott würde sie auch nicht ganz beanspruchen und sich ihnen nicht ein- für allemal schenken. Umgekehrt hätte auch Gott keinen ganzen Anspruch auf sie. – Oder auch der Sünder, der ohne Gott leben will, bekommt Gottes endloses Geschenk der Personalität und endloser Gemeinschaft. Dann wäre es aber irrelevant, ob man zur Kirche gehört oder außerhalb bleibt.

M.E. kann man dieses Dilemma auflösen. Dazu schlage ich vor, Bonhoeffers Ansatz der Adam-Christus-Typologie weiterzuinterpretieren, als er es selbst getan hat. Bekanntlich hat ja Paulus Adam und Christus als zwei Urpersonen dargestellt (Röm. 5 und 1. Kor. 15). Adam und Christus repräsentieren die Menschheit, weil sich das Schicksal der beiden auf alle Menschen überträgt: Jeder von uns teilt entweder das Schicksal Adams oder das Schicksal Christi. Bonhoeffer interpretiert nun diese Adam-Christus-Typologie vor seinem Hintergrund der Kollektivpersonen. Ebenso wie Christus Kollektivperson ist („Christus als Gemeinde existierend"), ist auch Adam Kollektivperson. Damit lässt sich m. E. das Dilemma über die endlose Personalität der Sünder auflösen. Auch die Kollektivperson Adam besteht aufgrund der transzendenten Du-Begegnung zeitlich kontinuierlich.

Bonhoeffer hat diesen Schritt zwar so nie ausdrücklich vollzogen. M.E. hätte er es aber tun können und auch tun sollen, allein schon um den existenziellen Ernst der Sünde für die Person herauszustellen: Würde nämlich die Person des Sünders mit jeder Du-Begegnung wieder vergehen, so müsste sie sich auch nicht dauerhaft für ihre Sünde verantworten. Der existenzielle Ernst der Sünde wird aber dadurch unterstrichen, dass es *dieselbe Anrede* Gottes ist, die den Menschen in die Kollektivperson Adam oder/und Christus stellt (SC 74 f., 78 f., 107)[18]: Unter dem Anspruch, an dem das Ich scheitert, steht es im Zustand der Sünde in der Kollektivperson Adam, die dem Anspruch der Begegnung nicht gerecht wird. Umgekehrt lässt sich das Ich in der Gemeinde das Ich Christi schenken, der den Anspruch des Du stellvertretend für uns übernimmt.[19]

Die Kirche ist dadurch allerdings auch immer auch eine Gemeinschaft der Sünder (SC 143), weil sich das Ich dem Anspruch der Du-Begegnung entzieht, den Christus stellvertretend erfüllt. Hier besteht also eine Ähnlichkeit zwischen Christen und Nicht-Christen, wenn auch unter umgekehrten Vorzeichen: Auch an Nicht-Christen erfüllt sich Christi Hingabe; sie vollziehen aber ihren Lebensentwurf ohne dieses Versprechen und stehen unter einem beständigen Selbstrechtfertigungszwang ihrer Personalität, dem sie gar nicht gerecht werden können. Christen wollen das Geschenk Gottes und die Hingabe Christi sozial ausdrücken in der Kirche als der sozialen Verleiblichung Christi. Sie sind allerdings immer wieder darauf zurückgeworfen, dass sie die Ansprüche an sich höher bewerten als das Geschenk Christi.

Anders gesagt: Existenziell gibt es nur graduelle Unterschiede zwischen Christen und Nicht-Christen, weil beide Sünder sind und beide ihre dauerhafte Personalität der Zuwendung Gottes verdanken. Hinsichtlich ihrer Personalität gibt es sogar überhaupt keine Unterschiede zwischen Christen und Nicht-Christen. Allerdings gibt es verschiedene Gewichtungen im *sozialen*

---

18 D. Bonhoeffer: Akt und Sein, 99, vgl. 152. Phänomenologisch gründet also der Anspruch des Anderen im Geschenk seiner Transzendenz, d.h. darin, dass Ich durch die Begegnung mit dem Anderen zur Person werde. Insofern ist die Begegnung mit dem Du Gottes die Bedingung jeglicher personaler Begegnungen. Da zudem der schenkende Charakter des Ich Christi für jegliche menschliche Aktualisierungen unverfügbar und damit asymmetrisch ist, ist die soziale Existenz Christi zeitlich unbegrenzt.

19 D. Bonhoeffer: Die Frage nach der Kirchengemeinschaft, 658. Diese Umkehrung habe ich an anderer Stelle am Phänomen des Trauerns dargestellt (L. Ohly: Wie heilt die Zeit Wunden, 147 ff.).

Ausdruck ihrer Personalität: Christen drücken zuerst aus, dass ihre Personalität eine *geschenkte* ist, während Nicht-Christen den *Anspruch* der Personalität betonen, dem sie zugleich nie gerecht werden können, weil sie ihre Personalität *selbst* nie garantieren können.

3.4 Folgen für eine legitime Gebotsethik

Meine Darstellung von Dietrich Bonhoeffers Ethik hatte den Zweck, eine offenbarungstheologische Ethik von ihrem Formalismus zu befreien und sie auf ihre Legitimation hin zu untersuchen. Es gibt Begegnungen mit einem zwingenden Charakter. Aber nicht jeder zwingende Charakter ist auch ein legitimer zwingender Charakter. Wie kann Bonhoeffer jetzt weiterhelfen? Wie können wir jetzt den legitimen zwingenden Charakter von bestimmten Begegnungen von illegitimen Zwängen in Beziehungen unterscheiden?

Als einziges Unterscheidungskriterium, das ich bei Bonhoeffer herausgearbeitet habe, gilt der Geschenkcharakter einer Begegnung: Zwar steckt in jeder Begegnung eine Gabe Gottes, weil sie davon abhängig ist, dass Gottes transzendentes Du sich erfahrbar macht. Aber nur in einer Art von Begegnung ist der Geschenkcharakter auch so vorherrschend, dass er soziale Praxis wird: nämlich in der Gemeinschaft der Kirche. Bonhoeffer scheint nun zu folgern, dass also nur derjenige zwingende Charakter in Begegnungen legitim zwingt, in dem der Geschenkcharakter vorherrschend ist und nicht der Zwang.

Auch das Geschenk Gottes zwingt. Der zwingende Charakter des Geschenks Christi in der Kirche setzt dabei alle anderen interpersonalen Zwänge geltungslogisch herab. Kein Gebot verdient ethische Geltung, außer wenn es durch die Anerkennung gegangen ist, dass es sich primär dem Vorzug des Geschenks Gottes verdankt. Das heißt umgekehrt aber auch: Wenn ein Gebot sich mit dem Vorzug des Geschenks Gottes verträgt, kann es *legitim* zwingen. Somit orientiert sich die Legitimität von Geboten letztlich an einem Gebot: nämlich am Liebesgebot.

Das Liebesgebot, wie Bonhoeffer es interpretiert, ist dabei keine Handlungsforderung an uns. Es besteht nicht in der Forderung, Gott aus ganzem Herzen und den Nächsten wie sich selbst zu lieben. Sondern das Liebesgebot besteht in der Anerkennung, dass *Gott uns* liebt und dass wir unsere Personalität seiner Liebe verdanken. Ein solches Liebesgebot lautet also anzuerkennen, dass wir geliebt sind (vgl. E 394).

Ein solches Gebot ergeht nicht nur an Christen. Es ist nach Bonhoeffer nicht spezifisch christlich (SC 108; E 335 f.), aber nur in Christus vorhanden, d. i. in der Gemeinde (SC 108). Das ist deshalb so, weil bereits die Gabe des göttlichen Du im zwingenden Charakter aller interpersonalen Beziehungen offenbar wird. Der Anspruch Gottes an den Menschen ergeht sowohl an die Kollektivperson Adam als auch an die Kollektivperson Christus. Und er besteht darin, die Liebe Gottes als vorherrschendes Gebot dauerhaft anzunehmen. Es ist dasselbe Wort, dieselbe Anrede, dasselbe Geschenk, das den Sünder und den aus Glauben Gerechtfertigten erreicht.

Allerdings wird dieses Geschenk nur in der Gemeinschaft real, in der Gottes Gebot auch angenommen wird, indem Christus sich als Gemeinde schenkt: „Der Gang in die Kirche ist die äußerste Grenze des im Rahmen des Vorletzten Gebotenen" (E 158, vgl. 403). Die Kirche erhält vom Liebesgebot her ihren einzigartigen Charakter, ihren Zweck und ihre Beschränkung.

Tatsächlich lässt sich die Vorrangstellung des Liebesgebots vor allen anderen Geboten geltungslogisch begründen, weil jede Begegnung und jede Gemeinschaft sich dem transzendenten Du Gottes verdankt, dem das Ich Christi in der Gemeinde als stellvertretende Antwort für die Individualpersonen entspricht. Ohne dass Gottes transzendentes Du offenbar wird, entstehen keine personalen Beziehungen. Das Du ist schlechthin transzendent und muss mir gewährt werden. Wenn das so ist, dann ist jeglicher zwingende Charakter von personalen Beziehungen sekundär gegenüber dem zwingenden Charakter, dass mir das schlechthin transzendente Du gewährt wird. Bevor mich die Freundin zwingen kann: „Bring mich in die Klinik", ist es zwingend, dass sie mir als Du gewährt wird. Bevor Beziehungen uns zwingen können, ist es zwingend, dass Gott in sie eingeht. Und wer anerkennt, dass Christi stellvertretendes Eingehen auf die Forderung des Du eine soziale Realität „Christus als Gemeinde existierend" konstituiert, achtet das Liebesgebot und lässt es vor allen anderen Geboten gelten.

Ohne Achtung des Liebesgebots könnten wir nie darauf vertrauen, dauerhaft Personen zu sein, um dauerhaft ethische Verantwortung zu tragen und Stellvertretung zu erfahren. Wir können zwar auch ohne Achtung des Liebesgebots ethisch denken. Aber wir denken dann eben nur ethisch, indem wir das Unethische denken und das Unethische tun, weil wir unsere Verantwortung überbetonen: *unsere* Verantwortung, *unser* Recht, *unsere* Gebote, *unsere* Selbstrechtfertigung. So bemerkt Bonhoeffer: Wer von gut und böse weiß, weiß *sich selbst* als Ursprung von gut und böse – und wird damit böse (E 304). Denn dabei werden die transzendenten Bedingungen nicht anerkannt, um angemessen je gut und böse unterscheiden zu können.

Nun liegt ein geeignetes Kriterium vor, um den zwingenden Charakter von bestimmten Beziehungen zu legitimieren: Die Beziehung zwischen Herr und Sklave hat zwar einen zwingenden Charakter, aber er ist nicht legitim. Denn er basiert nicht auf der Vorherrschaft des zwingenden Charakters, den die Liebe Gottes auf uns ausüben will. Wer sich in personalen Beziehungen von Gott geliebt weiß, kann seinen Nächsten nicht versklaven. Sonst würde er die Liebe Gottes missachten, die sich auch auf den Nächsten richtet, und zwar in der interpersonalen Beziehung, die zwischen Herr und Sklaven besteht.

3.5 Ein anwendungsethisches Beispiel

Ich will abschließend Bonhoeffers Ethik am Beispiel der freiwilligen Sterbehilfe kurz skizzieren. Bonhoeffers Stellvertretungsethik, wonach Christus uns sein Ich schenkt und damit uns vor dem Anderen vertritt, besteht hier in doppelter Weise: Der Patient hat kein Verfügungsrecht über seinen eigenen Leib. Vielmehr hat umgekehrt seine soziale Umwelt die Stellvertretungspflicht, für den Leidenden einzutreten.[20] Es gibt vor Gott kein lebensunwertes Leben (E 188). Diese Botschaft verkörpert der leidende Patient vor seiner sozialen Umwelt. Insofern trägt auch er stellvertretende Verantwortung vor den anderen. Hier besteht also eine wechselseitige Stellvertretungsverantwortung[21] zwischen Patient und seiner Umwelt, die gerade dadurch in Beziehung gebracht wird, dass in beiden die Stellvertretung Christi (als Gemeinde existierend!) zum Ausdruck kommt: Christus übernimmt die Stellvertretung des leidenden Patienten, in seinem Leid vor anderen zu leben. Und Christus übernimmt die Stellvertretung der sozialen Umwelt des Patienten, für ihn einzutreten. Reziproke Stellvertretung ereignet sich als Gemeinde. Sie vollzieht sich an den Individualpersonen wechselseitig, aber zusammengehalten in der Verantwortungsgemeinschaft der christlichen Gemeinde. Das schließt

---

20 Hierzu gehört etwa die sinnvolle Unterscheidung zwischen Töten und Behandlungsabbruch (E 187).
21 L. Ohly: Der dreieinige Gott zwischen Ich und Du, 75 f.

ein, dass Bonhoeffer die Verzweiflungstat des Patienten, sein Leben zu beenden, nicht verurteilt (E 197). Eine solche Tat bewegt sich auf der Ebene der Individualperson, für die jedoch die Kollektivperson Christus stellvertretend eintritt. In der Kollektivperson dagegen wird das Schicksal durch die gemeinsame Stellvertretung tragbar. Deshalb ist die „Verwerflichkeit des Selbstmordes ... allein vor dem Forum Gottes" anzuerkennen (E 194). Eine ethische Betrachtung der Individualpersonen greift dann zu kurz.

Insofern ist gerade auch angesichts des Leidens zu betonen, dass Leben eine Gnade ist („eine Gabe des leiblichen Lebens", E 194). Eine Gnade, die eine Zumutung enthält, ebenso wie in der Ich-Du-Begegnung: Die Gnade Jesu Christi in der Ich-Du-Begegnung löst gerade nicht die Verantwortung für den anderen Menschen auf. Sondern indem meine Verantwortung für den Anderen von Christus übernommen wird, werde ich gerade mit Christus in eine Verantwortungsgemeinschaft gestellt.

3.6 Resumée zur Gebotsethik

Barth und Bonhoeffer haben die Legitimität der Gottesbegegnung herausgestellt. Sie haben also dargestellt, warum Gott gebieten darf. Dabei war die Beobachtung leitend, dass es kommunikative Beziehungen mit zwingendem Charakter gibt. Wir stehen immer schon in kommunikativen Beziehungen, die wir nicht alle gewählt haben müssen, die uns aber auf unsere Verantwortung ansprechen.

Diese Ansprechbarkeit ist es, die uns überhaupt erst empfänglich macht, ethische Probleme anzuerkennen. D.h., weil wir unmittelbar mit dem zwingenden Charakter von Beziehungen konfrontiert sind (und insofern Geboten ausgesetzt sind), werden wir überhaupt erst verantwortungsfähig. Insofern ist das Gebot Bedingung der Ethik. Und da Barth diese Gebote – diesen zwingenden Charakter – mit einer göttlichen Offenbarung identifiziert hat, wird das göttliche Gebot zur Bedingung der Ethik. Das war ein Meilenstein zur Rehabilitation der theologischen Gebotsethik.[22]

---

22 Eine ähnliche Rehabilittion versucht T. Rendtorff. Die Differenz zu dem hier verfolgten Ansatz liegt daran, dass Rendtorff eine empirisch-geschichtliche Rehabilitation versucht, während ich einen phänomenologischen Weg gehe. Zu Rendtorff s. Kap. 4.

Nun stand allerdings noch die Frage aus, ob dann alle zwingenden Charaktere aller kommunikativen Beziehungen gleich legitim sind. Sind sie alle Gottes Wille? Die Ehe ebenso wie die Sklaverei? Für diese Frage haben wir bei Bonhoeffer ein weiterführendes Kriterium gefunden. Es liegt im christologisch verstandenen Liebesgebot; man könnte auch sagen: in der ekklesiologischen Entfaltung der Christusbegegnung. Wozu wir im Liebesgebot aufgefordert sind, das wird in Christus erfahrbar. Was Liebe ist, wissen wir nicht aus Kameradschaftserfahrungen im Schützengraben; wir erfahren es nicht durch menschliche Aufopferungen, sondern allein in der Liebe Gottes (SC 108). Das ist streng offenbarungstheologisch gedacht. Deshalb kann das Liebesgebot für Bonhoeffer auch nicht heißen, dass *wir* Liebeshandlungen vollbringen. Das würde nämlich heißen, dass wir uns selbst zu Gott machen wollten. Zuallererst muss es deshalb heißen, dass wir die Liebe Gottes an uns gelten lassen.

Zu beachten ist aber eben dabei, dass sich diese Anerkennung nur in sozialer Gemeinschaft vollziehen kann. Nur wenn ich anerkenne, dass Gott meinen Nächsten ebenso liebt wie mich, habe ich auch konsequent anerkannt, dass er mich liebt. Diese Anerkennung schließt damit ein, dass ich meinen Nächsten anerkenne. Das Liebesgebot bedeutet also die Anerkennung der Liebesgemeinschaft, die in Gott gründet. Diese Gemeinschaft ist die Kirche: Christus als Gemeinde existierend.

Von daher sind alle Gebote legitim, wenn sie sich mit der sozialen Realität vertragen, die sich in Bonhoeffers Kirchenverständnis ausdrückt. Nur was sich mit der göttlichen Liebesgemeinschaft in der Gemeinde verträgt, kann dann auch legitim geboten sein. Soweit das Resümee.

Bonhoeffer würde auf die Frage „Was ist das Theologische an der Ethik?" antworten: Alles! Nur wenn Ethik theologisch ist, ist sie wirklich Ethik (E 301). Denn nur dann kann sie den zwingenden Charakter von Beziehungen legitimieren. Nur durch Christus kann es eine begründete Ethik geben.

Das mag man aus liberaleren Perspektiven für pluralismusfeindlich halten. Wer die christologische Exklusivität dieser Ethik zurückweisen und dafür liberalere Verträglichkeiten weltanschaulich unterschiedlicher Ethik-Entwürfe zulassen will, müsste dabei aber klären, wie man dann legitimen Zwang von illegitimem Zwang unterscheiden will. Vermutlich gibt es bei der Beantwortung keine liberale Lösung mehr. Der Vorteil der Ethik Bonhoeffers besteht darin, dass sie den exklusiven Anspruch einer christlich begründeten Ethik vertritt, ohne nicht-christliche Ansprüche *a priori* zurückweisen zu müssen. Nicht-christliche Ansprüche können legitim sein, wenn sie sich mit dem christlichen *vertragen*. Auch nicht-christliche Gemeinschaften sind gehalten von Gottes Geschenk. Deshalb können sie nicht verteufelt werden, sondern stehen mit der christlichen Ethik in einem kontinuierlichen Zusammenhang.

Bonhoeffer hat bekanntlich in diesem Zusammenhang schon die Möglichkeit eines „unbewussten Christentums" eingeräumt (WE 545). Dabei handelt es sich um Nichtchristen, die ebenso wie Christen misstrauisch sind gegenüber ihrem Wissen von gut und böse und die sich deshalb der Gnade Gottes öffnen, die ihnen als Personen in ihrer von Gott geschenkten Personalität immer schon zugänglich ist.[23] Insofern verträgt sich ein christologischer Exklusivismus durchaus mit einem universalisierbaren ethischen Anspruch, der auch Nicht-Christen gegenüber plausibel gemacht werden kann.[24]

Ein weiterer Einwand entsteht aus der unmittelbaren Geltung auch illegitim zwingender Begegnungen: Wie weist man illegitime zwingende Charaktere zurück? Auch von illegitimen Beziehungen kommen wir nie wirklich los – wie man etwa von traumatischen interpersonalen Begegnungen weiß. Nun aber konnten wir mit Bonhoeffer legitimen Zwang von illegitimem Zwang unterscheiden. Wie hilft uns dieses Kriterium, uns aus einer Beziehung zu lösen, die bleibend illegitim zwingt?

Von Bonhoeffer her würde sich nahe legen, den Geschenkcharakter des interpersonalen Zusammenlebens zu achten, aber Fehlentwicklungen in der interpersonalen Beziehung vorsichtig zu überbrücken. Es ist sicher in einer gewesenen Gewaltbeziehung für die Opfer schwer anzuerkennen, dass das interpersonale Zusammenleben zwischen ihnen und den Tätern von einst

---

23 G.M. Prüller-Jagenteufel: Befreit zur Verantwortung, 429.
24 Ein Teilproblem dieses behandelten Punktes besteht in der Frage, ob Bonhoeffer konsequent phänomenologisch verfährt oder irgendwann positive Setzungen trifft, etwa die Identifikation des Geschenkcharakters des transzendenten Du mit dem Christusgeschehen am Kreuz. Ich halte diese Identifikation phänomenologisch für vertretbar, gerade wenn man das Christusgeschehen in seinem phänomenologischen *Sinn* erfasst und nicht in seiner historischen Fixierung. Sogar der verstorbene Christus hält eine Beziehung zu uns, was den Geschenkcharakter und die Transzendenz des göttlichen Du in Christus offenbart.

ein Geschenk ist. Wer das aber nicht denken kann, für den wird Rache die einzige Alternative sein – eine tragische Alternative allerdings, denn die Täter von einst werden die Opfer auch in Träumen einholen, selbst wenn sie hingerichtet worden sind.

Dagegen können wir von Bonhoeffer die Einsicht gewinnen, dass man Fehlentwicklungen interpersonaler Beziehungen umsichtig korrigiert unter der Voraussetzung, dass Gott sich auch dem Täter zuwendet ebenso wie den Opfern in ihrer Personalität. Das Geschenk der Liebe Gottes ist Maßstab und Richtpunkt aller Gebote und aller Beziehungen. Von dort her kann man Beziehungsalternativen entwickeln, die aber die interpersonale Beziehung zwischen Täter und Opfer gerade anerkennen.

4 Trutz Rendtorff

T. Rendtorff: Ethik. Grundelemente, Methodologie und Konkretionen einer ethischen Theologie Bd. I; Stuttgart/Berlin/Köln 1990², Bd. II; 1991²

4.1 Die Grundelemente der Ethik

In den Jahren 1980 und 1981 hat der frühere Münchner Theologe Trutz Rendtorff eine Ethik in zwei Bänden vorgelegt: einen ersten Band mit methodischer Grundlegung der Ethik und einen zweiten Band zu materialen Themen der Ethik. Genau zehn Jahre später hat Rendtorff beide Bände deutlich überarbeitet in einer zweiten Auflage veröffentlicht. Dabei hat er sie vor allem ein wenig versachlicht, provokative, leicht überspitzte Sätze geglättet und an einigen Stellen auch inhaltlich nachgebessert. Rendtorffs Ethik kann man einem schöpfungsethischen Ansatz zuordnen, vor allem aufgrund seines Hauptbegriffs, den er für seine Ethik wählt und wie er ihn interpretiert: der Begriff des Lebens.

Rendtorff erfüllt den wissenschaftlichen Anspruch der Ethik, indem er eine lückenlose Argumentation vorlegt: Man beginnt mit den Bedingungen für ethisches Denken und entwickelt daraus ethische Maßstäbe. Genau das macht Rendtorff mit dem Begriff des Lebens. Das Leben ist eine Bedingung der Ethik; das leuchtet sofort ein. Wenn nichts leben würde, gäbe es auch keine ethischen Interessen und Konflikte. Ethisches Handeln bedeutet sodann, ein Leben *führen* zu können. Wer das nicht kann, kann dann auch nicht ethisch handeln. Ethisches Handeln vollzieht sich in der Lebensführung.

Die schöpfungsethische Perspektive am Lebensbegriff bringt Rendtorff unmittelbar ein, wenn er schreibt: Das Leben ist gegeben. Wir können unser Leben überhaupt nur führen, weil es uns gegeben ist (I 63). Dieses Gegebensein hat eine fünffache Bedeutungsbreite. Gegebensein heißt:

1. einfach Da-sein, eben gegeben sein (I 63 f.),
2. empfangendes Leben: Es ist ein Leben von Irgendwoher, von woher wir es empfangen (I 65 ff.).

3. Zum Gegebensein gehört auch, dass die menschliche Freiheit gegeben ist. Wir können nicht entscheiden, ob wir frei sein wollen – weil wir dazu bereits frei sein müssten. Freiheit ist ein einfaches Gegebensein (I 66).
4. Daraus folgt, dass das Leben auch seine Gegebenheit annehmen muss (I 67). In diesem Müssen steckt also ein doppelter Aspekt: ein logisches „Muss" (der Mensch kann nicht anders). Aber daraus folgert Rendtorff auch ein moralisches Sollen (I 68). Die Gegebenheit des Lebens drängt den Menschen dazu, sich auch für das Leben zu entscheiden.
5. Mit dem Leben ist auch eine ganzheitliche Frage mitgegeben – eine Frage, die den Menschen dazu drängt, sich eine theologische Sinnantwort zu geben. Es ist ja nicht nur das eigene Leben gegeben und auch nicht nur das Leben der Eltern und Ahnen, aus denen das eigene Leben hervorgegangen ist. Es ist *überhaupt* Leben gegeben, die Qualität des Lebens. Diese Art von Gegebenheit weist über das eigene Leben hinaus. Die Anerkennung dieser Gegebenheit entsteht aus Begeisterung, Staunen und Glauben an eine Macht, die sich als glaubens- und vertrauenserweckend darbietet. Anders gesagt: Zur Gegebenheit des Lebens gehört auch, dass Religiosität mitgegeben ist (I 69).

Das Faszinierende an Rendtorffs Ethik ist seine klare Strukturierung. Man weiß immer genau, wo man sich befindet, wenn man darin liest. Weil sie so eine klare Struktur hat, ist es didaktisch hervorragend aufgebaut und für die Rezeption sehr geeignet. Denn Rendtorff wiederholt diesen Fünfer-Schritt noch zweimal, und zwar unter zwei anderen Aspekten. Dasein, Gewährtsein, Freisein, Annehmen und Religiosität bzw. höhere Sinnfrage reflektiert er an zwei weiteren Grundelementen der Ethik. War die erste Bedingung das Gegebensein des Lebens, so ist die zweite Bedingung das Geben des Lebens und die dritte Bedingung die Reflexivität des Lebens.

Ich werde jetzt nicht alle fünfmal zwei Schritte referieren. Ich will nur kurz erklären, inwieweit Geben und Reflexivität des Lebens ebenso Grundelemente des Lebens sind wie sein Gegebensein. Es gehört zum Leben, dass es mit anderen zusammenlebt (I 76). Damit muss es auch anderen Lebensraum gewähren. Das vollzieht das Leben einfach so. Niemand kann verhindern, dass andere leben. Man kann vereinzelt Leben töten, aber nicht Leben überhaupt ausrotten, ohne dabei sich selbst zu vernichten. Also muss ein Leben, das sein Gegebensein annimmt, auch anderen Leben geben. – Diese These wird wieder in diesem Fünferschritt entwickelt: Anderes Leben einfach da-sein lassen, aber auch anderes Leben empfangen lassen; ihm Freiheit gewähren (Rendtorff nennt das Gerechtigkeit [I 80]), es bewusst gewähren lassen und auch den höheren Sinn der eigenen Lebensgabe kultivieren (Rendtorff nennt das Liebe [I 85–92]. Liebe ist also der religiöse Aspekt des Leben-Gebens).

Und schließlich ist Reflexivität des Lebens ein Grundelement der Ethik. Ethik kann darauf nicht verzichten und sich dabei ihre Bedingungen vergegenwärtigen. Also führt Rendtorff seinen Fünferschritt noch im Hinblick auf dieses dritte Grundelement der Ethik durch. Nun kann man fragen, ob die Reflexivität als eigenes Grundelement nötig ist, wenn sich ethische Lebensführung bereits im Gegebensein und Geben des Lebens unmittelbar vollzieht. Steckt nicht bereits im Gegebensein des Lebens Reflexivität (I 63, 100)? Dann wäre Reflexivität nicht auf derselben logischen Ebene ein Grundelement der Ethik, sondern wäre im Gegebensein des Lebens bereits enthalten. Rendtorffs Antwort, dass Reflexivität über das eigene Leben hinausgeht und sich auf das Leben überhaupt richtet (I 93, 94), würde eine funktionale Doppeldeutigkeit in sein Konzept einbauen: Denn die Aufmerksamkeit auf das „Leben überhaupt" wird bereits in der Religion im fünften Unterpunkt des ersten Grundelements des Gegebenseins des Lebens gelegt.

Offenbar nimmt Rendtorff an, dass das Leben selbst reflexiv wird: Es wird sich seiner selbst gewahr. Die Aufmerksamkeit der Religion im letzten der fünf Schritte richtet sich zwar auf das Leben überhaupt, aber nur in der Konzentration auf sein Gegebensein (oder als Liebe im Geben des Lebens). Reflexivität des Lebens scheint dagegen zu meinen, dass sich Leben *als Leben* erfährt – nicht in seiner Generativität, sondern in seiner Bedeutung. Der Ausdruck „Leben überhaupt" ist dafür missverständlich, weil er bei Rendtorff doppelt codiert ist. Ähnlich ist es mit der „Fülle des Lebens" (I 94), weil sich die Religion als Liebe im zweiten Grundelement des Gebens des Lebens ebenso auf anderes Leben richtet. Dagegen ringt aber die Reflexivität des Lebens dem Leben eine Bedeutung ab. Gegebensein und Geben dagegen müssen in ihrer jeweiligen Reflexivität ihrerseits nicht gewahr sein, was Leben *ist*.

Die Reflexivität des Lebens ist die Bedingung dafür, dass Ethik als Reflexion der Lebensführung möglich ist (I 63). Die Gegebenheit des Lebens kann also zwar durchaus reflexiv werden, aber nur durch das dritte Grundelement der Reflexivität des Lebens: Reflexivität der Ethik verdankt sich der Reflexivität des Lebens.

4.2 Die Zuordnung ethischer Ansätze zu ihren Grundelementen

Alle drei Grundelemente führen zu einer ethischen Orientierung. Der Mensch wird durch das Leben selbst dazu gedrängt, die Gegebenheit des Lebens anzunehmen, sie frei zu gestalten und auch mit dem Leben als Leben umzugehen. Nun ordnet Rendtorff den drei Grundelementen jeweils unterschiedliche ethische Argumentationsweisen zu:

1. Das Gegebensein des Lebens hat einen gebietenden Charakter, eine „Appellstruktur" (I 65). Rendtorff ordnet ihr deshalb die *Gebotsethik* zu.
2. Leben setzt aber auch unsere Freiheit ins Recht: Wir müssen frei sein und können uns dann auch frei dazu bestimmen, Leben zu geben, anderen zu gewähren (weil wir ja immer in Leben gebenden Strukturen stehen). Daher ordnet Rendtorff die Bedingung „Leben geben" der *Verantwortungsethik* zu.
3. Schließlich bedeutet Reflexivität Distanznehmen von dem, was man sowieso immer tut und für richtig gehalten hat, zugunsten eines Lebensbegriffes (I 93). Dieser Bedingung ordnet Rendtorff die *Metaethik* zu – also der Theorie *über* Ethik, die selbst noch keine normativen Beurteilungen vornimmt. In der Metaethik wird die Reflexivität der Ethik[25] selbst zum Thema (I 105).

Wichtig ist nun, dass mit dieser Beschreibung der drei Grundelemente für Rendtorff auch eine Gewichtung erfolgt ist: Die Gegebenheit des Lebens hat höhere ethische Geltung als das Geben und die Reflexivität des Lebens. Nur weil Leben gegeben ist, kann es auch Leben geben und darüber ethisch reflektieren. Mit dieser Gewichtung wird auch eine Gewichtung der drei Ethikweisen vorgenommen: Die Gebotsethik hat höhere Priorität als die Verantwortungsethik. Und auch die Metaethik kann selbst nicht produktiv sein, ohne auf die Ressourcen der Gebots- und Verantwortungsethik zurückzugreifen.

Durch diese Gewichtung kann man sagen, dass der Akzent der Rendtorffschen Ethik in der Schöpfungsethik liegt. Es geht vor allem darum, eine Bestandsaufnahme zu erheben: Was gilt immer schon und was ist immer schon

---

[25] Nicht die Reflexivität des Lebens, denn sie ist eine Grundbedingung der Ethik. Die Metaethik wiederholt daher auf ethischer Ebene die Reflexivität des Lebens.

richtig, wenn Leben gegeben ist? Welche ethischen Bindungen sind uns mit der Schöpfung gegeben? Man bemerke, dass Rendtorff – wenn auch in einer anderen methodischen Herleitung als Barth und Bonhoeffer – ebenso Ethik als Aufweis eines zwingenden Charakters von unhintergehbaren Erfahrungen betreibt. Während bei Barth und Bonhoeffer diese Erfahrungen aber unmittelbare Begegnungen sind, ergibt sich der zwingende Charakter aus einer unvermeidbaren Reflexivität des Lebens. Das Gegebensein hat zwar sachliche Priorität, die Reflexivität aber methodische Priorität: Das Leben begegnet in seinem zwingenden Charakter reflexiv sich selbst.

Das ist das Thema der sog. Schöpfungsordnungen (I 125 f.). Für Rendtorff sind die Schöpfungsordnungen Lebensräume, die mit der Gegebenheit des Lebens mitgegeben sind und die insofern auch eine Appellstruktur haben. Der Appell des Gegebenseins ist stärker als die Freiheit der Selbstverantwortung (I 101 f.). Was von Tradition aus gegolten hat, behält zunächst seine Appellstruktur (I 114). Wer Traditionen umstoßen will, muss das gut begründen. Die Tradition dagegen hat keine Pflicht, begründet zu werden. Sie hat ihren Appellcharakter ohne Weiteres (I 101–104, 114; II 48, 100). Rendtorffs Ethik ist damit betont konservativ; er gibt der Tradition möglichst hohes Gewicht. Eben das kennzeichnet eine Schöpfungsethik, die auf den bisher geltenden Bestand ethischer Verbindlichkeiten setzt. Da Rendtorff aber auch historisch gewachsenen Traditionen dasselbe Gewicht gibt wie den Ursprungsbedingungen des Lebens, kann man hier von einer Schöpfungsethik im Sinne einer Evolution sprechen oder, theologisch ausgedrückt, im Sinn einer „creatio continua".

Bei dieser Einschätzung differenziert allerdings Rendtorff nicht zwischen traditionellen Inhalten und der Form des gesellschaftlichen Zusammenlebens in Traditionen. Es mag ja sein, dass eine verantwortungsethische Entscheidung, von einer Tradition abzuweichen, der Beginn einer neuen Tradition ist (I 104). Das heißt jedoch nicht, dass Traditionen qua ihrer Traditionalität einen geltungslogischen Vorrang haben. Sie haben zwar einen genealogischen Vorrang, und die Lösung von ethischen Konflikten liegt darin, neue Traditionen zu etablieren. Die inhaltliche ethische Diskussion kann sich aber nicht im Verweis auf Traditionen erschöpfen, weil sie dabei gerade die Inhalte der Traditionen überspringt, die in der Diskussion infrage gestellt werden. Ich werde gegen Ende des Kapitels untersuchen, ob damit die Vorordnung der Gebotsethik vor Verantwortungs- und Metaethik insgesamt unplausibel wird.

4.3 Anwendung der Grundstruktur der Ethik

In seinem zweiten Band thematisiert Rendtorff nun anwendungsethische Beispiele. Dabei behält er diesen Dreimal-fünf-Schritt bei. Er überträgt seine Analyse zu den drei Grundelementen der Ethik mit ihren jeweiligen Fünferschritten auf bestimmte anwendungsethische Themen. Sein Modell erhält zwar noch weitere Verzweigungen, aber es bleibt immer bei der Struktur dreimal fünf.

Anwendungsethische Themen der drei Grundelemente der Ethik diskutiert Rendtorff unter den drei Ethiken: Gebotsethik, Verantwortungsethik, Metaethik. Und jede dieser drei Ethiken erhält wieder ihren eigenen Fünferschritt. Dadurch entstehen 45 anwendungsethische Themenbereiche. Dieser Strukturalismus scheint damit eine ethische Struktur der Schöpfung abzubilden: Ethik bleibt dann auf 45 Themenbereiche beschränkt. Umgekehrt erhalten ethische Probleme eine eindeutige Zuordnung in dieser ethischen Struktur der Schöpfung. Ob man das Thema Abtreibung verantwortungsethisch oder gebotsethisch diskutiert, ist damit ein- für allemal entschieden. Und damit ist auch das Ergebnis der Argumentation weitgehend vorgezeichnet.

Rendtorff verortet das Thema Schwangerschaftsabbruch unter dem Grundelement des *Gebens des Lebens* und unter der Argumentationsweise der *Gebotsethik*. Allein durch diese Verortung ist seine Bewertung vorgezeichnet. Das Geben des Lebens hat nämlich eine *Appellstruktur* – auch im Hinblick auf Schwangerschaften. Deshalb widerspricht ein Schwangerschaftsabbruch dem gebietenden Charakter des zweiten ethischen Grundelements.

Diese einfache Ausführung der Grundlegung betont den schöpfungsethischen Charakter dieses Ansatzes: Es ist alles klar festgelegt; die fünf Schöpfungsordnungen sind uns so transparent vorgegeben, dass sich Konflikte leicht klären und lösen lassen.

4.4 Würdigung und Kritik

Genau das halte ich auch für die Stärke des Ansatzes. Er ist transparent und wirkt kaum willkürlich. Ich sage „kaum", denn die Auswahl der fünf Schöpfungsordnungen scheint mir auf einem Zirkel zu beruhen: Rendtorff entwickelt ein Konzept, das den fünf Schöpfungsordnungen genügen soll.

Er gibt den Schöpfungsordnungen Gewicht, weil sie traditionelle Geltung haben. *Dass* sie also traditionell Geltung *verdienen*, erhebt er nur daraus, dass sie traditionelle Geltung haben. Das ist aber ein naturalistischer Fehlschluss, der unzulässig aus einem Sein ein Sollen schließt: etwa indem das Gegebensein des Lebens eine ethisch *legitime* Appellstruktur hat. Dagegen könnte man einwenden, dass, selbst wenn es richtig ist, dass das Gegebensein des Lebens eine Appellstruktur hat, es auch *zu Recht* appelliert. Denn wenn man zurückfragt, warum es einen legitimen zwingenden Charakter hat, ist es ein zirkulärer Verweis, nur auf das Gegebensein des Lebens zu verweisen.

Rendtorff will den naturalistischen Fehlschluss zwar vermeiden, indem er auf eine Wechselseitigkeit zwischen Sein und Sollen verweist: Im Sein steckt ein Sollen (I 79, 130), und ein Sollen „ist" irgendwie (I 107). Das trifft aber nur auf die *Form* des zwingenden Charakters zu, nicht aber auch auf die jeweiligen *Inhalte*. So blendet Rendtorff im Hinblick auf Traditionen aus, dass es immer auch konträre Traditionen gibt. Beispielsweise geht die Geschichte der Schwangerschaftsabbrüche weit in die Menschheitsgeschichte zurück und könnte sich somit als eigene Tradition des Widerstandes gegen die Appellstruktur der Austragung von Schwangerschaft verstehen. Ebenso blendet die Vorordnung der zweigeschlechtlichen Ehe vor der homosexuellen Beziehung (II 69) die natürliche Regelmäßigkeit von Menschen mit homosexuellen Neigungen aus. Auch diese Regelmäßigkeit könnte sich mit Rendtorffs Begriffsrahmen als Schöpfungsordnung interpretieren lassen.

Ebenso kann man fragen, ob sich ethische Konflikte wirklich ohne logische Zirkel lösen lassen, indem man sie einem Element der Struktur zuordnet. Ist es wirklich zwingend, Schwangerschaftsabbruch aus der Perspektive der Gebotsethik zu beurteilen? Gerade wenn zwischen Tradition und Verantwortung kein Gegensatz besteht (I 104), könnte Schwangerschaftsabbruch auch unter der Argumentationsweise der Verantwortungsethik thematisiert werden, zumal die Verantwortungsethik neue Traditionen entwickeln will. Allein empirisch ist widerlegt, dass eine legalisierte Praxis von Schwangerschaftsabbrüchen nicht traditionsfähig ist.

Damit stellt sich auch die Gewichtung der drei ethischen Grundelemente als unzureichend begründet heraus. Ebenso gut könnte man der Verantwortungsethik das stärkste Gewicht geben, weil ohne ethische Veränderung Traditionen verkrusten und die Reflexivität des Lebens verkümmert. Reflexive Distanznahme impliziert kritische Distanznahme von Traditionen. Insofern bedürfen sowohl die Gebotsethik als auch die Metaethik der Verantwortungsethik, nämlich die Freiheit, das Leben auch anders zu führen.

Dieses Problem lässt sich lösen, wenn die drei Grundelemente auf unterschiedlichen kategorialen Ebenen angesiedelt sind und nicht nur drei Qualitäten bedeuten. Was für eine kategoriale Unterscheidungen der Grundelemente spricht, ist die Beobachtung, dass ja alle drei Grundelemente für die Ethik *gegeben* sind – und sich somit dem Gegebensein des Lebens verdanken. Als Grundelemente sind sie weder wählbar noch hintergehbar. Somit unterstehen beide, das Grundelement des Gebens des Lebens sowie der Reflexivität des Lebens, der Gegebenheit des Lebens. In diesem Fall ist die Vorordnung der Gegebenheit des Lebens kategorial bestimmt.

Diese Vorordnung bedeutet aber keine geltungslogische Priorität. Vielmehr ist gerade dann nicht ausgeschlossen, dass verantwortungsethisch die Gebote der Traditionen gebrochen werden, weil auch eine verantwortungsethische Entscheidung ihr Gegebensein nicht hintergehen kann. Das Sollen im (Gegeben-)Sein ist dann zu unspezifisch, um klare ethische Prioritäten auf der Ebene der Grundlegung zu setzen.

Zuletzt könnte man fragen, ob die drei Grundelemente der Ethik vollständig sind. Braucht eine Ethik nur diese drei Bedingungen? Oder könnte man nicht zumal schöpfungstheologisch sogar die genauen Gegenstücke zu diesen Grundelementen setzen? Statt der Gegebenheit des Lebens die Gegebenheit des Todes?[26] Statt des Gebens des Lebens das Nehmen von Leben (wir alle leben auf Kosten anderer Lebewesen – das ist ein Naturgesetz; man könnte sagen: ein Schöpfungsprinzip)? Und statt der Reflexivität des Lebens die Spontaneität des Lebens, das Leben in der Unmittelbarkeit? Alle drei Gegenbeispiele sind Handlungssubjekten unhintergehbar gegeben und könnten daher ebenso Grundelemente der Ethik sein. Nicht einmal die kategoriale Vorordnung des Gegebenseins des Lebens ist dann mehr sicher, da Gegebensein sogar den Tod einschließt. Müsste man diese Weiterführung dann nicht auch zu Grundelementen der Ethik erheben? Und könnten sich dann nicht andere Ergebnisse ergeben?

---

26 Heidegger hat gerade den Tod als das entscheidende Prinzip herausgestellt, warum Menschen handlungsfähig sind (M. Heidegger: Sein und Zeit, 262).

II Evangelisch-ethische Entwürfe des 21. Jahrhunderts

5 Johannes Fischer[27]

J. Fischer:
Leben aus dem Geist. Zur Grundlegung christlicher Ethik; Zürich 1994 (im Folgenden LG)
Theologische Ethik. Grundwissen und Orientierung; Stuttgart/Berlin/Köln 2002 (im Folgenden TE)
Verstehen statt Begründen. Warum es in der Ethik um mehr als nur um Handlungen geht; Stuttgart 2012 (im Folgenden V)

1994 publizierte der Theologe Johannes Fischer einen ethischen Neuansatz mit dem Titel „Leben aus dem Geist". Acht Jahre später hat er ihn neu bearbeitet und 2002 mit dem Titel „Theologische Ethik" weitergeführt. Fischer gilt als einer der bedeutendsten zeitgenössischen theologischen Ethiker im deutschsprachigen Raum. Aber er ist auch umstritten, vor allem in seiner theologischen Herleitung der Ethik. Mir gefällt vor allem an ihm, dass bei ihm der theologische Charakter pointiert erkennbar ist. Allerdings kenne ich kaum einen theologischen Ethiker, der seine Pointierungen mitgeht. Weitgehend werden seine Positionen für naiv gehalten. Vielleicht ist das ein Grund, warum sich Fischer seit den 1980er Jahren fast ausschließlich mit Fragen der Grundlegung der Ethik befasst hat und kaum mit anwendungsethischen Themen. Seine Ethik zeichnet sich durch eine erstaunliche Kontinuität aus, die sich nunmehr etwa über ein Vierteljahrhundert erstreckt.[28] Zuletzt ist 2012 sein Band „Verstehen statt Begründen" erschienen – ein dünner Band, den man auch als Grundlegung der Theologischen Ethik lesen kann, auch wenn er eigentlich eher als Streitschrift und Rundumschlag gegen ein bestimmtes Ethik-Verständnis gedacht ist.

Seine Hauptthese, die sich in terminologisch leicht abgewandelten Spielarten durchgehend findet, heißt, dass Ethik nicht in der theoretischen Erschließung ethischer Richtigkeit besteht, sondern im Aufweis der prak-

---

27 L. Ohly: „Geistliche" Prüfung. Vorschlag zur Ethik Johannes Fischers; ZEE 59/2015, 42–48.
28 Die Ansätze seiner Ethik sind bereits erkennbar in J. Fischer: Glaube als Erkenntnis, 50; Ders.: Behaupten oder Bezeugen, 231.

tischen Lebenszusammenhänge, in denen sich die ethische Wahrheit selbst erschließt. Dieser Letzthorizont wird „Geist" oder „Geistkommunikation" genannt (LG 23, 34–36, 51, TE 120–138, V 103–137).

Vor dem Hintergrund der Geistbindung ethischen Verhaltens entwickelt Fischer eine Fundamentalkritik gegen die gegenwärtige Ethik, die er rationalistisch nennt und der er ein grundsätzliches Missverständnis ihrer Aufgabe vorwirft.[29] Die Aufgabe der Ethik bestehe nicht darin, ethische Urteile von Handlungen vorzunehmen, nicht einmal, die ethische Richtigkeit argumentativ zu begründen (V 13). Fischer hält einen solchen Rationalismus selbst für irrational (V 136), weil dieser dogmatische Setzungen vornehme. Das folgenschwerste Dogma der rationalistischen Ethik besteht für Fischer in der Annahme, dass Moral überhaupt argumentativ begründet werden *kann* (V 12, 39). Diese stillschweigende Prämisse weist Fischer vehement zurück. S.E. erschließt sich moralisches Handeln nicht in Argumenten, sondern nur in Situationen (LG 120; V 13, 27), und zwar intuitiv (V 36).[30]

Mit seinen Kritikern hat sich Fischer intensiv auseinandergesetzt. Allerdings kehrt ein typischer Einwand gegen seinen Entwurf immer wieder, auf den er bislang explizit noch keine überzeugende Antwort gegeben hat. Der Einwand lautet, dass die geistlichen Lebenszusammenhänge, die die ethische Wahrheit erschließen, nur dann praktisch orientieren können, wenn sie nicht selbst im Konflikt miteinander liegen. Wie kommt man aber weiter, wenn die Intuitionen strittig werden?[31] Fischer räumt ein, dass Inutitionen irrtumsanfällig sind, was allerdings s.E. nicht argumentative Gründe feststellen könnten, sondern vielmehr die Lebenserfahrung (V 37). Die Irrtumsanfälligkeit sei nämlich durch die Pluralität der Geister erkennbar (LG 132,

---

29 J. Fischer: Ethik als rationale Begründung der Moral, 202.
30 In den 1990er Jahren hat sich Fischer noch vom Intuitionismus abgegrenzt (J. Fischer: Über moralische und andere Gründe, 142), bevor er 2002 Intuitionismus mit regelethischen Erwägungen kombiniert (TE 163) und inzwischen die Situationsethik gegen die rationalistische Kritik verteidigt (V 52). In der Sache ist Fischers Intuitionsheuristik stabil geblieben. Er hat hingegen terminologische Reduktionen vorgenommen, die den Intuitionsbegriff tangieren. So wird der Begriff des Nicht-Moralischen oder der Transsubjektivität nicht mehr verwendet, die Fischers Intuitionenverständnis der 1990er Jahre geprägt hatten (J. Fischer: Theologische Ethik und Christologie, 512; Ders.: Über moralische und andere Gründe, 142).
31 Z.B. U.H.J. Körtner: Rezension zu J. Fischer, 60.

163, V 126). Daher liege es in der menschlichen Verantwortung, die Geister zu prüfen, wie Fischer im Anschluss an das Neue Testament hervorhebt (LG 255, 259, V 143). Allerdings gibt er in seinen neueren Beiträgen keinen Hinweis, auf welcher Basis eine solche Prüfung erfolgen soll, ohne dabei doch wieder der rationalen ethischen Abwägung den Primat zu geben.[32] Die frühere Feststellung, dass wir in Form von *Urteilen* die Geister prüfen[33], hat er inzwischen explizit verworfen. Nach meinem Eindruck verstärkt Fischer die Ratlosigkeit seiner Kritiker sogar, wenn er die Kontextgebundenheit ethischer Wahrheit an entsprechende Lebenszusammenhänge mit der rhetorischen Frage unterstreicht, ob nicht „die Bedingungen, durch die das menschliche Zusammenleben bestimmt ist, in hohem Maße kontingent [sind]?" (V 163). Auch andere Formulierungen nähren den Verdacht, dass die Angewiesenheit ethischer Wahrheit vom Geist eines Lebenszusammenhangs *unhintergehbar zufällig* ist: „Mit diesem rational nicht erzwingbaren, anarchischen Charakter der Moral müssen wir leben" (V 176). So bleibt für eine kritische Prüfung der Geister kein Raum, die Fischer doch zur menschlichen Verantwortung erklärt. Der Mensch muss dann wohl an dieser Aufgabe scheitern.

In meiner Darstellung von Fischer möchte ich diese konzeptionelle Lücke schließen helfen. Dabei werde ich implizite Ressourcen seiner Konzeption aufdecken, aus denen sich eine überzeugende Antwort auf den Standard-Einwand gegen Fischers Ethik entfalten lässt. Textgrundlage meiner Darstellung sind die drei genannten Bücher und nicht nur eine Quelle. Dabei nutze ich Ressourcen und Begrifflichkeiten, die Fischer zwar in seinen jüngsten Schriften kaum oder gar nicht mehr verwendet hat, die aber hilfreich sind, um den Einwänden zu begegnen, mit denen Fischer sich typischerweise auseinandersetzen muss.

5.1 Kommunikation und Geist

Fischers Ansatz verbindet die christliche Rede vom Heiligen Geist mit modernden Kommunikationstheorien. „Geist", meint nach Fischer die

---

[32] So kritisch M. Düwell: Rationalisten sind auch Menschen, 207; U. Bittner/E. Gebhardt: Zur Beurteilung von moralischen Intuitionen im (medizin-)ethischen Kontext, 210.
[33] J. Fischer: Pluralismus, Wahrheit und die Krise der Dogmatik, 531.

Kommunikationsebene, die Leben konstituiert und von der Menschen schöpfungsmäßig „schlechthinnig" abhängig sind (LG 42, 187)[34].
Kommunikation ist keine menschliche Handlung. Wer kommuniziert, muss nicht handeln. Vielmehr, konstituiert Kommunikation erst die Möglichkeit zu handeln. Weil wir kommunizieren, können wir überhaupt erst Handlungen bestimmten Handlungssubjekten zurechnen. Kommunikation liege dem Handeln immer voraus, sei selbst nicht handlungsgestiftet, sondern mache Handeln allererst aufweisbar (LG 49 u. ö.). Entscheidend sei der Geist, mit dem man kommuniziert. Der Geist ist also die Kommunikation, in der Menschen zueinanderstehen. Kommunikation ist nicht Mitteilung. Aber Mitteilung ist nur möglich aufgrund von Kommunikation. Auch wer schweigt, kommuniziert. Er teilt zwar nichts mit. Aber auch dieses Schweigen kann uns beunruhigen, ärgern, empören, oder auch trösten, dankbar machen. Kommunikation ist was anderes als Mitteilung. Was beunruhigt uns da eigentlich, wenn doch gar nichts mitgeteilt wird? Man könnte einwenden, dass das Schweigen auch eine Form der Mitteilung sei. Aber was wird denn mitgeteilt? Jedenfalls nichts Genaues! Wer schweigt, könnte auf Vorwürfe antworten: „Ich habe doch gar nichts gesagt!" Vielleicht wollte er nicht einmal etwas sagen. Vielleicht hat er gerade geträumt und deshalb geschwiegen. Was will man da mitteilen?

Es wird einem trotzdem nicht gefallen, wenn man mit einem Träumer reden will. Schweigen kann ärgerlich machen. Aber man ärgert sich dann nicht darüber, dass der Schweigende etwas mitteilt, sondern vielmehr darüber, dass er nichts mitteilt. Er kommuniziert aber trotzdem. Sonst würde man sich nicht ärgern.

Kommunikation impliziert, dass Menschen miteinander verbunden sind. Sie sind es nicht unbedingt bewusst. Und sie tun auch nicht immer etwas dafür, dass sie miteinander verbunden sind. Trotzdem ist es diese Verbundenheit, die uns beunruhigt, ärgert, empört, tröstet, dankbar macht. Kommunikation ist eine atmosphärische Voraussetzung, in der wir uns zueinander verhalten. Wir können uns dann zwar auch anders verhalten, als die Kommunikation tendiert. Die Atmosphäre kann gespannt sein, und trotzdem kann man einen Witz machen. – Aber auch dann geht man auf die Kommunikation ein. Kommunikation ist unhintergehbar. Diese Unhintergehbarkeit nennt Fischer Geist.

---

34 J. Fischer: Pluralismus, Wahrheit und die Krise der Dogmatik, 494, 518. Ders.: Über moralische und andere Gründe, 134.

Der Geist konstituiert uns als Personen, die miteinander verbunden sind. Kommunikation liegt also auch der Natur voraus (LG 36, 52). Wir können nichts über natürliche Bedingungen des Menschseins sagen, ohne in der vorgängigen Dimension des Geistes zu stehen. Wir platzieren uns als Handlungs- oder Naturwesen erst über den jeweiligen kommunikativen Rahmen, den der Geist uns zur Verfügung stellt. Das hat Konsequenzen für die Ethik: Ethische Entscheidungen können wir erst treffen, nachdem wir durch den Geist einer bestimmten Lebensgemeinschaft geprägt worden sind.

Ein Beispiel: In vielen Fällen ist es überhaupt kein Problem, eine Tageszeitung zu zerknüllen. Niemand sieht darin ein Problem, auch wenn dabei Fotos von Menschen zerrissen werden, z. B. von Asylbewerbern. Aber es wäre undenkbar, dieselbe Zeitung mit dem Bild eines Asylbewerbers in einem Gottesdienst öffentlich zu zerknüllen. Das wäre eine empörende und menschenverachtende Tat. Und zwar deswegen, weil der Geist des Gottesdienstes das nicht zulässt. Man müsste schon sehr taktlos sein, wenn man die Zeitung hier doch zerknüllt. Man müsste sich mit großem Widerstand gegen den ethischen Horizont des Geistes hinwegsetzen. Die Kommunikation würde missachtet, in der man steht. Aber selbst wenn man den Widerstand aufbringt und die Zeitung zerknüllt, könnte man dabei den Geist nicht hintergehen, der sich im Widerstand zeigt.

Trotz einiger Ähnlichkeit grenzt sich Fischer vom Kommunitarismus ab, demzufolge Menschen nur deshalb ethische Entscheidungen treffen können, weil sie immer schon Mitglieder einer sozialen Gruppe sind. Für Fischer liegt der kommunikative Rahmen (Geist) nicht nur einfach vor. Vielmehr kann man *prinzipiell* nicht wählen, weil man sich nie in einer neutralen Position befindet, um zwischen verschiedenen Geistern zu entscheiden. Jeder Mensch steht im Horizont einer Geistgemeinschaft, die so oder so motiviert. Sprach Fischer früher in terminologischer Nähe zu Schleiermacher von einer „schlechthinnigen Abhängigkeit"[35] des Menschen vom Geist, so benutzt er für dasselbe Phänomen heute die Sprache Luthers vom unfreien Willen (V 111, 113).

Fischer identifiziert die *christliche* Geistkommunikation mit der Liebe und anderen positiv besetzten Begriffen (LG 54). Da nun alles Tun und

---

35 J. Fischer: Über moralische und andere Gründe, 131.

Handeln von der Kommunikation abhängig ist, herrscht eine Atmosphäre[36] der Liebe, ohne dass jemand in die Rolle eines Liebenden stellt. Vielmehr legt die Atmosphäre die Grundlage dafür, welche Rolle Personen in ihr besetzen. Der Geist verbindet die Menschen, nicht die Menschen sich selbst. Insofern unterscheidet sich Fischers Ethik des Geistes auch von einer Ethik der Autonomie (V 113). Der Mensch tritt nicht autonom in Beziehungen ein, sondern kann überhaupt nur innerhalb von Beziehungen interagieren, weil er vom Geist mit anderen verbunden wird.

Fischer wählt hierfür das Beispiel von Vater und Sohn.[37] Das ist ein provokantes Beispiel, weil man intuitiv einwenden würde, dass Vater und Sohn durch *natürliche* Verwandtschaft in ein Verhältnis gesetzt werden und nicht durch eine Geistgemeinschaft. Nach Fischer aber ist die Natur nachrangig. Wer der Vater und wer der Sohn ist, entscheidet nicht ein natürlicher Sachverhalt (wie Zeugungsakt). Es wird auch nicht durch ein intersubjektives Agreement entschieden (wie die rechtlich zuerkannte Vormundschaft). Sondern entscheidend ist dafür eben der Geist, der beiden Dimensionen vorgängig ist.

Nehmen wir an, ein Vater begegnet seinem Sohn, ohne zu wissen, dass es sein Sohn ist. Die natürliche Verwandtschaft schlägt sich in der Kommunikation zwischen beiden also nicht nieder. Die Situation ändert sich aber sofort, sobald der Sohn seinen Vater darüber aufklärt: „Du bist mein Vater". Nun besteht eine kommunikative Situation der Vater-Sohn-Beziehung. Das heißt nicht, dass der Vater sich schon wie ein Vater verhält. Vielleicht ist die Begegnung sehr enttäuschend. Und vielleicht will der Vater nichts davon wissen. Er kann sich jetzt jedoch überhaupt nur *irgendwie* verhalten, weil er der Vater *ist*; weil also die ganze Begegnung davon geprägt ist. Der Vater entkommt der kommunikativen Situation nicht dadurch, dass er seine Vaterschaft leugnet oder dem Sohn aus dem Weg geht. Die Kommunikation ist jeglichem Verhalten vorgelagert. Der Vater kann der Situation nur dadurch entgehen, dass er in eine andere Kommunikationssituation eintritt, sich also einem anderen Geist unterstellt.

---

36 J. Fischer: Über moralische und andere Gründe, 136.
37 J. Fischer: Über moralische und andere Gründe, 131; Ders.: Organtransplantation und Hirntodkriterium aus der Sicht eines protestantischen Theologen, 23.

Das Beispiel veranschaulicht, dass zum einen die Beziehung zwischen Vater und Sohn nur in kommunikativen Situationen besteht und allenfalls nachrangig in natürlicher Hinsicht. Die natürliche (biologische) Ebene zwischen Vater und Sohn kann aber auch völlig irrelevant sein. Zum anderen prägt der Geist die möglichen Handlungshorizonte. Man kann nicht in allen Situationen alles tun, sondern immer nur das, was in einer bestimmten geistlichen Atmosphäre möglich ist. Zum Dritten kann man einen Geist nur verlassen (z. B. dem Sohn aus dem Weg gehen), indem man sich einem anderen unterstellt. Man kann aber nie absolute Freiheit über den Geist gewinnen. Gegenüber der geistigen Ebene der Kommunikation bleiben Personen unfrei.

Man könnte sagen, personale Rollenverhältnisse sind einfach in einer jeweiligen kommunikativen Situation gegeben. Dabei kann es Personen völlig unvorbereitet treffen, welchem Geist sie jeweils unterworfen sind. Man hat nichts dafür „getan", dass man Vater oder Sohn ist. Der Sohn hat zwar gesagt: „Du bist mein Vater." Aber er ist dabei auf die Wirkung von Kommunikation angewiesen, damit der Vater wirklich zum Vater werden kann. Und die Wirkung von Kommunikation kann der Sohn nicht dadurch „machen", dass er etwas sagt. Rollenverhältnisse entstehen also spontan. Fischer nannte sie deshalb „transsubjektiv", weil sie nicht durch meinen Willen („subjektiv") zustande kommen oder durch Vereinbarungen („intersubjektiv"). Wer ein Versprechen gibt oder Verträge schließt, kann das nur tun, weil bereits vorher ein Geist der Kommunikation herrscht, der die Rollen vorbereitet (LG 9 f.).

5.2 Die Sprachlogik Wittgensteins und die Metaethik Fischers

Ein typisches Beispiel für Fischers Position steckt in folgendem Zitat: „Wenn wir Zeugen eines Unfalls mit Verletzten werden, dann ist der nächstliegende Grund, warum wir helfen, die Tatsache, dass die Verletzten Hilfe brauchen, und nicht der Gedanke, dass es moralisch richtig oder geboten ist, ihnen Hilfe zu leisten ... Angenommen, wir verpassen dabei einen wichtigen Termin, zu dem wir verabredet waren, und müssen uns dafür rechtfertigen. Wir werden dann die Situation als Grund nennen, indem wir sie dem anderen *schildern*, d.h. narrativ vor Augen führen, um ihn von der Richtigkeit, ja

Gebotenheit unseres Handelns zu überzeugen" (V 27; Herv. J. F). Dabei muss es sich aber dem anderen selbst zeigen, dass die Handlung richtig oder wahr ist (V 27). Es ist also nicht mit rationalen Gründen erzwingbar, dass jemand moralisch von einer Handlung überzeugt ist. Im Hinblick auf das moralisch Richtige „kann niemand für den anderen sprechen" (V 67) Das moralisch Gute oder Richtige kann sich einem Menschen nur selbst erschließen (V 176).

Das klingt zunächst so, als ob jeder Mensch in moralischen Belangen einsame Entscheidungen treffen muss, die sich ihm in irgendeinem Sinne durch eine Offenbarung erschließen. Der Offenbarungsbegriff wird tatsächlich auch von Fischer konstruktiv aufgenommen (V 166). Allerdings wehrt er eine Funktionalisierung von Offenbarung ab, die er in rationalistisch-theologischen Ansätzen wittert, etwa bei Wilfried Härle oder Eilert Herms (V 142 f.).

Ganz so einsam sind unsere ethischen Entscheidungen nach Fischer nicht: Wir können einander durch Schilderung der Situation einander überzeugen. Also ist die ethische Wahrheit durchaus kommunikabel, nur eben nicht – oder nicht primär – durch die Darlegung von rationalen Argumenten. Kinder lernen durch entsprechende Kommunikation: „als zwischenmenschliche Übertragung von emotionalen responses und Verhaltenseinstellungen" (V 170).

Dies erinnert an die Kritik der Logik beim Philosophen Ludwig Wittgenstein. Fischer erwähnt zwar Wittgenstein nie. Dennoch scheint mir, dass Fischer zumindest mittelbar von ihm abhängig ist. Der Sprachphilosoph Ludwig Wittgenstein hat sich weniger mit Ethik beschäftigt als mit der Logik der Sprache. Allerdings, da für Fischer Ethik aus Kommunikation hervorgeht, kann er Einsichten Wittgensteins für seine Ethik einbringen. Nach Wittgenstein ist eine logische Regel nicht selbst logisch nachweisbar. Die Gültigkeit einer Regel lernen Kinder durch Abrichtung: „Das Lehren der Sprache ist hier kein Erklären, sondern ein Abrichten."[38] Wie eine Regel anzuwenden ist, dafür gibt es selbst keine Regel. Der logische Zirkel kann nur vermieden werden, indem das Erlernen einer Regel das Erlernen einer Lebenspraxis impliziert: „Ich mach's ihm vor, er macht es mir nach ... Denke, du wärst Zeuge eines solchen Unterrichts. Es würde kein Wort durch sich selbst erklärt; kein logischer Zirkel gemacht."[39] Wittgenstein hatte sich mit der gleichen Art von

---

38 L. Wittgenstein: Philosophische Untersuchungen § 5.
39 L. Wittgenstein: Philosophische Untersuchungen § 208.

Einwänden im Hinblick auf seine lebensformimmanente[40] Logik auseinandergesetzt wie Fischer im Hinblick auf seine Ethik: „Aber wie, wenn nun der Eine *so*, der Andere *anders* auf Befehl und Abrichtung reagiert? Wer hat dann recht? ... Die gemeinsame menschliche Handlungsweise ist das Bezugssystem, mittels dessen wir uns eine fremde Sprache deuten."[41] Auch in diesen Fällen lässt sich nicht argumentieren, warum die Regeln der eigenen Lebenspraxis richtig sind: „Habe ich die Begründungen erschöpft, so bin ich nun auf dem harten Felsen angelangt, und mein Spaten biegt sich zurück. Ich bin dann geneigt zu sagen: ‚So handle ich eben.'"[42]

Wittgenstein räumt zwar ein, dass man *theoretisch* einen Menschen nicht widerlegen kann, der völlig andere Regeln einer Sprache zugrunde legt als jeder andere, sodass er also theoretisch eine private Sprache sprechen könnte. *Praktisch* allerdings ist dieser Weg ausgeschlossen, weil diesem Menschen jegliche Kriterien fehlen, Regeln in seiner Sprache wiederzufinden, wenn sie nicht zugleich öffentlich transparent sind.[43] Auf diese Weise zeigt Wittgenstein, dass sich die performative Kontingenz von Sprachregeln mit ihrer universalen Geltung verträgt.

Aber lässt sich eine solche Logik der Sprache auf die Ethik übertragen? Muss sie nicht in einen Relativismus führen? Die Logik bleibt in allen Lebensformen rigide, auch wenn sie von ihnen abhängt. Die Rigidität liegt zwar nicht mehr in einem logisch-mathematischen Formalismus, wohl aber in ihrer nicht-wählbaren Lebensformimmanenz. Auch andere Lebensformen als unsere besitzen somit eine ihnen inhärente Logik. Es liegt dann eben an den jeweiligen Lebensformen, dass ihre Regeln gelten, und an nichts dahinter. Eine andere Konstitution logischer Regeln ist für Wittgenstein nicht denkbar. Diese Konstitutionsregel, dass die Geltung von Regeln abhängig von der jeweiligen Lebensform ist, nennt Wittgenstein die „Grammatik" einer Sprache.[44] In der Ethik dagegen würde eine solche Übertragung in einen Relativismus führen: Gerade wenn alle Lebensformen jeweils die ethische Richtigkeit bestimmen, so gibt es nicht nur eine, sondern mehrere ethische Richtigkeiten.

---

40 L. Wittgenstein: Philosophische Untersuchungen § 241; A. Kenny: Wittgenstein, 268.
41 L. Wittgenstein: Philosophische Untersuchungen: § 206; Herv. L.W.
42 L. Wittgenstein: Philosophische Untersuchungen § 217.
43 A. Kenny: Wittgenstein, 224 f.
44 L. Wittgenstein: Philosophische Untersuchungen § 496. A. Kenny: Wittgenstein, 206.

Legt Fischers Konzeption zwei Ebenen zugrunde – die zwischen lebensformimmanenter Richtigkeit und (lebensformtranszendenter, sprachlogischer) Grammatik? Dazu möchte ich seine Unterscheidung von Urteilen und Behauptungen auf ihre Stichhaltigkeit überprüfen: „Doch ist es ersichtlich zweierlei, zu sagen: ‚Schwangerschaftsabbruch ist moralisch falsch', oder zu sagen: ‚Ich behaupte, dass Schwangerschaftsabbruch moralisch falsch ist'" (V 29). Fischer unterscheidet zunächst zwischen (Tatsachen-)Wahrheit und moralischer Richtigkeit. Die Wahrheit eines Urteils überprüft man daran, ob der Fall ist, was es aussagt (V 30), und nicht an seiner Geltung für andere. Nur durch diese Differenz von Wahrheit und Richtigkeit wird wiederum die Differenz dieser beiden Aussagen „ersichtlich". Nun kann man aber fragen, ob die moralische Dimension des Schwangerschaftsabbruchs wirklich auf Tatsachen beruht oder gar eine Tatsache ist. Beziehen sich die beiden Aussagen „Manche Frauen brechen ihre Schwangerschaft ab" und „Schwangerschaftsabbruch ist moralisch falsch" lediglich auf zwei verschiedene Tatsachen? Oder richten sie sich nicht eher auf verschiedene Ebenen von Wahrheitsansprüchen, nämlich der (Tatsachen-)Wahrheit auf der einen Seite und der moralischen Richtigkeit auf der anderen?

Der Clou an Fischers Konzeption scheint nun darin zu bestehen, dass *beides* der Fall ist. Die Tatsachen, auf die sich nämlich moralische Urteile beziehen, sind nämlich sogenannte „soziale Sachverhalte" (V 84, 92) oder soziale Tatsachen: „Für die *Anschauung* von Situationen und Lebenslagen gibt es den Hiatus von Tatsachen und Wertungen nicht."[45] Soziale Sachverhalte sind also nur anders konstituiert als etwa natürliche oder Erfahrungstatsachen. Das spricht aber für Fischer nicht gegen den Tatsachencharakter sozialer Sachverhalte.

Was Fischer soziale Sachverhalte nennt, scheint sich auf derselben Meta-Ebene zu bewegen wie grammatische Aussagen in der Philosophie Wittgensteins. Grammatische Sätze unterscheiden sich von Erfahrungssätzen[46], von Naturnotwendigkeiten[47] oder Erklärungen für Tatsachen[48], dass sie

---

45 J. Fischer: Die Bedeutung der Bibel für die Theologische Ethik, 265, Herv. J.F.
46 L. Wittgenstein: Philosophische Untersuchungen § 295.
47 L. Wittgenstein: Philosophische Untersuchungen § 372.
48 L. Wittgenstein: Philosophische Untersuchungen § 654.

den Gebrauch von Wörtern feststellen[49] und insofern willkürlich[50] sind. Sie beziehen sich nämlich nur auf etwas Sprachimmanentes: Und das ist der tatsächliche Gebrauch der Sprache. Grammatische Sätze legen die Bedeutung von Wörtern fest. Wer grammatische Regeln verletzt, überschreitet diese Bedeutung in unzulässiger Weise.[51] Insofern entscheiden grammatische Sätze auch darüber, was wahr oder falsch genannt werden kann.[52] Dennoch sind unzulässige Überschreitungen nicht falsch, weil sie sich nur auf die Sprache beziehen. Nochmals Wittgenstein: „Wer sich nach anderen grammatischen Regeln richtet als den und den, spricht darum nichts Falsches, sondern von etwas anderem."[53]

Fischers Unterscheidung von Wahrheit sozialer Sachverhalte und Richtigkeit moralischer Urteile scheint auf dem Unterschied metaethischer und normativ-ethischer Perspektiven zu beruhen. Zum einen versteht Fischer seinen Beitrag selbst als metaethischen und beschreibt die Aufgabe der Metaethik ähnlich wie Wittgenstein die Grammatik: „Daher fällt der Metaethik die Aufgabe zu, die Eigenart praktischer Gründe ins Bewusstsein zu heben und dem Verstehen zu erschließen sowie Perversionen des ethischen Denkens zu kritisieren, die für diese Art von Gründen blind sind" (V 59). Sein metaethisches Programm, zu verstehen statt zu begründen, besteht darin, die Ethik grammatisch zu beschreiben – ähnlich, wie Wittgenstein Sprachspiele beschreibt anstatt zu erklären.[54]

Bei Fischers Lösung werden „grammatische" Bedingungen der moralischen Richtigkeit allerdings *wahrheitsfähig*, weil sie sich auf (soziale) Tatsachen beziehen. Damit ordnet Fischer die Konstitutionsbedingungen sozialer Interaktion dem Bereich der Wahrheit zu, die sich auf Tatsachen richtet, weil sie unabhängig von einem argumentativen Erweis bestehen. Dadurch jedoch handelt er sich das Relativismusproblem ein: Es können in der Welt (etwa in verschiedenen Kulturen) gegensätzliche soziale Tatsachen existieren.

---

49 L. Wittgenstein: Philosophische Untersuchungen § 655.
50 L. Wittgenstein: Philosophische Untersuchungen § 372.
51 A. Kenny: Wittgenstein, 193.
52 L. Wittgenstein: Philosophische Untersuchungen § 136.
53 L. Wittgenstein: Zettel § 320.
54 L. Wittgenstein: Philosophische Untersuchungen §§ 654–655.

Wie löst Fischer das Relativismusproblem? Hierzu unterscheidet er zwei Beispielsätze: „(1) ‚Das reproduktive Klonen beim Menschen ist moralisch falsch' und (2) ‚Das Urteil (1) resultiert aus einer bestimmten kulturellen Perspektive bezüglich des Verständnisses des Menschen'" (V 30). Für Fischer können beide Urteile wahr sein aufgrund seiner Unterscheidung von Wahrheit und allgemeiner Geltung (Richtigkeit). Dagegen kritisiert er alternative Lösungen, entweder einen Relativismus zuzulassen, nach dem alle ethischen Positionen relativ zu ihrer kulturellen Perspektive wahr sind, oder nur Satz (1) für wahr zu erklären (V 31). Beiden Alternativen attestiert er „eine Vogelperspektive oberhalb aller kulturellen Perspektiven" (V 31). Interessant ist dabei seine Interpretation des Relativismus. Fischer entdeckt somit sogar im Relativismus einen Selbstwiderspruch, nämlich einen absoluten „Blick ‚von nirgendwo her'" (V 65). Damit wird nämlich die kulturell bedingte Wahrheit aus jeder Kultur herausgehoben und oberhalb kultureller Horizonte angesiedelt. Diese Kritik Fischers ist streng metaethisch zu lesen. Denn in normativ-ethischer Hinsicht hätte Fischer dem Relativismus nicht viel entgegenzusetzen. Der Fehler des Relativismus besteht nämlich nicht darin, dass er die Wahrheit *aller* moralischen Aussagen vom *jeweiligen* sozialen Kontext abhängig macht, in dem sie geäußert werden. Denn diese Feststellung ist eine metaethische. Moralisch falsch wird diese Feststellung, wenn sie normativ-ethisch verstanden wird, nämlich dass moralische Aussagen *durch* den jeweiligen sozialen Kontext *bewahrheitet* werden. In diesem Fall mutiert die grammatische Feststellung über Wahrheit zu einer Aussage über die Welt. Es mutiert zugleich die Wahrheit zur Richtigkeit der Geltung innerhalb eines Kontextes. Dabei wird die metaethische Feststellung aus dem sozialen Kontext herausgelöst und zu einer abstrakten Wahrheit transformiert.

In normativ-ethischer Hinsicht müsste Fischer daher schlussfolgern, dass wir uns in den moralischen Wahrheitsansprüchen, die auf anderen kulturellen Bedingungen beruhen, enthalten müssen. Dort spielt man ein anderes Spiel – allerdings eins, das unsere Regeln aus *unserer* Sicht in unzulässiger Weise überschreitet. Ethische Wahrheitsansprüche verstricken „unvermeidlich in die Kontroverse mit gegenteiligen Auffassungen, mag sich auch aufgrund kultureller Differenzen zeigen, dass man sich wechselseitig nicht zu überzeugen vermag" (V 31). Diese Unfähigkeit, sich zu überzeugen, scheint eine *logische* Unfähigkeit zu sein, wenn auch eine pragmatistisch-logische im Sinne der Grammatik Wittgensteins: Auf der Metaebene gibt es keine Ressourcen, den Streit zu entscheiden. Insofern könnte man bei Fischer von einem metaethischen Relativismus sprechen, der auf normativ-ethischer Ebene einer strikten Zurückweisung des Relativismus korrespondiert.

5.3 Die Abhängigkeit moralischer Urteile von sozialen Beziehungen

Fischer akzeptiert die rationale Prüfung moralischer Urteile in den Grenzen einer Lebensform. „Begründungsdiskurse setzen einen sozialen Zusammenhang voraus" (V 96), eine „lebensweltliche Orientierung" (V 96). Werden diese Grenzen in interkulturellen Begegnungen oder Konflikten überschritten, kann sich dagegen die Wahrheit moralischen Verhaltens nur einem anderen selbst zeigen (V 43). Aber auch innerhalb derselben Lebensform rechtfertigen wir unser tatsächliches moralisches Verhalten, indem wir es anderen vor Augen führen (V 27, 101). Wenn meine Rekonstruktion zum Verhältnis von Fischer und Wittgenstein zutrifft, dann erinnern wir mit solchen narrativen Szenen an die Lebensform, in der wir gemeinsam stehen. Die Grammatik der Lebensform wird narrativ erschlossen – mit Wittgenstein: durch „Abrichtung", mit Fischer: durch Verstehen der „Selbstevidenz" der Präsenz des Guten (V 176).

In der moralischen Rechtfertigung macht es daher keinen wesentlichen Unterschied aus, ob wir mit Menschen innerhalb oder außerhalb unserer Lebensform kommunizieren. Innerhalb unserer Lebensform kommt allenfalls die Möglichkeit der rationalen Begründung hinzu, die aber selbst dort für Fischer entbehrlich zu sein scheint. Wesentlich dagegen ist es für die ethische Kommunikation, dass man sich selbst und den anderen in derselben Präsenzsituation lokalisiert (V 111). Fischer assoziiert den Präsenzbegriff mit dem theologischen Begriff des Geistes (LG 130; TE 120; V 166). Moralische Rechtfertigung fußt also auf einer pneumatologischen Basis unter Anwesenden. Deshalb ist die sachgemäße Methode, ethische Ansprüche zu überprüfen, dass der Geist geprüft wird.

Doch wie prüft man den Geist? Zwei mögliche Ansatzpunkte möchte ich untersuchen, die Fischer hierzu andeutet. Zum einen räumt er ein, dass Menschen immer in mehreren Anwesenheitskonstellationen zugleich lokalisiert sind (LG 133). Dies ist eine Problemstellung, die Fischer offenbar dazu bringt, den *Geist der Geister* als Richtschnur ihrer Überprüfung zu benutzen. So beschreibt er die Aufgabe der Geisterprüfung nicht als „ein bloßes Bestimmtwerden, sondern um ein reflektiertes Sich-bestimmen-Lassen" (V 126). Diese Reflexivität verweist anscheinend auf ein Kriterium innerhalb eines Geistes, mit dem er geistlich überprüft und mit anderen Geistern verglichen werden kann. – Zum anderen ist die Aussage eine Verallgemeinerung, dass die moralische Richtigkeit immer von sozialen Beziehungen abhängig ist. Gibt es also eine *Grammatik der Grammatik*, die sich als Prüfungskriterium zwischen verschiedenen Geistern eignet? –

Beide Vorschläge führen zu einem Prüfkriterium der Geister. Dadurch werden kritische Betrachtungen von Lebenswelten quasi von innen heraus gewonnen.

Ich erwähnte bereits, dass soziale Sachverhalte nicht dadurch bestehen, dass sie argumentativ erwiesen werden. Allerdings unterscheiden sie sich von natürlichen Tatsachen dadurch, dass sie dennoch sozial generiert werden, nämlich durch zwei komplementäre Vorgänge: durch Erkenntnis und Anerkennung (V 79). Dazu unterscheidet Fischer drei Fälle:

(1) X *erkennt* Y ein Recht auf A *zu*.
(2) X *erkennt*, dass der Anspruch von Y auf A gültig, d. h. ein Recht ist.
(3) X *erkennt an*, dass Y einen gültigen Anspruch, d. h. ein Recht auf A hat.

Fischer favorisiert Variante (3.) für die ethische Grundlegung. Die Zurückweisung der beiden anderen Varianten als Grundlagen des Normativen (V 75, 83) entspricht der obigen Zurückweisung des Relativismus und des universalen Rationalismus. Variante (1.) korrespondiert mit der relativistischen Position, weil hier Rechte von mehr oder weniger willkürlichen Akten normativ abhängen. Variante (2.) begreift dagegen Rechte als natürliche Fakten, die oberhalb von Lebensformen angesiedelt sind. Das Erkenntnismoment in Variante (3.) bezieht sich dagegen auf eine soziale Tatsache, die allein dadurch zustande kommt, dass Menschen zueinander in einer sozialen Beziehung stehen. Zugespitzt ausgedrückt handelt es sich bei sozialen Tatsachen um *unwillkürliche* Bindungen *willkürlicher* sozialer Interaktion. Als solche sind sie auch nicht wählbar. Sie besitzen daher sogar ein lebensformtranszendentes Moment: Dieses Dritte zwischen moralischer Normativität und der Normativität positivierter Regeln nennt Fischer „soziale Gerechtigkeit": „diejenige Gerechtigkeit, die *allen* unseren sozialen Beziehungen eingeschrieben sind" (V 75, Herv. L. O).

Droht hier nicht eine neue Vogelperspektive? Ja und nein: Nein, weil diese Aussage aus der Binnenperspektive sozialer Sachverhalte heraus geäußert wird! Hier wird nicht über eine natürliche Tatsache gesprochen, sondern über die soziale Bindung von Menschen, zu denen der Sprecher mit gehört. Aber auch ja, weil Fischer in allen wirklichen und möglichen Lebensformen beheimatet sein müsste, um diese Behauptung aufzustellen! Dieses Problem scheint sich so lösen zu lassen, dass Fischer aus seiner Lebensform die sozialen Tatsachen rekonstruiert, um sie dann auf alle Lebensformen zu übertragen. Dieser Zirkel scheint unproblematisch zu sein, weil die soziale Gerechtigkeit weitgehend inhaltlich unbestimmt bleibt. Fischer überlässt ihre inhaltliche Ausprägung vielmehr den jeweiligen sozialen Gemeinschaften, die sie durch ihre jeweiligen kontingenten Anerkennungsakte konstituieren (V 78). Wenn Fischer hier also eine Vogelperspektive einnimmt, so spielt sie keine universal-normative, sondern wiederum nur eine metaethische Rolle.

Die logische Reihenfolge in Fischers Konzept verläuft also so:

1. Indem Menschen miteinander in sozialen Beziehungen stehen und Beziehungen gestalten, erkennen sie sich *irgendwie* in sozialen Rollen an. Diese kontingente Ausgestaltung sozialer Tatsachen ist lebensformimmanent.
2. Auf ihnen fußen moralische Wahrheiten, die nämlich darin bestehen, die individuellen Anerkennungsakte zu generalisieren (V 83, 87 f., 100 f.). Moralische Richtigkeit kann daher in normativer Hinsicht nur lebensformimmanent sein,
3. Während sich moralische Wahrheit auf Tatsachen bezieht und daher nicht zu relativieren ist.
4. Diese Tatsachen sind aber soziale Tatsachen, sodass die moralische Wahrheit in metaethischer Hinsicht streng auf die jeweilige Lebensform gebunden bleibt, die diese sozialen Tatsachen generiert.
5. Die Grundlage dafür ist aber, *dass* in *jeder* Lebensform *unwillkürlich* soziale Tatsachen generiert werden. Diese Grundlage meint Fischer mit „sozialer Gerechtigkeit". Diese bildet das gemeinsame Fundament aller Lebensformen und besitzt insofern auch eine lebensformtranszendierende oder zumindest -offene Wahrheit.

6. Gerade deshalb aber vollzieht sich soziale Gerechtigkeit nur in *Präsenz* und nie außerhalb von Lebensformen, weil jeder Austritt aus sozialen Beziehungen und aus Lebensformen unausweichlich mit einer anderen atmosphärischen Erschlossenheit der Gegenwart einhergeht. Darin besteht der allumfassende Geist-Charakter aller sozialen Tatsachen.

Daher ist der Geist-Charakter sozialer Tatsachen ein geeigneter Prüfstein für sie. Denn wie Fischer durchgängig bis heute betont hat, können soziale Tatsachen durchaus moralisch kritisiert werden, weil sie moralisch ungerecht oder unangemessen sein können (LG 29, 105; V 91, 165).[55] Ihre Überprüfung kann aber nur auf Basis der unhintergehbaren Geistperspektive vorgenommen werden.

5.4 Der Geist der Geister als Richtschnur der Überprüfung

Marcus Düwell konfrontiert Fischers Methode der narrativen Vergegenwärtigung von Situationen mit einer eigenen Narration: „Ein Vater wirft seinen Sohn aus dem Haus. Von Freunden auf den Vorgang angesprochen, erzählt er als Erklärung, dass er den Sohn in homosexuellem Kontakt im Bett vorgefunden habe. Für den Vater ist diese Erzählung hinreichend, um sein Verhalten zu rechtfertigen … Wie geht im Modell Fischer das Gespräch jetzt weiter?"[56] Nach der bisherigen Untersuchung ist dieser „Kurznarrativ"[57] daraufhin zu untersuchen, ob das Handeln des Vaters dem Geist sozialer Tatsachen entspricht.

Fischer führt mehrfach als Grundmuster ethischer Geistprüfung den Bibelvers aus Gal. 5,22 f. an: „Die Frucht aber des Geistes ist Liebe, Freude, Friede, Geduld, Freundlichkeit, Gütigkeit, Glaube, Sanftmut, Keuschheit" (V 126, 154 f.). Die Prüfung, ob ein Handeln dem Geist sozialer Tatsachen entspricht, ist dabei eine menschliche Angelegenheit (V 126, 143), nun aber nicht im Sinne einer rationalen Begründung, die wieder ihren Blick von nirgendwo her erhebt, sondern im Sinne eines entschiedenen Sich-Bestimmen-Lassens von der Geist-Sphäre.

---

55 J. Fischer: Theologische Ethik und Christologie, 500.
56 M. Düwell: Rationalisten sind auch Menschen, 207.
57 J. Fischer: Evangelische Ethik und Kasuistik, 48.

Warum aber soll die Aufzählung aus Gal. 5,22 f. das Kriterium sein und nicht etwa der Geist des Vaters, der seinen schwulen Sohn aus dem Haus wirft? In seinem Geist-Buch von 1994 unterscheidet Fischer noch zwischen Manifestationen des Heiligen Geistes und der Dimension des Geistes (LG 255). Das ethische Prüfkriterium ist die Dimension des Geistes (LG 255 f.). Es „läßt sich die Dimension des Geistes einführen als das uns zu unserer Kommunikation Bestimmende und in unserer Kommunikation miteinander Vermittelnde" (LG 256). Der Katalog von Gal. 5,22 f. entspricht offenbar deshalb der Dimension des Geistes, weil hier Kommunikation vermittelt und gestiftet wird und weil sich Personen in Anwesenheit zueinander lokalisieren (LG 41).[58] Man könnte also sagen: Zur Dimension des Geistes gehört der entgrenzende Charakter zwischenmenschlicher Kommunikation. Dieser Charakter muss nicht universal entgrenzend sein, weil er dabei von der Situation der Begegnung mit konkreten Anderen herausgelöst werden könnte. Und doch zeigt er sich als grundsätzlich begegnungsoffen, und zwar weil er sich in Begegnungen konstituiert.

Fischer benutzt in seinen jüngsten Beiträgen zwar eine andere Terminologie, hebt aber ebenso diesen entgrenzenden Charakter des Geistes hervor. Er nennt sein Programm „ein fallbezogenes Verfahren moralischer Entscheidungsfindung"[59], das von dort aus den Geist-Charakter ethischen Verhaltens *allgemein* erhebt (TE 128). Dieses fallbezogene Verfahren hält Fischer für ein Kennzeichen evangelischer Ethik.[60] Als paradigmatischer Fall gilt hierbei das biblische Beispiel vom barmherzigen Samariter (Lk. 10,30–35), das Fischer in etlichen Veröffentlichungen zur Veranschaulichung seiner theologischen Ethik heranzieht (TE 130; V 115). Die Samaritererzählung gilt für ihn als ein „*Schlüsselerlebnis*", das „in vielen Geschichten wiedererkannt wird mit der Wirkung, dass die Intuition entsprechend reagiert" (TE 130 f., Herv. J.F.). Der unter die Räuber Gefallene bringt ein „‚Grundmuster' – ‚geschundener Mensch'"[61] und ein „*generalisiertes Individuum*"[62] zur Anschauung. Es ist nicht allein das Handeln des Samariters, das wir als

---

58 J. Fischer: Wie wird Geschichte als Handeln Gottes offenbar, 223.
59 J. Fischer: Evangelische Ethik und Kasuistik, 47.
60 J. Fischer: Evangelische Ethik und Kasuistik, 47.
61 J. Fischer: Evangelische Ethik und Kasuistik, 48.
62 J. Fischer: Evangelische Ethik und Kasuistik, 47, Herv. J.F.; V 51.

gut bewerten, noch sein Mitgefühl, sondern sein *Verhalten*, womit Fischer sein „Handeln aus Mitgefühl" meint (V 115). Fischer ordnet das Verhalten dem Wirken des Geistes zu (V 125 f.), weil wir darauf angewiesen sind, dass es widerfährt (V 124.). Deshalb ist das Entscheidende an der Erzählung vom barmherzigen Samariter der „Geist der Liebe" (TE 130) – nämlich das Verhalten, das sich für andere Situationen und Individuen generalisieren lässt.

Fischer entwickelt also auch in seinen jüngsten Beiträgen eine Typik des Geistes, an der sich sowohl das Handeln als auch die Geister von Lebensformen prüfen lassen. Der Geist der Geister ist generalisierend und damit auch entgrenzend. Deshalb bestehen Geist-Sphären der Unterdrückung von Menschen in Situationen der Tyrannei den Test der Geist-Prüfung nicht. Sie mögen mit einem absolutistischen Anspruch auftreten, ohne aber entgrenzend zu sein. Dasselbe trifft auf das Verhalten des Vaters zu, der seinen schwulen Sohn aus dem Haus wirft. Der Geist der Liebe dagegen ist der Geist der Geister, und zwar deshalb, weil er den Charakter des generalisierenden und entgrenzenden Geistes zur Anschauung bringt.

Dennoch darf Entgrenzung nicht zu einem abstrakten Prinzip erhoben werden, das man rationalistisch an einzelne Fälle anlegen dürfte. Das generalisierte Individuum ist kein „Fall" von etwas[63], weil es dann aus dem Kontext des Geistes herausgelöst werden würde. Damit würde es auch aus dem Kontext der Kriteriologie herausfallen, die den Anlass für die Generalisierung bildete. Deshalb zeigt sich Fischer skeptisch, einem Tyrannen auf argumentativ-rationalem Weg aufzuzeigen, dass er unrecht hat. Die emotionale Kraft des Geistes würde dabei verloren gehen, die überhaupt erst zum ethischen Verhalten orientiert (V 14 f., 66, 70). Vielmehr muss der Geist der Geister zur Anschauung gebracht werden, nämlich der generalisierende und entgrenzende Geist, der die Grundlage sogar für einen Geist der Tyrannei bildet und diesen deshalb verurteilt.

5.5 Kritische Weiterführung

Ulrichs Körtners Entgegnung auf Fischer: „Ethik ist eine Konfliktwissenschaft"[64] unterschätzt die Konfliktfähigkeit von Fischers Ansatz. Fischers

---

63 J. Fischer: Evangelische Ethik und Kasuistik, 47; V 52.
64 U.H.J. Körtner: Rezension zu J. Fischer: Sittlichkeit und Rationalität, 60.

Konzept besitzt durchaus scharfe Prüfkriterien für ethisches Handeln und Verhalten. Sie liegen allerdings nicht als abstrakte Prinzipien vor, sondern ergeben sich im Vollzug sozialer Interaktion. Sie stellen sich in aktualisierten Beziehungen erst ein, indem sie widerfahren. Dieses „Widerfahrnismoment" (V 124), das, was „das Leben selbst uns aufdrängt" (V 71), kann dabei Menschen nur solange orientieren, solange sie in diesem Kontext des Geistes verbleiben, sich also im Raum der Anwesenheit lokalisieren (V 111). Das *Widerfahrnismoment* des Geistes und seine *Anwesenheit* sind also Schlüsselkategorien für die Möglichkeit, die Geister zu prüfen, und damit für eine theologische Ethik. Diese Schlüsselkategorien generieren dabei das Prüfkriterium der Generalisierung. Ein solches aktualistisches Interaktions-Verständnis ist der evangelischen Ethik nicht fremd, sondern hat sich etwa bei Bonhoeffer bereits niedergeschlagen.[65]

Fischer greift eine rationalistische Ethik scharf an, die er als „desengagiert" (V 33, 85 u. ö.) kritisiert. Rationalistische Ethik wird bei Fischer durchgehend als abstrahierende Herauslösung aus Geist-Sphären verstanden. Ich sehe in Fischers Ablehnung des scheinbar desengagierten Rationalismus eine Überzeichnung, die seinem pneumatologischen Ansatz nicht gerecht wird. Denn wenn der Geist der Geister allen sozialen Beziehungen zugrunde liegt, dann kann es keine Perspektive geben, die an ihm vorbeikommt. „Rationalisten sind auch Menschen"[66] – was in Fischers Konzept bedeutet, dass auch sie einem Geist entsprechen. Allenfalls kann ihr Verhalten dem Geist der Geister im Lebensvollzug widersprechen, aber auch dann ihm nicht entkommen.

Versteht man Rationalismus in diesem Sinne nicht als eine desengagierte Haltung der Abstraktion, sondern selbst als Lebensform, so ergibt sich ein anderes Bild, als es Fischer m. E. zu grob skizziert hat. Die Lebensform des Rationalismus kann nämlich im Einklang mit dem Gefühl offene Wunden aufdecken, die eine Lebensform bisher gerissen hat. Rationalismus kann insofern als eine *Lebensform der Verfremdung* von Lebensformen verstanden werden. Diese Lebensform steht zwar in gewisser Weise außerhalb der kritisierten Lebensform, in gewisser Weise aber auch innerhalb, da auch Fischer zugesteht, dass wir immer mit mehreren Geistern gleichzeitig konfrontiert

---

65 Kap. 3.
66 M. Düwell: Rationalisten sind auch Menschen.

sind (LG 133). Wir leben also in Überlappungen von Geist-Sphären, die uns zwingen, sie miteinander kreativ zu vermitteln, um uns im Zustand dieser Überlappungen orientieren zu können.[67] Der Rationalismus kann diese kreative Spielform darstellen, die somit in Lebensformen geerdet ist.

Denn auch wenn man Fischers Konzeption folgt, so besitzen Lebensformen offene Punkte, die einer Lösung harren. Auf zwei Themen in Fischers Ethik möchte ich mich beispielhaft beschränken. Das erste Thema behandelt Verhalten und Handeln des Samariters. Es mag ja sein, dass wir das Verhalten des Samariters als moralisch gut bewerten. Aber folgt daraus schon, dass er sich *nicht noch besser hätte* verhalten können? Wäre es nicht noch besser gewesen, den Wirt nicht mit dem Schwerverletzten mit der Pflege allein zu lassen, sondern ihn tatkräftig zu unterstützen? Ebenso könnte man fragen, ob nicht ein Verhalten aus Mitleid schlechter ist als ein Verhalten aus Pflichtgefühl.[68] Wenn diese Fragen ethisch irrelevant sein sollen, dann erschöpft sich Ethik tatsächlich im Aufweis guten Verhaltens, das dem Geist der Geister entspricht, ohne Alternativen zu generieren – und damit letztlich anfällig für binnenperspektivische blinde Flecken zu bleiben. – Nun könnte Fischer darauf einwenden, dass meine Rückfragen an die Erzählung vom barmherzigen Samariter gar nicht rationalistisch sind, sondern sich ihrerseits auf Narrationen beziehen oder die Erzählung narrativ variieren. Damit wäre also ein Rationalismus unnötig, weil die Situation bereits ausreichend viele Ressourcen der Kritik bereitstellt. Ich räume ein, dass das für meine Vorschläge gilt, nicht aber für meine Rückfragen. Denn meine Rückfragen habe ich in dem rationalen Interesse konstruiert, offene Wunden in der Erzählung zu finden. Sie waren streng argumentativ zweckrationalistisch. Das belegt, dass ein ethischer Rationalismus weder desengagiert sein noch von Situationen abstrahieren muss.

Das zweite Thema behandelt Fischers mutige Diskussion über die Dilemmasituation des „Frankfurter Fall[s] einer Kindesentführung, bei dem dem Entführer mit Folter gedroht wurde, damit er das Versteck des Kindes preisgibt und dessen Leben gerettet werden kann."[69] Es handelt sich auch hier um einen Kurznarrativ, der ein generalisiertes Individuum zur Wahr-

---

67 I.U. Dalferth: Kombinatorische Theologie, 68. L. Ohly: Gestörter Frieden mit den Religionen, 62.
68 E. Illouz: Warum Liebe weh tut, 77 f.
69 J. Fischer: Evangelische Ethik und Kasuistik, 52.

nehmung bringt. Fischer zufolge darf aber dieser Fall nicht generalisiert werden, weil sonst die Ächtung der Folter beseitigt werden würde.[70] „Vermeiden lässt sich dies nur, wenn man den Fall gerade nicht kasuistisch generalisiert, sondern als eine Einzelfallentscheidung betrachtet, die ihre Rechtfertigung aus der Besonderheit der Situation bezieht."[71] „Hier muss die Androhung der Folter *vor* der Norm des Folterverbots *gerechtfertigt* werden, und zwar unter Bezugnahme auf die Besonderheit des Falles."[72] Allerdings frage ich zurück, was einen Fall zu einem besonderen macht. Ab wann darf ein Fall nicht mehr generalisiert werden, während es doch zur Typik der Geist-Sphäre gehört, generalisierend zu sein? Wenn sich diese eine Abweichung von der Norm nur deshalb tolerieren lässt, weil sie eine auf den Fall beschränkte Intuition wachruft, dann ist es möglich, dass dies auch von anderen Abweichungen gilt. Also: Könnten wir dann nicht auch unseren Rache-Intuitionen nachgeben und unsere Lehrer von früher foltern, die uns jemals in der Schule eine schlechte Note gegebene haben? Damit würde die Norm des Folterverbots ausgehöhlt.

Mein Gegenvorschlag lautet: Man könnte stattdessen beschreiben, worin das Dilemma besteht: nämlich in der konkreten Situation, dass die Menschenwürde des Kindes gegen die Menschenwürde des Entführers steht. Dies ist ein besonderer Fall, der dem Konzept der Menschenwürde widerspricht. (Denn im Konzept der Menschenwürde haben alle Menschen Würde, und das führt gerade nicht in einen Widerspruch.) Für den Widerspruch in dieser Situation ist der Entführer verantwortlich. Somit kann er nicht die Achtung seiner Menschenwürde geltend machen, *wenn dadurch die Menschenwürde des Kindes verletzt wird*.[73]

Ich argumentiere hier sowohl rationalistisch als auch fallbezogen. Die Regel bleibt auf dieses generalisierte Muster beschränkt, wonach Menschenwürde gegen Menschenwürde steht und der Verantwortungsträger für dieses Dilemma eindeutig ermittelt ist. Vielleicht gibt es noch bessere Vorschläge als diesen, wie in einem solchen Fall zu verfahren ist. Und es ist – wie beim Frankfurter Fall geschehen – die Aufgabe von Gerichtsverfahren,

---

70 Ebd.
71 Ebd.
72 J. Fischer: Evangelische Ethik und Kasuistik, 53, Herv. J.F.
73 L. Ohly: Sterbehilfe: Menschenwürde zwischen Himmel und Erde, 45.

aus dem Kurznarrativ eine konsistente Geschichte zu rekonstruieren, die die Hintergründe über das *Verhalten* aller Beteiligten aufdeckt. Aber wer solche Vorschläge zurückweist, weil sie rationalistisch sind, bleibt in der Inkonsistenz sich gegenseitig ausschließender Emotionen gefangen.

Fischer könnte m. E. den Rationalismus als Lebensform anerkennen und trotzdem an seiner Position gegen ihn festhalten. Dazu müsste er nur die emotionale Bindung im Rationalismus als schwächer einschätzen als etwa im Geist der Liebe. Aus einer binären Gegenüberstellung zwischen Rationalismus und einer Ethik des Geistes würde so eine graduelle Differenz. Gal. 5,22 f. gibt den Schlüssel zur Überprüfung der Geister ab, die den Rationalismus zwar nicht durchfallen lässt, aber eben schwächer bewertet. Genau diese graduelle Differenzierung ist jedoch ein Potenzial rationalistisch-ethischer Abwägung, wie ich an den beiden Beispielen soeben gezeigt habe. Zudem unterstellt Fischer einfach nur, dass rationalistische Ethiker nicht ebenso emphatisch argumentieren, wie Geist-Ethiker erzählen, zumal auch ihre Argumente in geschilderte Situationen eingehen und in ihnen eingebettet sein können.[74] Doch selbst wenn man diesem Einwand folgt, bestätigt das immerhin den Geist-Charakter des Rationalismus, der dann ebenso Emotionen wecken kann, der in ethische Fälle eingeht.

Ein letzter Punkt betrifft meine Rekonstruktion des generalisierenden und entgrenzenden Charakters in Fischers Ethik. Wenn meine Rekonstruktion zutrifft, so könnte der Eindruck entstehen, dass der Begriff der Generalisierung dabei mehrdeutig gebraucht wird: Zum einen werden in Erzählungen oder Situationen Individuen generalisiert, sodass ein Muster entsteht, das in Parallelfällen wiedererkannt werden kann. Zum anderen aber wird diese generalisierende Tendenz des Geistes generalisierend auf andere Geister übertragen, damit die Generalisierung zum Prüfkriterium der Geister werden kann. Der Eindruck der Mehrdeutigkeit kann also entstehen, weil im einen Fall Individuen generalisiert werden, aber im anderen Fall die Typik des Geistes.

---

[74] Fischer könnte auf diese Kritik einwenden, dass diese Emphase von außen in die Geschichten hineingetragen wird, anstatt sich von ihnen inspirieren zu lassen. Aber ist das zwingend? Die Emphase des rationalen Argumentierens kann der Atmosphäre ethischer Situationen entstammen und auf sie angewiesen bleiben, wie Hermann Schmitz gezeigt hat (H. Schmitz: Der unerschöpfliche Gegenstand, 348, 350), auf den sich Fischer öfter beruft (TE 149; V 118.).

Ich antworte darauf, dass beide Generalisierungen in einem Zusammenhang stehen: Die Generalisierung von Individuen in Situationen erfolgt ja aufgrund der Typik des Geistes. Menschen verstehen die Situation des Überfallopfers aus der Samaritererzählung *intuitiv* als die Situation eines generalisierten Individuums. Diese Intuition ist laut Fischer auf die Geist-Sphäre angewiesen. Somit besitzt die Geist-Sphäre eine generalisierende Tendenz, die sie intuitiv auf Menschen beim Verstehen von Situationen überträgt.

5.6 Ein anwendungsethisches Beispiel

Am Thema Sterbehilfe lässt sich der geistorientierte Ansatz gut illustrieren, weil Leben dann kein biologischer Begriff ist, sondern ein Begriff des Geistes (LG 364 f.). Ob jemand „leiblich" anwesend ist, hängt also an den Geist-Bedingungen der Kommunikation. Der Leib eines Menschen wird gegeben in der unwillkürlichen Wahrnehmung der Anwesenheit oder „Präsenz" (V 166) einer Person. Nicht weil jemand körperlich in unserer Nähe ist, ist er anwesend. Sondern umgekehrt, weil er in der Dimension des Geistes anwesend ist, ist er auch leiblich in der Nähe (V 111, 155 ff.). Das ist bereits dann der Fall, wenn ein Liebespaar ein Kind erwartet (LG 211) – auch noch vor der Schwangerschaft, wenn das Paar einen ganz starken Kinderwunsch hat, ist das Kind anwesend. Gerade darin besteht die Tragik, wenn ein Kinderwunsch unerfüllt bleibt: Das Kind ist bereits anwesend, aber es bleibt zugleich fern. Wenn ein Kinderwunsch nicht erfüllt wird, leidet das Paar unter der Kommunikation. Die Kommunikation misslingt. Sie setzt aber die geistliche Anwesenheit des Kindes bereits voraus, die lediglich intersubjektiv nicht zur gewünschten Entfaltung kommt.

Ist das so, dann muss auch der Tod kommunikativ gedeutet werden. Kommunikativ kann der Mensch tot sein, bevor er im biologischen Sinn tot ist. Und er kann noch leben, wenn er in natürlicher Hinsicht bereits gestorben ist.

Dieses Verständnis von Tod verändert dann auch die Vorstellung darüber, was eine Tötung ist. Wer einen Menschen tötet und dabei gezielt einen biologischen Organismus vernichtet, hat bereits vorher kommunikativ einen Menschen „entpersonalisiert"[75]. Ich verstehe Fischer hier so: Wer einen Menschen tötet, versucht, die unhintergehbaren Bedingungen der

---

75 J. Fischer: Aktive und passive Sterbehilfe, 116.

Angewiesenheit vom Geist (V 125 f.) zurückzunehmen. Der Sohn tötet den Vater, indem er das kommunikative Grundverhältnis zwischen beiden zurücknimmt. Das Lebensverhältnis zwischen beiden wird angetastet. Die eigentliche Schuld bei einer Tötung ist daher nicht die Tötungshandlung – das wäre für Fischer zu oberflächlich. Sondern die eigentliche Schuld ist eine „kommunikative" Schuld.[76]

Tötungsverbote reichen deshalb auch ethisch zu kurz. Sie bewegen sich auf der intersubjektiven Ebene der moralischen Normen und Normverletzungen, also auf der Ebene des Handelns. Für Fischer handeln wir aber nur so oder so, weil bereits auf der geistlich unhintergehbaren Ebene der Kommunikation unser Handeln vorgegeben wird. Natürlich befürwortet Fischer, juristisch das Leben zu schützen und Tötungshandlungen unter Strafe zu stellen. Allerdings fragt er sich, bei welchen Tötungshandlungen es wirklich etwas nutzt, sie unter Strafe zu stellen, und warum. Nur in solchen Fällen kann man mit Gesetzen und Gerichtsurteilen Menschen im Handeln steuern, in denen sie mehrere Handlungsmöglichkeiten haben.

Die eigentliche ethische Hauptaufgabe besteht für Fischer darin, die kommunikativen Bedingungen zu schützen, die die interpersonale Anerkennung stärken. Nicht Tötungsverbote, sondern Vergewisserung des Geistes schützt Personen voreinander. Laut Fischer kann man sich daran orientieren, dass bestimmtes Verhalten *intuitiv* Skrupel (TE 244 f.) auslöst. Wir können zwar in Handlungen diesem Geist zuwiderhandeln. Aber wir können nicht dadurch schon diesem Geist entkommen. Skrupel bleiben meistens schon zurück, wenn der Sohn den Vater töten will. Und wenn er sie nicht hat, haben andere aus der Lebensgemeinschaft diese Skrupel. Diese Intuitionen verweisen auf die Verbindlichkeit des Geistes.

Nun gibt es aber nicht nur *einen* Geist, also nicht nur eine kommunikative Verbindlichkeit, sondern „unterschiedliche Vorstellungen und Intuitionen" (TE 245). Verschiedene Menschen können in verschiedenen Geistern zugleich stehen. Manche Lebensgemeinschaften könnten auch die Todesspritze ohne Skrupel anwenden und trotzdem die Personalität aller Betroffenen wahren, nämlich wenn die Tötung des Organismus eine Entscheidung aus Liebe ist.

---

76 J. Fischer: Schuld und Sühne, 195 f.

Angesichts dieser Situation fordert Fischer eine „Unterscheidung der Geister". Dafür bedarf es aber eines Prüfkriteriums, eben des Geistes der Geister. Wir sollen also unsere ethische Verbindlichkeit danach bestimmen, dass wir dabei die Bindung des Geistes anerkennen. Alle Handlungen, die den Abbruch kommunikativer Anwesenheit bezwecken, sind damit begründungspflichtig und müssen vor allem daraufhin überprüft werden, ob sie auch in Abwesenheit Kommunikation erhalten oder nicht.

Konkret lassen sich von hier aus bestimmte Formen von Sterbehilfe als „lebens"-feindlich charakterisieren. Überall wo man Menschen tötet, weil man sie los werden will, muss man dies als lebensfeindlich verurteilen, aber nicht, weil sie absichtlich einen menschlichen Organismus töten wollen, sondern weil sie die vorgängige Anwesenheitskonstellation zu den Betroffenen leugnen. Umgekehrt kann es Einzelfälle geben, die narrativ vor Augen stellen, dass die gezielte Tötung eines Organismus „die Übertretung des Tötungsverbots rechtfertigt" (TE 246). Diese Schilderung kann aber nur dann ethisch bindend werden, wenn die Anwesenheitskonstellation eines Menschen über seinen Tod hinaus empfunden wird und die Tötung ihr nicht widerspricht. Ansonsten würde die Schilderung gerade nichts rechtfertigen, sondern einen Schwachpunkt des Geistes belegen. „Es macht einen erheblichen Unterschied, ob Krankheit, Sterben oder behindertes Leben mit hoffender Liebe angesehen werden oder mit einer Liebe, die ohne Hoffnung ist. Je nachdem, kann man in Fragen der Sterbehilfe zu einer anderen Einstellung gelangen" (TE 160). Der geschilderte Einzelfall führt zwar nach Fischer noch nicht zur allgemeinen Erlaubnis aktiver Sterbehilfe. Er führt hierfür die Unterscheidung an, dass nicht alle sittlichen (TE 246) oder sozialen Urteile schon moralische Urteile sind. Nur moralische Urteile seien dabei generalisierend (TE 246).

Dennoch muss es sich auch bei dem getöteten Patienten um ein generalisierbares Individuum handeln, weil nur so der Geist eine orientierende Verlässlichkeit bieten kann. Ansonsten bleibt auch auf intuitiver Ebene unklar, was einen *Einzel*fall in der Geist*gemeinschaft* rechtfertigt. Hierzu hatte ich in Weiterführung vorgeschlagen, die Generalisierbarkeit an der entgrenzenden Dimension des Geistes zu überprüfen. Die Generalisierbarkeit besteht dann beim Fall der aktiven Sterbehilfe in der bleibenden Anwesenheit des getöteten Patienten in der Geistgemeinschaft.

5.7 Abschließende Bemerkungen

Ich halte den Ansatz von Fischer für sehr vielversprechend, weil er den Phänomenen des moralischen Zusammenlebens gerecht wird. Es stimmt wirklich: Wir können nicht alles tun, was wir eigentlich tun könnten. Unsere Freiheit ist immer rückgebunden an die Lebensgemeinschaften, in denen wir stehen. Ich kenne zwar viele Leute, die Probleme mit ihren Eltern haben und am liebsten nichts mehr mit ihnen zu tun haben wollen. Aber es geht ihnen damit nicht gut. Sie würden sich gerne einen anderen Zustand wünschen. Sie entkommen also nicht den Verbindlichkeiten einer Eltern-Kind-Beziehung, auch wenn sie sich entschieden haben, ihre Eltern auf Abstand zuhalten. Der Abstand ist für sie der gangbare Weg, ihre *Beziehung* zu den Eltern zu leben. Sie orientieren sich mit ihrem Verhalten an eine Beziehung, die ihnen entzogen ist. Denn sie bleiben nun einmal die Kinder ihrer Eltern, was keine biologische Feststellung ist, sondern eine kommunikative. Auch wer auf Abstand bleibt, kommuniziert. Er bringt was zum Ausdruck und wird auf sein Verhalten ansprechbar.

Fischer bringt also überzeugende Phänomene des zwischenmenschlichen Zusammenlebens auf: Menschliche Freiheit verdankt sich kommunikativer Vorgaben, denen man sich nicht entziehen kann. Diese Entzogenheit nennt Fischer „Geist". Er hätte auch Atmosphäre sagen können (wie er es auch gelegentlich tut): Das, was sich zwischen Menschen ereignet, ohne dass sie es machen. Sie können sich nur innerhalb einer Atmosphäre verhalten; sie können Atmosphäre z.T. steuern und vergiften, aber nicht erschaffen. Ob eine Atmosphäre vergiftet ist, bemisst sich nicht an der menschlichen Freiheit, sondern an der nicht-machbaren Atmosphäre selbst.

Das ist das erste Element dieser geistbezogenen Ethik, das ich hervorheben möchte: die Unhintergehbarkeit kommunikativer Unverfügbarkeit für das menschliche Handeln. Das zweite Element ist das, was wissenschaftliche Ethik überhaupt auszeichnet. Wissenschaftliche Ethik entwickelt ihre Normen und Sollensprinzipien aus den Bedingungen des ethischen Themas. Dadurch wird die Grundlegung der Ethik lückenlos begründet. Lückenlos ist Fischers Ansatz dadurch begründet, dass er die ethischen Grundfragen als kommunikative Fragen entdeckt. Wir fragen: „Was ist richtig, hier zu tun?" Und damit fragen wir bereits in bestimmten kommunikativen Situationen. Wir wollen richtiges Handeln beurteilen in kommunikativer Verbundenheit vor anderen Menschen. Von dort her interpretiert Fischer Kommunikation.

Und er entdeckt den Geist als ethische Orientierung, die uns bereits orientiert, noch bevor wir nach Orientierung fragen. Ethische Orientierung gewinnen wir also in kommunikativen Kontexten, in denen wir eigentlich schon orientiert sind. Ethische Probleme bekommen wir in kommunikativen Situationen, in denen das meiste eigentlich schon klar ist. Damit ist der Geist die entscheidende Ressource zur ethischen Problemlösung.

Das dritte Element: Fischers Ethik hat eine metaethische Dimension. Sie beschreibt, wie es dazu kommt, dass wir unterschiedliche ethische Orientierungen haben. Es gibt einen ethischen Pluralismus. Das ist eine metaethische Feststellung und keine normative Forderung. Der Grund für den ethischen Pluralismus liegt in der Pluralität der Geister. Angesichts dieser Pluralität müssen wir nun „die Geister unterscheiden". Das wiederum ist eine normative Aussage. Sie ergibt sich allein daraus, dass wir in bestimmten Geistkontexten leben, die nicht alles zulassen. Also werden wir vor die Aufgabe gestellt, für die ethischen Grundlagen unserer Geistkommunikation auch gegenüber anderen Geistkommunikationen zu werben.

Ein Beispiel: Wenn sich für die christliche Geistkommunikation die Anerkennung von Personen der kommunikativen Anwesenheit verdankt, und zwar unabhängig von natürlichen Umständen, dann kann jemand auch dann anwesend sein, wenn er körperlich abwesend ist. Das habe ich am Beispiel der Sterbehilfe beschrieben. In einer pluralistischen ethischen Situation muss für diese Einsicht geworben werden, z. B. auch bei denjenigen Vertretern einer Ethik, für die eine Person aus einer biologischen Struktur besteht. Ein toter Mensch wäre nach dieser materialistischen Position keine Person mehr, und schon manche Patienten mit schweren geistigen Behinderungen wären es nicht mehr. In dieser pluralistischen Situation muss das christliche Ethos *begründen*, warum es dem biologisch-materialistischen Menschenbild überlegen ist.

Fischer versucht dies, indem er die Geistabhängigkeit einer biologischen Auffassung des Menschen nachweist. Selbst wer den Menschen nur als eine biologische Masse mit einer bestimmten Struktur versteht, muss dabei mit anderen darüber kommunizieren. Und das heißt: Dieses Menschenbild ist bereits abhängig von der Unhintergehbarkeit der Kommunikation. Wenn aber Kommunikation unhintergehbar ist, kann man sie auch nicht biologisch-materialistisch erklären.

Diese Strategie wird so zum Kriterium für die Unterscheidung der Geister: der „Geist der Geister", also die Tatsache, dass jede Kommunikation eben Kommunikation ist, also die kommunikative Rückbindung von Ansichten, Meinungen und Tatsachenbeschreibungen an das Zusammensein mit anderen Personen. Bevor wir aussagen, was der Fall ist, leben wir in kommunikativen Vollzügen. Und in diesen kommunikativen Vollzügen („Leben") nehmen wir einander anders wahr als bloß als biologische Masse, sondern als Personen. Deshalb hat ein christliches Ethos einen Begründungsvorteil gegenüber einem materialistischen Menschenbild.

Ethischer Pluralismus bedeutet also nicht ethischer Relativismus: Nicht alle Geister sind gleich richtig. Sondern man kann anstreben, dass die Geister „konvergieren"[77]. Dafür muss man werben und in einen Dialog mit anderen kommunikativen Lebensorientierungen treten. In einer pluralistischen Situation kann man sich nicht darauf verlassen, dass alle in derselben geistlichen Orientierung verbunden sind. Hier hilft es nicht, sich auf „den" Geist zu vergewissern – so wie das Gruppierungen mit denselben geistlichen Ausrichtungen tun können, um ihre Probleme zu lösen (z.B. Christen). Deshalb muss man Dialogebenen überhaupt erst schaffen. Hier ist es eine kreative Aufgabe, wie man für das Ethos „seines" eigenen Geistes wirbt. Dabei sollte man sich aber daran orientieren, dass *alle* Anschauungen im ethischen Pluralismus von ihren kommunikativen Vorgaben abhängig sind. Die kreative Aufgabe besteht genau darin, dafür eine Sprache zu finden, die auch in anderen Geistzusammenhängen verstanden und geteilt werden kann.

Das vierte Element: Die Figur des „Geistes der Geister" kann mit dem Geist Gottes identifiziert werden. Das macht Fischers Konzept zu einem theologisch-ethischen Ansatz des dritten Glaubensartikels. Es handelt sich deswegen um den Geist Gottes, weil uns bei aller Kreativität und bei aller Freiheit, welchem Geist wir zugehören wollen, letztlich doch unverfügbar ist, *dass* wir uns dabei immer einem Geist unterstellen. *Diese* Unverfügbarkeit ist nicht wählbar. Und sie ist auch nicht menschenmachbar. Sie ist aber auch nicht „natürlich", weil alle Tatsachen der Natur sich eben erst der Geistkommunikation verdanken. Der Geist ist also eine Instanz, die Personalität erschafft, und zwar durch Anwesenheit – also genau durch dasselbe Moment, das Anwesenheit überhaupt erst begründet. Der Geist ist anwesend, damit wir uns als Anwesende entdecken können. Daher können wir ihn als den Geist Gottes identifizieren.

---

77 J. Fischer: Über moralische und andere Gründe, 147 f.

6 Wilfried Härle

W. Härle: Ethik; Berlin/New York 2011

Wilfried Härle hat 2011 ein Lehrbuch der Ethik herausgegeben. Seine Bücher sind bei Examenskandidaten sehr beliebt, was an seiner aufklärerischen und einfach gehaltenen Sprache liegen dürfte. Das macht aber seinen ethischen Ansatz noch nicht einfach. Als Lehrbuch halte ich Härles Ethik für detailreich und daher hilfreich, wenn man sich für ein bestimmtes Thema innerhalb der Ethik interessiert. In seinem Gesamtentwurf finde ich Härle dagegen kompliziert und schwer zu lernen.

Zu einem Lehrbuch gehört, dass es viele typische ethische Begriffe beschreibt und gewichtet. Es gehört aber auch dazu, dass die Leser erfahren, nach welchen Kriterien sie ethische Urteile bilden sollen. Was die Grundbegriffe betrifft, so hält das Buch einige originelle Überraschungen bereit, die ich weitgehend überzeugend finde: Das schlechte Gewissen etwa beurteilt nicht, dass eine bestimmte Handlung falsch war, sondern es verweist nur auf die Nichtübereinstimmung einer konkreten Handlung mit dem eigenen Normbewusstsein (116). Die menschliche Freiheit, die eine Bedingung für ethische Handlungen darstellt, wird an die neurowissenschaftlichen Ergebnisse zur Unfreiheit des Willens angepasst (50 ff.). Dazu kommen präzise Definitionen, etwa des Handlungsbegriffs (67) oder Menschenwürde (233), oder auch deutliche Profilierungen von ethischen Ansätzen, etwa des Intuitionismus (25) oder der Situationsethik.

Demgegenüber bleibt für mich die Begründung der Ethik unscharf. Seinen eigenen Ansatz skizziert Härle weitgehend nur, indem er ihn von anderen abgrenzt. Oder anders: Einen ungefähren Eindruck seiner eigenen ethischen Position bekommt man nur, indem man erfährt, was an anderen ethischen Ansätzen unbefriedigend ist. Härles vernünftiges Vorgehen, Klärung durch Differenzierungen zu erreichen, führt in ein Dickicht von Unterscheidungen, die sich zumindest zum Lernen für eine Examensprüfung nur schwer eignen dürften – und sei es auch nur für die ethisch geübten Examenskandidaten. Nicht weniger verwirrend sind Härles „Schritte der ethischen Urteilsbildung", die er in einem Schaubild vorstellt (218). Von „Schritten" kann hier nicht wirklich geredet werden, eher von einem Hin- und Herlaufen: Die Schrittrichtungen wechseln in alle Richtungen. Es mag ja sein, dass bei einer ethischen Urteilsbildung Normen ebenso eine Rolle spielen wie das Menschenbild, eine Problemanalyse, eine Horizontbestimmung der Möglichkeiten, Kontrollen usw. (34 Plätze habe ich gezählt, die man durchschreiten muss, um endlich ein ethisches Urteil gebildet zu haben.) Das schafft aber keine Orientierungshilfe, sondern vermittelt eher den Eindruck von Überforderung und Ohnmacht. Ethik wird hier eine Sache von Experten – oder sogar von Algorithmen, die auch Computer ausführen könnten.

Im Folgenden möchte ich daher versuchen, den Ansatz Härles aus diesem Dickicht von Differenzierungen herauszukristallisieren. Anschließend werde ich in einem zweiten Schritt die Frage stellen, was eigentlich das Theologische an seinem Ansatz ist. In einem dritten Schritt stelle ich vor, wie sich daraus in Anwendungsfragen ethische Urteile bilden.

6.1 Härles Ansatz

Härle beansprucht, mit seinen ersten drei Kapiteln Fragen zu behandeln, „die für jede Ethik gelten" (1). Das Christlich-Theologische seiner Ethik beschränkt sich dagegen auf das „christliche Wirklichkeitsverständnis" (1). Offenbar unterscheiden sich ethische Ansätze letztendlich nur darin, d. h., alle weiteren etwa methodischen Differenzen beruhen letztlich auf unterschiedlichen Wirklichkeitsannahmen (28). Damit ist eine Vorentscheidung gefallen, wo die Ethik ansetzen muss, nämlich bei der Wirklichkeit.

Wirklichkeit ist das, was „ist". Und damit ist der Grund und Boden der Ethik das Sein. „Wenn wir moralische Normen und Handlungen rechtfertigen, tun wir dies häufig – und zu Recht – durch Verweis auf Tatsachen oder Erfahrungen" (26). Und Härle folgert daraus: „Damit folge ich der Spur einer universalistischen, kognitivistischen und realistischen Ethik und in diesem Sinne einer *normativen* Ethik auf einer *deskriptiven* Grundlage" (26, Herv. W.H.).

Seinen Ansatz grenzt er von einer emotivistischen Ethik ab, für Härle eine Ethik, für die „die Bestreitung der Wahrheitsfähigkeit moralischer Aussagen" (23) charakteristisch ist. Anstelle der Wahrheit stehe hier der Konsens (23). Wie wir aber bereits an Fischer gesehen haben, spielen Emotionen für die ethische Urteilsfindung eine grundlegende Rolle, und zwar nicht im Gegensatz zu Wirklichkeit oder Wahrheit, sondern als Grundlage für die Erschließung von Wirklichkeit.

Man kann daher fragen, ob Härle den Emotivismus richtig darstellt oder nur eine Karikatur des Emotivismus beschreibt. Immerhin räumt Härle den Emotionen genau diese wirklichkeitserschließende Rolle ein wie der Emotivismus. Dazu benutzt er den Begriff der „Abduktion" (25). Die Abduktion ist ein Schlussverfahren, das der Philosoph Charles Peirce entdeckt hat. Er beschreibt es gerade als Intuition, als gefühlsmäßige, ungefähre Einstellung zur Wirklichkeit, die schließlich zur Schärfung ihrer Wahrnehmung führt.[78] Härle versucht dagegen, die Abduktion durch ein Wirklichkeitsverständnis einzuhegen, „wonach die Situation im Lichte des Wirklichkeitsverständnisses interpretiert wird als dem Phänomen der ethischen Urteilsfindung angemessen" (215). Das widerspricht entweder der Bedeutung der Abduktion bei Peirce, oder Situation und Wirklichkeitsverständnis werden selbst nur gefühlsmäßig erfasst: Die Angemessenheit von Phänomen, Situation und Wirklichkeitsverständnis ist dann intuitiv gegeben. Die Voraussetzung ist nicht ein Wirklichkeitsverständnis, auf das ein Phänomen abduktiv passend gemacht wird, sondern die Abduktion selbst ist die intuitive Wirklichkeitserschließung, in der Wirklichkeitsverständnis und Phänomen *gleichursprünglich* sind. Ein Beispiel dafür ist bei Peirce die Hypothesen*bildung*: Damit wir eine Hypothese bilden können, müssen wir eine ungefähre Ahnung von einer Sache haben, obwohl wir sie ja noch nicht verstanden haben, sondern erst noch verstehen wollen. Das Gefühl, das zur Hypothese führt, muss daher bereits eine einigermaßen sichere Beziehung zur Wirklichkeit haben.[79] Ansonsten wären Hypothesenbildungen immer zufällig.[80]

Wie genau dagegen Härle das Verhältnis von Gefühlen und Wirklichkeit versteht, wird nicht ganz klar.

1) Meint er, dass die Wirklichkeit erst Gefühle ermöglicht, sodass sich auch ethische Empfindungen und Gefühle an dieser gegebenen Wirklichkeit orientieren müssen und an ihr kontrolliert werden? Ist hier also Wirklichkeit etwas fest Gegebenes?

---

78 Ch.S. Peirce: Vorlesungen über Pragmatismus, 96, 123.
79 Ch.S. Peirce: Vorlesungen über Pragmatismus, 116.
80 Ebd.

2) Oder bilden Gefühle die Wirklichkeit mit – ebenso wie Wirklichkeitsverständnisse, Situationen und Phänomene? Hat Wirklichkeit also einen dynamischen Charakter, und sind Gefühle gleichursprünglich mit ihr, weil sie sich zugleich aus ihr bilden und in sie führen?

3) Oder meint Härle schließlich, dass nicht die Wirklichkeit, wie sie ist, sondern das menschliche Wirklichkeits*verständnis* Gefühle einhegt und ihnen das sachgemäße ethische Kriterium gibt? In diesem Fall ist Wirklichkeit etwas Unerreichbares, auf das sich menschliche Erkenntnisse nur irgendwie beziehen.

Gegen die dritte Position spricht, dass Härle Konsenswahrheit und Konstruktivismus ablehnt (23). Dafür spricht jedoch, dass Wirklichkeitsverständnisse plural und kontingent sind, was Härle einfach hinzunehmen scheint (28). Nicht von der Wirklichkeit hängt ab, wie man eine Situation entdeckt, sondern vom jeweiligen Wirklichkeitsverständnis (211).

Bei den anderen Positionen besteht ebenfalls eine Unsicherheit: Härle hält das Gefühl für „ein wichtiges *Element* bei der Formulierung oder Überprüfung moralischer Normen" (24). Ist es ein Element der Formulierung, dann kann es selbst wirklichkeitsbildend sein, indem es wirklichkeitserschließend ist. Ist es dagegen auch ein Element der Beurteilung, so folgt entweder die Beurteilung der Wirklichkeit nach, die sie beurteilt, oder ist mit der Wirklichkeitsbildung gleichursprünglich. Härles Begründung einer realistischen Ethik bricht etwas zu früh ab. Klar ist nur, dass Wirklichkeit den letzten Maßstab für moralische Aussagen bildet. Offen bleibt, wie viel Gefühl auch in seiner kognitivistischen Ethik enthalten ist und ob die Bildung von Wirklichkeit zu seiner realistischen Ethik dazugehört.

Wenn sie dazugehört, dann ist Wirklichkeit mehr als nur die Menge aller Tatsachen. Immerhin gehört ein grundsätzliches „Vertrauen auf die Verlässlichkeit vernünftigen Argumentierens" (27) zum Wirklichkeitsverständnis dazu. Diese Verlässlichkeit kann aber dann nicht selbst eine Tatsache sein, weil sie vielmehr eine Bedingung dafür ist, Tatsachen zu erfassen. So spricht Härle vom „Vertrauen, das eine Voraussetzung des Daseins überhaupt und jeder wissenschaftlichen Tätigkeit ist" (27). Zwar soll dieses Vertrauen seinerseits wissenschaftlich überprüft werden (27). Aber das würde in einen vitiösen Zirkel führen. Härle scheint dagegen eher ein Reflektieren dieses Vertrauens zu meinen, einen hermeneutischen Zirkel, der sich auf das versteht, worauf sein Verstehen gründet. Die Grenze und Bedingung des wissenschaftlichen Erschließens kann also selbst wissenschaftlich entdeckt, aber nicht überholt werden. „Evidenz ... muss *sich* vielmehr einstellen" (122, Herv. W.H. Ähnlich 81).

Ich tendiere daher dazu, Härles Wirklichkeitsverständnis als ein dynamisches zu verstehen, das durch Widerfahrnisse angereichert und erweitert wird. Und dabei scheinen Gefühle eine wirklichkeitskonstitutive Rolle zu spielen. Härle interpretiert entsprechend das biblische Gleichnis vom barmherzigen Samariter, der von Mitleid erfasst wird: „Die damit beschriebene Schlüsselerfahrung ist eine, die einem Menschen *zuteilwerden* muss, die ihm also *widerfahren* muss" (198). Das *Zuteilwerden* ist dabei eine Erweiterung des *Seins*, etwa wenn Härle von der Begründung der Menschenwürde spricht: Der Mensch hat Menschenwürde „durch das, was er ist, weil es ihm zuteilwird" (101). Damit wäre Härle ganz auf der Linie von Peirce. Und sein Kognitivismus würde Gefühl beinhalten (als „Element") und sein Seinsbegriff Möglichkeit („Können ist ein Aspekt von Sein", 25) und sogar „Offenheit für Unerwartetes und Ungeplantes" (81).

Wenn meine Einschätzung richtig ist, dann hat Härle aber unterlassen, eine ethische Rangfolge der Seinselemente zu erstellen. Ich komme nochmals zurück auf den Satz: „Wenn wir moralische Normen und Handlungen rechtfertigen, tun wir dies häufig – und zu Recht – durch Verweis auf Tatsachen oder Erfahrungen." Hier sind die *Tatsachen* offenbar bereits ein hinreichender Grund für eine adäquate moralische Bewertung: Die Art der Rechtfertigung geschieht „zu Recht". Und Härle weist deshalb auch unaufgeregt den Vorwurf des naturalistischen Fehlschlusses der Ethik zurück: Man solle sich von diesem Einwand „nicht allzu sehr beeindrucken lassen" (26).

Wie ist es aber, wenn Wirklichkeitsbildung in Widerspruch zu den Tatsachen geht, weil sich etwas „Unerwartetes und Unplanbares" „einstellt"? Im Fall des barmherzigen Samariters wird hier moralische Signifikanz der Situation überhaupt erst *erzeugt* (Mitleid wird dem Samariter durch ein Widerfahrnis „zuteil"). Härle scheint aber offenbar nicht im Blick zu haben, dass solche Geltungskonkurrenzen innerhalb der Wirklichkeit selbst auftreten können. Für ihn ist der Bezug auf die Wirklichkeit moralbegründend, ohne dass er die Elemente der Wirklichkeit normativ unterscheidet. Ist der Verweis auf *Tatsachen* hinreichend oder auf die abduktive *Bildung* von Wirklichkeit oder schließlich auf das Vertrauen in die *Verlässlichkeit* der

Wirklichkeit? Diese drei Elemente sind in seiner Seinsbeschreibung enthalten, aber sie werden nicht normativ unterschieden.

Man könnte daher umgekehrt die Position vertreten, dass der Verweis auf Tatsachen immer auch auf das Widerfahren von Tatsachen verweist und dass beides das Vertrauen in die Verlässlichkeit beider Elemente impliziert. Hier würden die drei Elemente zwar unterschieden, aber nicht getrennt. Es gibt immerhin bei Härle einige Anhaltspunkte dafür, dass sein Wirklichkeitsverständnis so verläuft: Normative Ethik ist für ihn in dreifacher Hinsicht auf ein religiöses Fundament angewiesen (128):

1) im Hinblick auf den schöpferischen Grund des menschlichen Daseins, der mit der normativen Instanz identisch sein muss,
2) im Hinblick auf das Gegenüber der Ethik, in einer „äußeren, zeichenhaften Gestalt" (128),
3) im Hinblick auf das Zustandekommen der Ethik, das als *Zuteilwerden* interpretiert wird, „wenn dieses Erschließungsgeschehen einem Menschen äußerlich zuteilwird" (128).

Härle spricht hier von einer „trinitarischen Struktur" (128) und ordnet die drei Strukturelemente den drei göttlichen Personen in der Reihenfolge von Vater, Sohn und Heiligem Geist zu. Aber passt diese Zuordnung zu den drei Elementen der Tatsachen, des Widerfahrens und der Verlässlichkeit? Oben hatte ich das Zuteilwerden dem Widerfahren, der Bildung von Wirklichkeit, zugeordnet und damit der ersten trinitarischen Position. Bei Härle gehört aber das Zuteilwerden zur Position des Geistes. Auch wird nicht unterschieden zwischen dem Vertrauen in die Verlässlichkeit und seine Evidenz. Beides scheint dem Geist ebenso zugeordnet zu werden wie das Zuteilwerden. Der Geist als das, „was selbst die Erkenntnis bzw. Gewissheit seiner Wahrheit bewirkt" (128), wird funktional überfrachtet, weil diese Selbstbewirkung eine Selbst-Begründung wäre und damit in die Funktion der ersten trinitarischen Position des schöpferischen Grundes fallen müsste.

Härles trinitätstheologische Begründung der Ethik vergibt den Positionen Äquivozitäten und Mehrfachfunktionen. Das Theologische seiner Ethik ist aber schon deutlicher geworden. Es besteht in einer trinitätstheologischen Struktur der Wirklichkeit, die Wirklichkeitsbildung, Verlässlichkeit, Tatsachen und Evidenz einschließt. Dabei bleibt aber ethisch offen, wie ethisch zu entscheiden ist, wenn diese trinitarischen Strukturelemente in Konflikt zueinander geraten. Das Trinitarische suggeriert ja, dass solche Konflikte nicht auftreten können, weil sonst die Einheit der Wirklichkeit in Konflikt mit sich selbst stünde. Folglich wäre die Struktur dieser drei Elemente keine trinitarische, wenn solche Konflikte auftreten können.

Aber solche Konflikte treten nun einmal auf: Nehmen wir den Fall, dass ein schweres Zugunglück eingetreten ist und die Medien die Frage stellen, wie es dazu kommen konnte.

1. Diese Frage kann sich auf die Tatsachen richten. In diesem Fall sind Medien der Tatsachenrecherche verpflichtet.
2. Diese Frage kann sich aber auch auf das Widerfahren dieser Katastrophe richten: „Wie konnte dieses Unglück nur eintreten? gerade jetzt? gerade mit uns?" Dann wird man diese Frage auch nicht los, wenn man die Tatsachen kennt. Und die Pietät gegenüber den Betroffenen, die unter dem Widerfahrenscharakter des Ereignisses leiden, gebietet dann Rücksicht: Dabei könnte es zu einer ethischen Frage werden, ob sich nicht die Medien bei der Recherche zurückhalten sollten.
3. Man kann diese Frage auch für beantwortet halten, wie es dazu kommen konnte. Das beruhigt aber nicht, weil man bei jeder erneuten Bahnfahrt mit dem Zugunglück konfrontiert ist. Das „Erschließungsgeschehen" wird wieder einem Menschen zuteil, als wäre das Unglück im selben Augenblick geschehen. Der Widerfahrenscharakter des Ereignisses behält seine Evidenz, obwohl die Tatsachen dagegensprechen: Das Zugunglück ist ja vor längerer Zeit gewesen und nicht an diesem Tag.
4. Es kann auch sein, dass die Tatsachen nicht beruhigen, wenn man nun die Eisenbahn als solche für unzuverlässig hält – also nicht den Fahrplan, sondern die Sicherheit überhaupt. Wer an der Verlässlichkeit überhaupt zweifelt, scheut jede Fahrt mit der Bahn und vielleicht jeden Weg überhaupt: weil auch im Auto oder zu Fuß immer etwas passieren kann. Die Angst bezieht sich nicht auf Tatsachen, sondern auf die Verlässlichkeit der Wirklichkeit. Menschen, denen es so geht, brauchen weder Medienberichte zur Sicherheit der Bahn noch einen pietätvollen Umgang, und hier wird es zur ethischen Frage, was diesen Menschen helfen kann, wenn alles, was helfen könnte, die Verlässlichkeit der Wirklichkeit voraussetzt, die bei ihnen fraglich geworden ist.

Die drei Elemente normativer Ethik können also in einem Konflikt liegen. Wenn sie folglich mit Gottes Trinität verbunden werden, dann liegt auch Gott mit sich in Konflikt – was sich nur mit Subordination der drei trinitarischen Positionen untereinander lösen ließe. Ansonsten ist die dreifache Struktur, wie sie Härle beschreibt, nicht trinitarisch, sondern triadisch.

6.2 Das Theologische an Härles Beitrag

6.2.1 Eine trinitarische Neuanordnung

Das Problem ist also, ob Härles trinitätstheologische Grundlegung der Ethik sachgemäß ist. Immerhin hat er mehrere Kandidaten, die er mehrfach ein und derselben trinitarischen Position zuordnet:

1) den Grund, die Bildung von Wirklichkeit (Vater),
2) die Gestalt dieses Grundes unter äußeren Zeichenbedingungen, offenbar unter den Bedingungen der Gegenständlichkeit „in der erfahrbaren Welt" (128) (Sohn),
3) die Verlässlichkeit der Wirklichkeit (Geist),
4) die Evidenz (Geist),
5) das Zuteilwerden (Geist) und
6) das Bewirken von Erkenntnis (Geist).

Zuteilwerden und Bewirken würde ich dagegen der ersten trinitarischen Position zuschreiben. Denn das Zuteilwerden ist das Widerfahrnis eines schöpferischen Grundes. Die Verlässlichkeit wiederum würde ich der zweiten Position zuordnen, denn sie bezieht sich darauf, dass alles verlässlich ist und damit auch alle Tatsachen sind, was sie sind.[81] Ich würde zudem unterscheiden zwischen der immanenten Trinität und der ökonomischen Trinität, also zwischen dem Selbstverhältnis Gottes unter Absehung der Schöpfung (immanente Trinität) und dem Verhältnis der Werke Gottes in

---

81 Verlässlichkeit und zeichenhafte Gestalt von Tatsachen lassen sich in meinem Verständnis beide der zweiten trinitarischen Person zuschreiben, weil man – wie ich es im Haupttext nun fortsetze – zwischen ihrer göttlichen und menschlichen Natur unterscheiden kann: Die Verlässlichkeit (Tatsächlichkeit der Tatsachen) ist dem ewigen Sohn zuzuschreiben, ihre Zeichenhaftigkeit dagegen dem Menschgewordenen (L. Ohly: Schöpfungstheologie und Schöpfungsethik im biotechnologischen Zeitalter, 42).

der Schöpfung (ökonomische Trinität). Die Verlässlichkeit der Wirklichkeit muss sich ja auch auf Gott in seiner Immanenz beziehen, sonst wäre Gott nicht verlässlich, was er ist. Die Verlässlichkeit Gottes widerfährt dagegen nur unter gegenständlichen Bedingungen; daher ist die Gegenständlichkeit mit der Verlässlichkeit assoziiert und das Vertrauen in sie ein Vertrauen in Gott den Sohn. Nach dieser Beschreibung konzentriert sich die Funktion des Heiligen Geistes auf die Evidenz oder Evidenzgefühle.

Kann es mit dieser Neuanordnung der Funktionen auf die trinitarischen Positionen ebenso Konflikte der drei Strukturelemente geben? Ich komme wieder auf das Zugunglück zurück und auf die Konfliktthemen: Zur Debatte steht der Aufklärungsauftrag der Medien, die Achtsamkeit gegenüber dem Widerfahren eines Ereignisses, ihre atmosphärische Anwesenheit in der Angst derer, die eine Wiederholung fürchten, und der Vertrauensverlust in die Wirklichkeit. Ich meine, dass der Konflikt nicht auf der trinitarischen Struktur beruht, sondern sich umgekehrt trinitarisch lösen lässt: Ein Vertrauensverlust in die Wirklichkeit ist für die betroffene Person, die ihn erlitten hat, evident. Er kann aber nur evident sein, wenn er ist, was er ist; wenn er also verlässlich ist. Damit enthält die Evidenz des Vertrauensverlustes zugleich die Evidenz der Verlässlichkeit der Wirklichkeit. Man mag das Vertrauen in Tatsachen verloren haben – z. B. dass Bahnfahren sicher ist. Man kann aber nicht das Vertrauen in die Verlässlichkeit von Wirklichkeit verloren haben, ohne zugleich dem Vertrauensverlust zu trauen. Die Verlässlichkeit von Wirklichkeit liegt hinter den Tatsachen; sie liegt aber in ihrer Tatsächlichkeit und ist funktional dem Sohn zugeordnet: der in seiner Menschwerdung eine zeichenhafte Gestalt der Wirklichkeitsbildung hat.

Die Ratlosigkeit von Menschen, die einen Vertrauensverlust angesichts eines Zugunglücks erlitten haben, bezieht also die Offenheit der Wirklichkeitsbildung ein: Man muss einer Wirklichkeit vertrauen, an der man noch nicht erkennt, wie sie sich bildet und was das Ergebnis des Bildungsprozesses sein wird. Evidenz, Verlässlichkeit, Tatsachen und Wirklichkeitsbildung entsprechen sich also. Während also zwar der Konflikt zwischen drei Perspektiven vorliegt, sind bei der Konfliktlösung alle trinitarischen Wirklichkeitselemente *harmonisch* beteiligt:

1. Die Konfliktlösung sieht so aus, dass Medien in Achtsamkeit gegenüber dem Widerfahrenscharakter des Zugunglücks berichten dürfen,

2. aber so, dass sie wissen, dass sich damit sein Widerfahren gerade nicht mit Tatsachen erschließen lässt. Gerade in dieser Auslassung der Berichterstattung liegt das Pietätvolle.
3. Zugleich ist auch klar, dass der Vertrauensverlust ins Bahnfahren nicht durch mehr Information aufgehoben werden kann. Vielmehr besteht nun ein Seelsorgeauftrag, nämlich die Verlässlichkeit der Wirklichkeit an den Erfahrungsfetzen aufzuweisen, die der entsetzten Person noch geblieben sind. Auch Erfahrungsfetzen sind, was sie sind; sie sind verlässlich. Medienethisch folgt übrigens daraus ein Verbot der Katastrophisierung in der Berichterstattung von Unglücksfällen. Die Katastrophe bleibt medienethisch auf die Welt der Tatsachen zu beschränken.
4. Die atmosphärische Nähe des Unglücks in weiteren Bahnfahrten kann allmählich überdeckt werden, etwa durch den zeitlichen Abstand zum Unglück, neue heilsame Erfahrungen, vorsichtiges Einüben des Alltags oder auch durch Informationen über die tatsächliche Sicherheit des Bahnfahrens. Diese Interventionen wirken aber letztendlich durch ihre atmosphärische Unterstützung einer vertrauenswürdigen Wirklichkeit.

Die funktionale Ausdifferenzierung der trinitarischen Elemente führt also jetzt nicht mehr dazu, dass Gott mit sich selbst in einen Konflikt gerät. Vielmehr können zwar ethische Konflikte in der trinitarisch aufgebauten Wirklichkeit auf verschiedenen Ebenen liegen. Aber an ihrer Lösung sind alle drei trinitarischen Strukturelemente beteiligt, und zwar harmonisch: Wird ein Element funktional aktiviert, so justieren dabei die anderen beiden Elemente nach.

6.2.2 Theonomie

Realistische Ethik heißt also bei Härle, so zu handeln, dass man der trinitarischen Struktur der Wirklichkeit entspricht. In diesem Zusammenhang fällt öfter der Ausdruck „Theonomie" (104, 205). Diesen Ausdruck übernimmt Härle offenbar von Paul Tillich.[82] Tillich will mit diesem Begriff das Gegensatzpaar von Autonomie und Heteronomie überwinden. Tillich zeigt dabei die Geltungsgrenzen von Autonomie und Heteronomie auf, was zur „Frage nach der Offenbarung" führt, eine Synthese in einer Theonomie zu suchen (102). Härle geht darüber hinaus, indem er am Gottesbegriff selbst

---

82 P. Tillich: Systematische Theologie Bd. I, 101.

zeigt, dass Gott keiner heteronomen Macht entspricht, aber auch nicht mit der eigenen Autonomie eines Menschen identisch ist. Es zeige sich, „dass zumindest Gott, aber auch Jesus Christus nicht als eine Wirklichkeit ‚außerhalb' des Menschen (und der Welt) bezeichnet werden kann, weil dies eine unangemessene Begrenzung Gottes einschlösse. Die Alternative, also ein ‚innerhalb', passt freilich ebenso wenig" (103 f.). Theonom ist die Wirklichkeit, weil sie in ihrer Grundstruktur trinitarisch ist. Theonomie heißt also nicht einfach, göttlichen Geboten zu folgen. Vielmehr bedeutet der Begriff, dass wir der „normativ ethischen Instanz" (102) auch dann nicht entkommen, wenn wir ihr zuwiderhandeln. Etwas missverständlich charakterisiert Härle zwar die „normativ ethische Instanz" als eine, „die darüber entscheidet" (102), was Güter, Werte, Tugenden und Verbindlichkeiten von Geboten sind. Das Missverständliche liegt darin, dass es so klingt, es gäbe hinter der Entscheidung jemand, der diese Entscheidung trifft. Und als jemand, der hinter der Entscheidung steht, hätte sich Gott von der übrigen Wirklichkeit abgegrenzt, über die er entschieden hätte. Das wäre jedoch Heteronomie im Sinne Härles.

Deshalb kann eine theonom „normativ ethische Instanz" nur eine sein, in der die Entscheidung *fällt*. Das Fallen der Entscheidung ist unabhängig von jemandem, der sie zum Fallen bringt. Die Entscheidung wird nicht verursacht, sondern sie *wird*, sie *widerfährt* der Wirklichkeit. Und sie vollzieht sich in der Wirklichkeit und nicht jenseits davon. Die Instanz ist dabei das Element der Bildung von Wirklichkeit, also die erste trinitarische Position: „Die normative Instanz [ist] identisch ... mit dem schöpferischen Grund des menschlichen Daseins" (128). Die ethische Norm ist dem Menschen „als seine Bestimmung von Gott gegeben (also theonom)" (128). Auch hier darf nicht daran gedacht sein, dass hinter dieser Bestimmung ein Bestimmer sein würde, der die Bestimmung ausführt. Auch liegt diese Bestimmung nicht einfach vor, als bloße Vorgegebenheit. Ebenso wenig wie Gott der Bestimmer ist, ist die Norm von Anfang an bestimmt. Vielmehr ist ihre Bestimmung Ereignis: Sie ist, indem sie sich vollzieht. Normen liegen nicht einfach vor, sondern sie entwickeln sich. Aber sie entwickeln sich eben theonom, d. h. in der trinitarischen Struktur der Wirklichkeit.

Ähnlich spricht Härle auch von der „Bestimmung des Menschen" – wenn auch ähnlich missverständlich. Klar ist, dass die Bestimmung des Menschen „den Charakter eines zielgerichteten *Werdens* hat" (143, Herv.

W.H.). Hier wird die Bildung von Wirklichkeit angesprochen. Deshalb widerspricht Härle auch einem anthropologischen Determinismus (143). Missverständlich ist aber wieder die Formulierung, „dass der Mensch nur aus dem Transzendenzbezug einer ihm *gegebenen* Bestimmung angemessen zu verstehen ist" (143, Herv. W.H.). Vom Wirklichkeitskonzept her, das ich im Anschluss an Peirce auch bei Härle vermute, kann es sich hierbei nur um eine „Transzendenz in Immanenz" handeln: Der Mensch wird nicht aus einem Jenseits bestimmt – das wäre Heteronomie und würde in einen Determinismus führen, jedenfalls aus Sicht eines jenseitigen Gottes. Denn ist der Mensch aus dem Jenseits bestimmt, kann er sich gar nicht anders verhalten als so, wie er jenseitig bestimmt worden ist. Für die Bildung von Wirklichkeit wäre dann kein Platz. – Der Mensch wird aber auch nicht bloß diesseitig bestimmt. Das wäre Autonomie ohne Verlässlichkeit. Denn Entscheidungen können niemals autonom sein, wenn sie nicht eine Verlässlichkeit vorfinden, über die sie nicht autonom entscheiden können. Eine Autonomie ohne „Vorgegebenheit" in diesem Sinne entspräche den privaten Sprachen bei Wittgenstein.[83]

Die Bestimmung des Menschen ist daher ein „Sein im Werden"[84]: nämlich die Bildung von Wirklichkeit, die dabei bereits auf ihrer eigenen Verlässlichkeit beruht und damit auch schon in der Offenheit ihres Werdens Verbindlichkeit erzeugt.

Normen müssen also auch *verlässlich* sein, aber auch ihre *Bildung* muss verlässlich sein und schon darin *evident* werden. Schon Situationen erzeugen daher einen zwingenden Charakter (Evidenz, Geist), indem sich in ihnen Normativität bildet (Werden [Bildung], Vater), weil auch Situationen in ihrer Besonderheit eine Allgemeinheit besitzen: Sie sind nämlich, was sie sind; sie sind verlässlich (Verlässlichkeit [Gegenständlichkeit], Sohn). Härles Ethik kann sich mit ihrer trinitarischen „Bestimmung" auch mit der Situationsethik aussöhnen: In Handlungssituationen sind „ganz allgemeine und unspezifische Handlungsregeln" anzuwenden (72). Unspezifisch, weil sich diese Regeln erst noch in der Situation bilden; und dennoch allgemein, weil sie auf einer Verlässlichkeit gründen und weil zugleich die Situation bereits einen zwingenden Charakter (Evidenz) ausprägt.

---

83 Sektion 5.2.
84 E. Jüngel: Gottes Sein ist im Werden.

6.3 Welche Anwendungsethik ergibt sich daraus?

Härle behandelt in seinem anwendungsethischen Teil sechs Themen. Offenbar sind diese Themen für ihn austauschbar. Dass es ausgerechnet diese sind, begründet Härle sympathisch mit seinem angeblich begrenzten Kenntnisstand (3), und damit, dass ein ethisches Lehrbuch nie die nötige Konkretion aufbieten kann, die Menschen angesichts ihrer aktuellen Entscheidungssituation benötigen würden (3). Schon hier wird deutlich, dass Ethik veralten kann, weil eben zur Wirklichkeit die Bildung von Neuem dazugehört. Und schon hier wird deutlich, dass Härles Ethik durchaus situationsethische Erwägungen mit einbezieht – eben, wenn sie nicht zu Unverbindlichkeit führen sollen, sondern trinitarisch eingebunden sind.

Eigentlich ist Härles Konkretionsteil daher eher eine anthropologische Fortführung seines Grundsatzteils: Grundthemen der Anthropologie (Sexualität, Gesundheit, Sprachlichkeit) und ethische Grundbegriffe (Menschenwürde, Gerechtigkeit, Friede) werden verhandelt. Das alles hätte man auch in einem Grundsatzteil zur Begründung der Ethik leisten können. Anwendungsethisch äußert sich Härle daher weitgehend unverbindlich und offen (etwa in der Beurteilung von Homosexualität [360] oder Abtreibung [296 f.]). Konturen haben seine Ausführungen dagegen, wenn sie ins Grundsätzliche oder Methodische gehen, so etwa in der Frage, wer das menschliche Geschlecht besser beschreiben kann, die Biologie oder die Sozialwissenschaften (also die Gender-Sex-Debatte) (314 ff.).

Dazwischen liegt etwa Härles Beschreibung der Menschenwürde und ihre Zuerkennung auf den Embryo: Menschenwürde ist bei Härle mit dem Sein des Menschen gegeben[85], und der Embryo hat Menschenwürde, weil er sich kontinuierlich zum Menschen entwickelt (253, 260). Diese Thesen überzeugen m.E. nicht für sich selbst, sondern werden erst valide durch

---

85 Der Biologismus, den Johannes Fischer Härle vorwirft (J. Fischer: Rezension zu W. Härle: Ethik, 308 f.), führt dann aber nicht in einen naturalistischen Fehlschluss, wenn biologische Tatsachen im trinitarischen Wirklichkeitsmodell aufgehoben sind. Deshalb hat Fischer zwar Recht, dass sich Menschenwürde als Norm aus der Biologie nicht ableiten lasse (308). Insofern aber biologische Tatsachen Seinstatsachen sind, die wiederum als Element einer Wirklichkeitsstruktur normativ werden können, wird bei Härle nicht primär biologistisch, sondern theologisch argumentiert.

Härles Wirklichkeitskonzeption: Wenn zur Wirklichkeit die Bildung von Wirklichkeit gehört, dann legt sich nahe, dass zur Wirklichkeit (Sein) des Menschen auch seine Bildung dazugehört. Und wenn die Normativität der Menschenwürde am Sein des Menschen hängt, dann scheint daraus zu folgen, dass auch die Bildung des Menschen diese Normativität besitzt. Härles Variante des Kontinuums-Arguments für die Menschenwürde des Embryos basiert also auf seiner Wirklichkeitskonzeption. Hier argumentiert Härle anwendungsethisch als auch begründungsethisch.

Der anwendungsethische Teil ist weitgehend faktenorientiert, und man merkt ihm das Theologische kaum an. Mann und Frau werden biologisch unterschieden. Die Menschenwürde beginnt mit der Entstehung des Embryos. Härles Friedensethik ist weitgehend Begriffsarbeit (Was ist Frieden? [421 ff.]). Den theologischen Charakter des Gerechtigkeitsbegriffs spart Härle explizit aus. Er schreibt zwar „vorerst", aber das Theologische an der Gerechtigkeit ist „nichts anderes" als Liebe (Agape) (389). Härles Ankündigung, die christliche Rechtfertigungslehre für die Ethik fruchtbar machen zu wollen (150), hätte man am ehesten im Kapitel über Gerechtigkeit erwartet. Aber auch was Härle über Liebe sagt, ist weitgehend Bibel- und Begriffsarbeit: Das Theologische merkt man seinen Beschreibungen kaum an; und wie wenig seine Erkenntnisse (etwa seine Vorordnung der Agape vor dem Eros [182, 330 ff.]) einer phänomenologischen Rekonstruktion der Liebe standhalten, dürfte weitgehend enttäuschen.[86]

Das mangelnde Theologische im Anwendungsteil ist ein Schwachpunkt, der entweder darauf beruht, dass Härle seiner theologisch-ethischen Grundlegung nicht traut, oder dass er sie nicht transparent macht. Und wenn Härle weitgehend Wirklichkeit auf Fakten reduziert, so reduziert er seine eigene trinitarische Wirklichkeitsstruktur. In der Anwendungsethik macht Härle den Eindruck, nicht nur Ethik-Konzeptionen, sondern die Ethik überhaupt sei manchmal und ein bisschen auch theologisch. Und wenn sie es wird, dann durch biblische oder begriffliche Fakten. Es kann aber in seiner Ethik nicht ausreichen, auf Tatsachen zu verweisen, sondern man muss die Verlässlichkeit als unhintergehbare Bedingung aller Tatsachen und die Bildung von Wirklichkeit mitberücksichtigen.

---

86 Zur Phänomenologie der Liebe s. L. Ohly: Liebe der Intimität.

Das scheint mir auch das Problem an dem einen Beispiel zu sein, in dem Härles Grundlegung anwendungsethisch besonders transparent wird, nämlich am Status des Embryos: Der Mensch hat Menschenwürde aufgrund seines Seins (Tatsachen, zweite trinitarische Position), und der Embryo hat Menschenwürde, weil er sich zum Menschen entwickelt (Wirklichkeitsbildung, erste trinitarische Position). Nach meinem Eindruck droht hier eine Subordination der ersten unter die zweite trinitarische Position: Der *Grund* der Normativität ordnet sich ihrem *Gegenüber* „in zeichenhafter Gestalt" unter. Denn die Wirklichkeitsbildung, also das, was dem Embryo „zuteil" wird, bleibt im Korsett der natürlichen, kontinuierlichen Embryonalentwicklung gefangen. Es ist keine freie Wirklichkeitsbildung vorgesehen, die allein einen „theonomen" Charakter hätte. Stattdessen ordnet sich die ethische Norm einem fremden Gesetz unter, der Heteronomie biologischer Entwicklungsgestalten.

Wie würde sich dagegen der Status des Embryos bestimmen lassen, wenn Härle ein harmonisches und gleichberechtigtes trinitarisches Wirklichkeitsmodell ohne Subordination anwendungsethisch zur Geltung gebracht hätte? Dann dürfte jedenfalls die Tatsache einer biologischen Kontinuität noch nicht hinreichend sein, um den Status des Embryos zu bestimmen. Was stattdessen mehr Bedeutung hätte, wäre das Werden von *Neuem*, das sich im Tatsachenbereich menschlicher Abstammungsverhältnisse vollzieht. Die Neuheit erschöpft sich bei natürlichen Schwangerschaften nicht in der Trivialität: „Wir bekommen ein Kind." Die Neuheit zeigt sich vielmehr emotional in der Aufregung bei der Fahrt zur Frauenärztin, beim schonungsvollen Umgang mit schwangeren Frauen und in der Verlegenheit des Partners, mit ihr intim zu sein. Es ist hier die Grenze des Wirklichen mit dem noch nicht Gewordenen, was einen zwingenden Charakter auf die Betroffenen ausübt, eben die *Bildung* von Wirklichkeit.

Diesem zwingenden Charakter, der *Evidenz* der Neuheit, wird widersprochen, wenn Menschen leichtfertig mit ihr spielen, indem sie sie zu einem gewordenen neuen Gegenstand reduzieren wollen. Hier wird versucht, den Widerfahrenscharakter der Wirklichkeitsbildung auf Gegenständliches zu reduzieren. Der Embryo wird eine Ansammlung von Zellen, mit der geforscht werden kann. Er wird nicht nur aus dem lebensweltlichen Kontext von Partnerschaft und Familie herausgezogen, sondern vor allem kosmologisch aus dem Kontext der Neuheit. Diese Verletzung des zwingenden

Charakters äußert sich darin, den Status des Embryos als schutzbedürftiges Wesen zu bestimmen. Dem Embryo muss dazu keine Menschenwürde zugesprochen bekommen. Es ist ausreichend, die Verletzung des zwingenden Charakters von Neuheit im menschlichen Abstammungszusammenhang wahrzunehmen und darauf zu reagieren. Ethisch können dazu viele Lösungen beitragen. Es gibt also nicht nur einen Ausgang, wie man mit Embryonen umzugehen hat und welchen Status sie verdienen. Entscheidend ist aber, die gemeinsame Struktur der Wirklichkeit zu erkennen, auf die alle Lösungen reagieren. Darin besteht das *eine* Normative.

So lässt sich eine trinitarische Wirklichkeitsstruktur anwendungsethisch umsetzen: Der zwingende Charakter (Evidenz, Geist) des Widerfahrens (Bildung von Neuheit, Vater) von Widerfahrnissen (Tatsachen oder Gegenständlichkeit, Sohn) leitet menschliches Verhalten. Menschliche Gefühle werden dagegen erregt, wenn die Autorität dieses Zusammenhangs, seine theonome Normativität, im Verhalten missachtet wird.

Genauso beschreibt Härle übrigens die Funktion des Gewissens: Das Gewissen sagt uns zwar nicht, was ethisch richtig ist, aber es meldet sich, wenn die ethische Qualität von Handlungen dem eigenen ethischen Normbewusstsein widerspricht. Während Härle damit die Normativität des Gewissens zurückweist, begründet er sie indirekt genau damit – genauso wie er vorher Situationsethik und Emotivismus indirekt akzeptiert: Man darf „das Gewissensurteil ... nicht ignorieren, ... weil in diesem letzteren Fall ein Mensch veranlasst wird, gegen etwas zu verstoßen, was er selbst für richtig hält" (116). Der Verstoß wäre ein heteronomer Zwang. Zur Theonomie dagegen gehört es, die *Bildung* des Gewissens mit dem *tatsächlichen* Normbewusstsein in Einklang zu bringen. Darin liegt sein zwingender Charakter (seine *Evidenz*).

Ich fasse meine Betrachtung kurz zusammen: Härle verzichtet weitgehend auf Konkretisierungen seiner Ethik, aber er scheint wohl anzunehmen, dass Tatsachen meistens den Ausschlag geben würden, eine normative Entscheidung herbeizuführen. Damit unterläuft er m. E. seine trinitarische Wirklichkeitsstruktur. Wendet man sie dagegen auf Anwendungsthemen an, so verliert sich die Eindeutigkeit in den Resultaten: Es gibt dann nicht die eine richtige Lösung, sondern verschiedene ethische Entwicklungen sind möglich. Warum? Weil die Bildung von Wirklichkeit noch nicht so genau bestimmt ist wie Tatsachen. Der Bildungsprozess von Wirklichkeit ist vielmehr die Bestimmung des Unbestimmten. Tatsachen können daher durch die kreative Bildung der Wirklichkeit konfiguriert oder sogar nivelliert werden. Es gibt dann schon gar keine immergültigen ethischen Normen, weil diese etwas festhalten würden, was die Wirklichkeitsbildung überwinden könnte.

Das muss noch nicht in einen Relativismus führen, aber zumindest in einen ethischen Pluralismus: Die Wirklichkeit kann in unterschiedlichen Wirklichkeitszonen unterschiedlich gebildet sein und dann auch unterschiedliche Normen festsetzen. Die Grenze des Relativismus liegt also nicht in den Resultaten der ethischen Reflexion, sondern in der Methode: Ethik ist die Reflexion der trinitarischen Wirklichkeitsstruktur, die – je und je! – eine normative Instanz ausprägt.

Dieses Ergebnis kann unbefriedigend sein für Ethiker, die lieber allgemeingültige und universalisierbare Resultate anvisieren. Aber dann würde Härles Konzeption nur zeigen, dass es so nicht geht: nicht über den Rekurs auf die Wirklichkeit, nicht über den Vorrang des Seins vor dem Sollen und nicht über die Normierung ethischer Ansprüche durch Wirklichkeitsanalysen. Ich vermute, Härle wäre selbst unzufrieden mit diesem Ergebnis, weil das Sein ethisch eben nicht so eindeutig ist, wie er es gerne hätte.

7 Eilert Herms

E. Herms: *Systematische Theologie: Das Wesen des Christentums: In Wahrheit und Gnade leben;* Tübingen 2017, Bd. 1–3

Das wohl umfangreichste Ethik-Buch der deutschsprachigen Theologie stammt aus dem Jahr 2017. Eilert Herms hat in diesem Jahr seine „Systematische Theologie" herausgegeben – eine Fundamentaltheologie, eine Dogmatik und schließlich eine Ethik. Daraus sind drei Bände geworden mit jeweils 1000 Seiten. Wer jemals einen Text von Herms gelesen hat, kann sich kaum vorstellen, 3000 Seiten von ihm durchzulesen. Seine Schreibweise ist sehr schwierig und anstrengend zu lesen. Er entwickelt einen technischen Sprachstil, der sich dabei von anschaulichen Alltagsphänomenen weit entfernt, um dadurch andererseits möglichst präzise zu sein. Schon 20 Seiten O-Ton Herms können daher anstrengend sein.

Zwar wird es irgendwann einfacher, und irgendwann hat man sich in seinen Schreibstil eingelesen. Man wird aber dabei nicht unbedingt glücklicher. Das Spätwerk des Emeritus, der zuletzt Professor in Tübingen war, enthält so lange einzelne Sätze, geradezu Wurmfortsätze, Redundanzen und Wiederholungen. Ich hatte den Eindruck, dass Herms mit Makro-Befehlen im Textverarbeitungsprogramm gearbeitet hat: Schreibt er ein Wort, so fügt der Computer automatisch weitere Begriffe hinzu. So können Sie etwa auf einer einzigen (!) Seite hinter dem Wort „Ethos" *dreimal* die Hinzufügung „(hier: das christliche)" finden (1428). Übertriebene Präzision kann so zum Demenz-Test mutieren. Das ermüdet spätestens dann, wenn Rattenschwanz-Begriffe gebetsmühlenhaft wiederholt werden, etwa der Begriff des „*Einheit*-des-für-den-Glauben-Erschlossenseins" (274, Herv. E.H.), oder der Satz: „Dauern unserer eigenen innerweltlichen Personengegenwart ist uns gegenwärtig *kraft ursprünglich-unmittelbarer Selbstpräsenz*" (166, Herv. E.H.). Könnte es wirklich so sein, dass am Buch der Computer über Makro-Befehle mitgeschrieben hat? Die interessante Frage, ob menschliches Abschreiben von Computerwissen ein Plagiat darstellt, wird in den Bänden nicht behandelt – aber möglicherweise performativ demonstriert.

Man kann als Leser immer wieder amüsiert sein, wenn Herms eine These zweimal umformuliert und nochmals präsentiert, bevor er dann eine Zusammenfassung seiner These vorstellt. Dann schreibt er: „Kurz gesagt:" Und dann kommt nochmals ein nie enden wollender Satz. Ich hätte Herms gewünscht, dass er die Fähigkeit besessen hätte, sich sprachlich zu begrenzen. Denn in der Sache ist sein Werk nicht so unbegrenzt, wie es erscheint. Ich finde in seiner Systematischen Theologie viele originelle Abschnitte und hilfreiche Klärungen. Außerdem hat er Phänomene klug analysiert. Diese originellen Facetten drohen aber an der Menge des Textes zu ersticken, der für die meisten Leser allein schon quantitativ unüberwindlich ist – ganz zu schweigen von der sprachlichen Hürde.

Herms hat es sich dadurch selbst als Autor schwer gemacht. Obwohl er ein ausgewiesener Kenner der formalen Logik ist, habe ich immer wieder Zirkelschlüsse entdeckt, formallogische Widersprüche und Kurzschlüsse. Das alles wäre vermutlich nicht passiert, wenn seine Systematische Theologie ein Konzentrat geworden wäre. Sein Gesamtwerk ist nun nicht gerade schlecht geworden. Aber manche Fehler hätten vermieden werden können, und Herms wäre vermutlich dann auch manchmal andere Wege gegangen. Einige von diesen Fehlern werde ich Ihnen in diesem Kapitel vorstellen. Und ich werde zeigen, welche alternativen Wege sich angeboten hätten, wenn Herms sich stärker beschränkt hätte.

Was mich überrascht hat, als ich sein dreibändiges Werk aufgeschlagen hatte, war, dass die Ethik zwei Drittel des Gesamtwerks ausmacht. Von den 3000 Seiten sind also 2000 Ethik, zwei volle Bände. Herms hat sich zwar schon immer zur Ethik geäußert. Er ist allerdings von Hause aus Fundamentaltheologe und Dogmatiker. Deshalb überrascht nun, dass er sein Spätwerk, das ja fast den Anspruch eines theologischen Vermächtnisses stellt, so stark ethisch fokussiert. Die Dogmatik besteht gerade einmal aus knapp 500 Seiten und ist damit dünner als die Dogmatik-Entwürfe, die unter Studierenden am beliebtesten sind, weil sie relativ dünn sind. Man kann also von Herms überrascht werden, dass ein so dickes Buch über viele wichtige Fragen nur wenig zu sagen hat.

Aber eben: Für die Ethik ist das nicht der Fall. Ich vermute deshalb, dass sein Werk unter Studierenden nicht gelesen wird. Kaum jemand wird Herms für die Examensvorbereitung nutzen. Obwohl Herms etwa die Hälfte seines Gesamtwerks für anwendungsethische Themen bereitstellt, wird man ihn auch nicht als Nachschlagewerk dafür verwenden. Zwar bietet er eine umfangreiche Darstellung sehr vieler spezialethischer Probleme an. Jedoch ist sein Werk als

Nachschlagewerk ungeeignet. Denn dafür enthält es einfach zu anspruchsvolle Voraussetzungen. Wenn Sie es aber versuchen wollen, empfehle ich Ihnen, seine Fundamentaltheologie zu lesen – also die ersten etwa 500 Seiten des ersten Bandes; dann die Grundlegung seiner Ethik – auch etwa 500 Seiten im zweiten Band. Dann sind Sie sehr gut präpariert, um Herms' anwendungsethische Darstellung als Nachschlagewerk zu nutzen. Und dann – das sage ist völlig ohne Ironie – lesen Sie seine ethischen Beiträge auch mit Gewinn.

Herms geht inhaltlich allerdings kaum über Friedrich Schleiermacher hinaus, dem bedeutendsten Theologen des 19. Jahrhunderts. Man kann Herms' Theologie auch als Kommentar zu Schleiermachers Gesamtwerk verstehen. Schaut man in die Anmerkungen, welche Autoren zitiert werden, so ist der erste Autor, der am meisten genannt wird, Herms selbst. Dann kommt Schleiermacher, ab und zu auch Luther und immerhin noch ein zeitgenössischer Ethiker: Wilfried Härle – beide haben sich im Laufe ihrer Forschungen stark gegenseitig beeinflusst. Das ist der Grund, warum ich hinter das Härle-Kapitel nun Herms direkt anschließe. Mit Härle teilt Herms die Einschätzung, dass Ethik am Sein orientiert ist – und ebenso wie bei Härle bedeutet das eine bestimmte Sicht auf das Sein oder ein bestimmtes Sein und nicht einfach jegliches Sein. Herms vertritt eine „deskriptive Ethik" (1422, 1424). Die Folgeprobleme, die ich an Härle diskutiert habe, kehren hier wieder und lassen sich ähnlich wie bei Härle lösen.

Von Schleiermacher wiederum übernimmt Herms die Verbindung dreier Ethik-Typen: Pflichtenethik, Tugendethik und Güterethik. Und auch die Vorordnung der Güterlehre vor den beiden anderen übernimmt Herms von Schleiermacher.

In diesem Kapitel stelle ich vor, wie die Ethik bei Herms begründet wird, bevor ich skizziere, welche Ethik daraus folgt. Dabei werde ich auch jeweils die Probleme aufzeigen, die sich aus diesem Ansatz ergeben. In einem abschließenden Kommentar stelle ich die Frage, was das Theologische an der Ethik Herms' ist.

7.1 Wie wird die Ethik begründet?

Auf diese Frage gibt Herms eine einfache Antwort: Die christliche Ethik wird begründet durch das christliche Ethos. Damit ist offenbar gemeint die christliche Lebensform, eine „gelebte Ethosform" (1406). Herms erklärt den

Begriff „Ethos" mit dem „verantwortlichen und folgenreichen Umgang mit allen Gleich- und Andersüberzeugten" (31. Vgl. eine andere Definition 1181). Es ist nun also nicht so, dass die Ethik bestimmte Lebensformen begründet, indem sie Fehlformen kritisiert. Vielmehr ist es umgekehrt: Die Ethik hat ihren Richtwert im Ethos. „Die christliche Ethik reflektiert und expliziert das christliche Ethos. Sie begründet es nicht" (1213). Die Ethik kann also nur Vorschläge für Handlungen unterbreiten, die bereits im Ethos angelegt sind. Das gilt auch für die Kritik eines Ethos: „Nicht die Ethik eines Ethos kritisiert das Leben in diesem Ethos, sondern das Leben in einem Ethos wird von diesem selbst kritisiert. In einem Ethos zu leben, schließt ein, auch über die Ethosgemäßheit und Ethoswidrigkeit von Handlungen zu urteilen" (1424). Die Ethik befindet sich also nicht in einer unparteiischen Position, sondern innerhalb des Ethos. Sie reflektiert über das Gute, weil Menschen es in ihrem Ethos bereits gefunden haben. Die Gründe, warum das gut ist, was sie da gefunden haben, kann die Ethik selbst nur in dem Ethos entdecken. Ethik ist deshalb „primär deskriptive Ethik und nicht praeskriptiv" (1422).

„Christliche Ethik ist möglich, weil das christliche Ethos sich selbst erschlossen und präsent ist" (1179). Mit dieser Charakteristik hat Herms einige Ähnlichkeit zu Karl Barth, für den Ethik ja Auslegung des Wortes Gottes ist, und mit Johannes Fischer. Beide Namen werden aber hier nicht genannt. Die Ethik kann nur reflektieren, was an Ressourcen des Guten schon da ist. Sie muss das Gute weder erst noch finden noch gar erfinden.

Nun leben verschiedene Menschen nach einem anderen Ethos. Auch hier hat die Ethik nicht zu vermitteln (1426). Vielmehr bedarf es – im Sinne des usus politicus legis der reformatorischen Tradition – politischer Ordnungen der wechselseitigen Achtung, damit Menschen in einer pluralistischen Gesellschaft mit verschiedenen Ethosformen koexistieren können (1410, 1426, 1434). Herms scheint hier in Nachfolge des dreifachen Gebrauchs des Gesetzes bei Philipp Melanchthon zwei Funktionsweisen zu unterscheiden, nämlich zwischen politischer Ordnung und ethischer Gestaltung.

7.1.1 Ethos als Sein

In diesem Zusammenhang kritisiert Herms auch „die" (1421) philosophische Ethik – gemeint ist eine Ethik, die allein aus Vernunftgründen ethische Maßstäbe entwickelt. In einer umfangreichen Kritik zeigt Herms, dass der sogenannte naturalistische Fehlschluss kein Fehlschluss ist. Die Annahme also ist laut Herms falsch, dass normative Schlussfolgerungen aus dem Gegebensein von Fakten unerlaubt seien. Denn Ethos ist gegeben. Menschen leben immer schon in einem Ethos. Und nur deshalb können sie sich moralisch verhalten. „Die philosophische Ethik setzt die Erosion, das Zerfallensein von unmittelbar gelebten Ethosformen voraus" (1406). Was aber eigentlich zerfällt, seien nicht gelebte Ethosformen, sondern ihre Übereinstimmung mit dem politischen Gemeinwesen (1409). In archaischen Gesellschaften lebten nur Sippen gleicher Ethosformen miteinander, und ihr Recht war auch nur auf ihre Sippe beschränkt. Aber das sind Ausnahmeerscheinungen, die schon seit Jahrtausenden überholt sind (1410). Ethosgemeinschaft und politisches Gemeinwesen sind „zwei ganz verschiedene Dinge" (1410). Laut Herms muss so zwischen Moral und Recht unterschieden werden.

Herms zeigt, dass auch die philosophische Ethik auf irgendein Sein zurückgreifen muss, um keinem logischen Regress zu verfallen (1408). Ein Sollen kann nicht unendlich iteriert werden (1412). Eine solche Ethik, die nicht von etwas Gegebenem ausgeht, wäre gegenstandslos (1410). Damit hat Herms m. E. überzeugend gezeigt, dass Ethik von etwas Gegebenem ausgehen muss. Warum aber ausgerechnet vom Ethos? Wenn wir Kannibalen wären, so wäre das unser Ethos, Menschen zu essen. Wir hätten dann keine ethischen Gründe, uns das abzugewöhnen. Ein anderes Beispiel: Es ist auch ein Fakt, dass die meisten Menschen langfristige Ziele opfern, um kurzfristige Annehmlichkeiten zu haben. Das langfristige Ziel, das Weltklima zu retten, wird für die kurzfristige Annehmlichkeit geopfert, mit dem Auto zum nächsten Supermarkt zu fahren. Können wir daraus nun folgern, dass es ethisch richtig ist, langfristige Ziele für kurzfristige Annehmlichkeiten zu opfern? Darauf muss Herms' deskriptive Ethik eine Antwort geben.[87]

Wenn Sollen auf Sein beruht, so heißt das nicht, dass Sollen aus *jeglichem* Sein gefolgert werden darf. Nicht alle Fakten sind also gleichermaßen normativ. Dann aber bedarf es eines Kriteriums, warum bestimmtes Sein normativ verbindlich sein soll und anderes nicht. Hier droht ein logischer Zirkelschluss: Wenn nur bestimmtes Sein normativ verbindlich sein *soll*, dann

---

87 Seine Antwort lautet, dass das Ethos selbst kritisch ist (1424). Dann ist aber das kontrafaktische Sollen des Ethos kritisch und nicht sein Sein.

hat das Sollen doch wieder den Primat vor dem Sein: Nur solches Sein wäre ethisch begründend, das ein Sollen enthält. Lässt sich innerhalb des Seins ein solches abgrenzen, das Sollen enthält, von anderem Sein, das es nicht enthält?

Diese Frage beantwortet Herms mit einer Einsicht Schleiermachers: „‚Sollen' bezeichnet immer ein reales Verhältnis zwischen zwei *Willen*" (1411). Herms bringt dafür folgendes Beispiel ein: Wenn jemand die Tür zuschließen soll, dann gibt es jemanden, der will, dass die Tür geschlossen wird. Das Wollen ist dabei Realität – es ist also ein *Sein*. Ohne dieses Sein kein Sollen! Denn das Sollen besteht im seienden Wollen von Personen. „Die Rede vom ‚Sollen' ist ... immer selbst die Rede über etwas Seiendes, nämlich über das Wollen A und B und über ihr Verhältnis zueinander" (1411).

Herms folgt Schleiermacher dahin gehend, dass Sollen nicht nur einen Willen als seiend voraussetzt, sondern mindestens zwei: Einen Willen, der das Sollen mit seinem Willen beansprucht, und einen, der den Willen der ersten Person als Sollen anerkennt. Wenn ich dagegen sage: „Es soll endlich bald einmal wieder regnen", gibt es keinen zweiten Willen, weil das Wetter keinen Willen hat. In diesem Fall wäre meine Äußerung unpräzise oder in ethischer Hinsicht falsch ausgedrückt. Das Wetter macht keine moralischen Fehler, wenn es nicht bald einmal wieder regnet.

Ein Sollen entsteht dagegen durch die interpersonale Interaktion zwischen Personen. Sollen ist immer intersubjektiv konstituiert. Das Sein, das die Bedingung für ein moralisches Sollen bildet, ist die intersubjektive Interaktion von Personen, die über ihren Willen interagieren. Das bedeutet, dass es kein Ethos gibt, wenn nicht Personen miteinander durch ihren Willen interagieren. Umgekehrt heißt das aber noch nicht, dass immer schon ein Ethos vorliegt, wenn zwei Personen aufeinandertreffen (zwei Passanten auf der Straße, die sich einfach gewähren, etwas Eigenes zu wollen [1414], haben noch nicht zwingend ein gemeinsames Ethos). Zwar meint Herms, dass jedes Ethos als ein „Exemplar aus der Klasse aller möglichen gleichartigen Exemplare" unter „universalen Bedingungen" steht (1179). Daraus scheint er aber nicht zu folgern, dass es ein universales Ethos gibt. Herms scheint zwischen einem Sollen, das durch die Interaktion mehrerer Willen entsteht, und einem *moralischen* Sollen des Ethos zu unterscheiden. Was kommt aber bei einem Ethos noch dazu? Und warum ist Ethik abhängig von einem Ethos und nicht schon von der Willens-Interaktion zwischen Personen, die unterschiedliche Ethosformen haben?

Anscheinend liegt die Antwort im Willen selbst: nämlich nicht darin, dass der Wille will, was er will, sondern dass er dabei von etwas angezogen ist. Er hat dabei nicht selbst bestimmt, was ihn anzieht. Vielmehr reagiert er nur auf die Anziehungskraft von etwas. Das, wovon er angezogen ist, ist für ihn das Gute. Es muss also schon viel vorbereitet sein, bevor wir das Gute wollen können. Es muss uns zunächst begegnen. Und es begegnet uns anscheinend im Ethos.

Noch einmal einige Worte dazu, dass der Wille selbst nicht schon das Sein ist, auf dem alles moralische Sollen gründet. Bekanntlich hat Martin Luther gezeigt, dass der menschliche Wille nicht frei ist. Denn wenn er frei wäre, so müsste der Wille frei entschieden haben, was er will. Wie kommt es aber zu dieser freien Entscheidung, zu wollen, was er will? Ebenfalls durch eine Willensentscheidung, das Wollen zu wollen. Das führt in einen infiniten Regress, also zu einem unendlichen Verweis auf Willensentscheidungen (1412). Herms folgert daraus, dass eine solche Vorstellung von einem freien Willen „nichts Reales meinen" (1412) kann. Vielmehr ist unser Wollen ein solches, „welches auf eine Zumutung antwortet, die von ihm *unterschieden* ist" (1413, Herv. E.H.). Das unterstützt zum einen Luthers These, dass unser Wille unfrei ist. Zum anderen zeigt es, dass der Wille immer schon eine *Antwort* ist: Wollen können wir nur, weil wir uns als Personen immer schon so erleben, dass uns ein Wille *zugemutet* ist: „Diese Zumutung, die unser Wollen adressiert, ist eben die vorwillentliche Zumutung, die in unserer jeweiligen Personengegenwart selber steckt" (1413). Das impliziert – ebenso wie bei Luther –, dass wir in einer unmittelbaren Personenbeziehung zu Gott stehen, der unseren Willen bestimmt.[88] Wir antworten also mit unserem Willen auf den ursprünglichen Willen Gottes: „Das eigene Wollen antwortet nun nicht mehr allein auf das eigene Aussein-auf (Angezogensein-von) ..., sondern auf die Zumutung der eigenen unmittelbaren Personengegenwart, eben sie, also den in ihr manifesten Willen Gottes (der Ursprungsmacht) zu verstehen" (1420).

Man kann also sagen, dass das Wollen uns deshalb bindet, weil es bereits interaktiv konstituiert ist, zwischen Gottes schaffender Personalität und unserer von ihm geschaffenen Personalität. Interaktion zwischen Personen findet demnach nicht erst dort statt, wo zwei Personen aufeinandertreffen.

---

88 „Die innere Willensbeziehung schließt aber auch immer irgendeine Beziehung des eigenen Wollens zur Ursprungsmacht ein" (1415).

Vielmehr ist der Wille selbst schon eine Interaktion, eine Antwort auf einen unmittelbar wirkenden Willen. Bereits der intrasubjektive Wille („innere Willensbeziehung" [1413]) ist transsubjektiv (eine willentliche Antwort auf Gottes ursprünglichen Willen). Für die Ethik ist der Wille also nicht der Ausgangspunkt, sondern das, was ihn bindet, was ihn anzieht: das Gute. Das ist das Sein, das uns ethisch bindet.

Menschen finden nun das Gute anscheinend im Ethos. Im Ethos verhalten sie sich so, wie sie wollen, also durch das Gute, wodurch sie angezogen sind. Darin besteht der genaue Unterschied zwischen dem Willen und dem Ethos: Der Wille ist durch das Gute angezogen, während das Ethos danach handelt, wie es durch das Gute angezogen ist. Zwar sind beide durch das Gute angezogen. Aber das Ethos meint einen „verantwortlichen und folgenreichen Umgang" (31), während das bei einem Willen ja nicht der Fall sein muss: Ich kann nach Mallorca fliegen wollen, ohne dass ich es schon wirklich tue. Ethos dagegen ist das Bewirken des Guten, weil man von ihm angezogen ist. Es ist beides: bewirktes Gutes, weil das Ethos nur durch das Gute auftritt. Und es ist bewirkendes Gutes, weil es auf das Gute hinwirkt.

In ein Ethos wird man „hineingeboren" (1206). Es ist also primär eine gemeinschaftliche Lebensform von „Gleichüberzeugten" (30). Zwischen Gemeinschaft und Individuum besteht dennoch eine Gleichursprünglichkeit. Denn ein Ethos kann nur wirksam sein, wenn es auf einem „Gewißsein" der Individuen gründet: „auf einem bestimmten Gewißsein des ursprünglich und objektiv Guten" (1207). Das Sein, das den naturalistischen Fehlschluss vermeiden soll, ist also eine soziale Lebensform, die immer schon normativ durchsetzt ist.

Herms' Position überschneidet sich hier mit Härle, für den das Sein ebenfalls die Grundlage seiner „realistischen Ethik" ist. Zugleich gibt es Überschneidungen mit Johannes Fischer, der ebenfalls das Gute als ein „Gutsein" versteht und es in bereits bestehenden sozialen Situationen fundiert sieht.[89] Bei Herms zeigen sich dennoch Überspitzungen. Problematisch erscheint mir, dass ein Ethos für ihn offenbar klare Grenzen hat. Es ist anscheinend eindeutig bestimmbar, was das christliche Ethos ist und worin es sich von anderen Ethosformen unterscheidet. Zwar gehört zum Wesen christlichen Ethos die Toleranz für interne Abweichungen und ebenso eine „Verschie-

---

89 J. Fischer: Das moralisch Richtige und das moralisch Gutes, 15.

dengestaltigkeit" (32). Dennoch gibt es für Herms das christliche Ethos im Singular. Aber wie sind die Abweichungen als solche zu identifizieren und nicht als die Regel?

7.1.2 Das Wesen des christlichen Ethos

Es überrascht ja, von dem einen christlichen Ethos zu sprechen, wenn etwa der Umgang mit Frauen in unterschiedlichen christlichen Konfessionen und auch Kulturen derselben Konfession variiert – ebenso wie das Verständnis sexueller Orientierungen, das ökonomische Verständnis von Gerechtigkeit oder die unterschiedliche Akzeptanz von Sterbehilfe. Was ist hier Regel? Was ist Abweichung? Und könnte es nicht sein, dass evangelische Christen in Mitteleuropa mit mitteleuropäischen Atheisten viel eher ein Ethos teilen als mit evangelischen Christen in Südamerika?

Um dieses Problem zu lösen, verweist Herms auf das „Wesen" des christlichen Ethos (1428). Offenbar kann dieses Wesen unabhängig von der Zustimmung aller Mitglieder ermittelt werden. Der Theologe kann das Wesen ermitteln. Zwar sollten dann auch alle Mitglieder dem Wesen zustimmen. Dennoch ist die Frage, wie man vom einen Wesen sprechen kann, wenn innerhalb des christlichen Ethos so viele wesentliche Unterschiede vorherrschen. Die Frage ist also, wie Herms seine These durchhalten kann, dass das Ethos entscheidet und nicht die Ethik – wenn doch der Theologe die Wesensbestimmung vornimmt, also der Ethiker. Kann dann nicht der Ethiker etwas zum Wesen erklären, was die Mehrheit der Christen vielleicht nicht so verstehen? Hier könnte ein Zirkel in der Argumentation Herms' vorliegen: Zwar kann der Ethiker nur das als Wesen des Ethos rekonstruieren, was im Ethos selber liegt. Aber wenn die Christen sich über das Wesen des Ethos uneinig sind, wie soll dann ausgerechnet das Wesen darin bestehen, worin es Herms sieht? Die Ethik ist dann die Grundlage für das Wesen des Ethos, weil sie bestimmt, welches Wesen zum Ethos gehören *soll*. Und damit ist es doch nicht das Sein, das dem Sollen zugrunde liegt, sondern das Sollen, wie es der Ethiker betrachtet.

In der Tat ist Herms' Pluralismuskonzept vermittelt mit einer Suche nach ethischer Identität. So möchte er alle genannten Probleme lösen. In der Tiefe ist seine Ethik identitätssichernd. Zum einen fordert er Institutionen, die ein Ethos absichern sollen (1207). Zum anderen unterstellt er bei allen individuellen Verschiedenheiten ein Kontinuum, das zunächst auf der Körperlichkeit beruht, die Menschen mit anderen Menschen teilen (1391). (Das kann aber nicht entscheidend sein für das Wesen eines Ethos. Denn sonst müssten alle Menschen dasselbe Ethos haben.) Das Kontinuum des Ethos wird aber eben auch durch „Wesenszüge des Allgemeinen" (1180) sichergestellt – also dadurch, was alle Ethosformen miteinander teilen.

Herms bemüht sich, solche identitätssichernden Züge nicht substanzontologisch zu fassen. Bei allen Veränderungen und Abweichungen gibt es zwar eine Identität des Wesens des Ethos, aber Identität beruht nicht auf einer feststehenden und unverlierbaren Substanz (1189). Seine Erkenntnistheorie lässt solche Unveränderlichkeiten auch gar nicht zu. Menschliche Erkenntnis entsteht nämlich immer durch sogenannte „Erschließungsereignisse" (126), die sogenannte „Erschlossenheitslagen" (128 f.) bilden. Was damit gemeint ist, will ich kurz beschreiben, bevor ich kläre, wie Herms die Identität des christlichen Ethos bestimmen will.

Nehmen wir an, Sie müssen eine schwere Aufgabe lösen – z. B. einen Text von Herms lesen. Und Sie kommen und kommen einfach nicht auf die Lösung, was der Text eigentlich sagen will. Und auf einmal macht es bei Ihnen „Klick". Und Sie verstehen den Text plötzlich. Wie ist das passiert? Sie haben den Text immer und immer wieder gelesen, und dabei ist nichts passiert. Sie konnten Ihr Problem beschreiben, und obwohl Sie alle Fremdwörter entschlüsseln konnten, ging es einfach nicht voran. Und auf einmal doch! Irgendwas ist passiert. Aber *was* passiert ist, lässt sich selbst nicht aus dem Text entnehmen. Denn der war ja vorher unverständlich und hat sich jetzt nicht verändert. Es ist vielmehr ein „Erschließungsereignis" eingetreten. Ein solches Erschließungsereignis ist selbst noch kein Text, den Sie endlich verstehen können. Das „Klick", das einen Text auf einmal verständlich macht, steht also nicht selbst im Text. Das „Klick" ist vielmehr ein Ereignis; Herms nennt es auch ein „Widerfahrnis" (126) oder eine „Offenbarung": „,Offenbarung' als ... die kontingente Konstitution von Offenbarem" (107). Damit wir ein Problem lösen können, also z. B. einen Text auf einmal verstehen können, muss ein solches „Erschließungsereignis" eintreten. Sonst bleibt der Text unverständlich.

Nachdem das Erschließungsereignis eingetreten ist, können wir uns manchmal gar nicht mehr vorstellen, wie wir den Text bisher nicht verstehen konnten. Wir können in solchen Situationen nicht mehr hinter das

Erschließungsereignis zurück. Was sich jetzt nämlich verändert hat, ist die „Erschlossenheitslage". Damit ist unser Erkenntnishorizont gemeint. Der hat sich jetzt verändert. Herms würde nun sagen: Er hat sich erweitert. Denn Herms denkt von Kontinuität aus und achtet auf Identisches. Ich würde dagegen sagen: Ein Erkenntnishorizont hat sich verändert. Manches ist jetzt klar geworden, aber anderes hat sich dabei verdunkelt. So wie in meinem Beispiel, dass wir manchmal uns nicht mehr vorstellen können, wie wir einen Text nicht verstehen konnten. Es kann rückwirkend unvorstellbar werden, worin eigentlich das Problem bestanden hat.

Ich behaupte also: Erschlossenheitslagen brechen diskontinuierlich mit anderen Erschlossenheitslagen ab. Herms dagegen will offenbar Erschlossenheitslagen als kontinuierliche Erkenntniserweiterungen verstehen. Dann aber wird unbegreiflich, wie Menschen Bekehrungserlebnisse haben können, ihr Ethos wechseln können, neue fundamentale Weltanschauungen annehmen können. Ich will kurz zeigen, dass ein logischer Grund vorliegt, warum Erschlossenheitslagen nicht organische kontinuierliche Erweiterungen sind, sondern harte Brüche darstellen:

Herms betont, dass außerhalb von Erschlossenheitslagen nichts erschließbar ist (128). Also muss der *Wechsel* von einer zur anderen Erschlossenheitslage selbst eine Erschlossenheitslage sein, wenn *er* uns die Unangemessenheit bisheriger Erschlossenheiten explizit macht. An die Stelle einer bisherigen Erschlossenheitslage tritt also nun nicht eine, sondern zwei neue Erschlossenheitslagen. Neu erschlossen wird nicht nur *etwas*, sondern zugleich der *Wechsel* zu etwas. In dieser Situation ist man also mit zwei Erschließungsereignissen konfrontiert. Wenn das aber so ist, kann der Unterschied zwischen beiden neuen Erschließungsereignissen seinerseits nur erfasst werden durch ein drittes Erschließungsereignis – ad infinitum. Wenn also Erschließungsereignisse nicht nur neue Erschlossenheitslagen bilden, sondern zugleich den Wechsel alter und neuer Erschlossenheitslagen erschließbar machen, so lassen sich einzelne Erschließungsereignisse unendlich iterieren, sodass anstelle einer Kontinuität unendlich häufige Brüche entstehen.

Aber warum kann nicht das eine Erschließungsereignis mit der neuen Erschlossenheitslage zugleich den Wechsel mit erschließen? Der Grund dafür liegt darin, dass nur innerhalb einer Erschlossenheitslage überhaupt etwas erschließbar ist, ein Wechsel dagegen auf etwas zugreift, was außerhalb der Erschlossenheitslage liegt, nämlich auf die alte Erschlossenheitslage.

Innerhalb einer Erschlossenheitslage können nur Sachverhalte verglichen werden, die die Erschlossenheitslage präsentierbar macht, aber nichts, was außerhalb dieser Erschlossenheitslage liegt, also auch keine andere Erschlossenheitslage.

Anders gesagt: Neue Erschlossenheitslagen *brechen immer ganz* mit den alten Erschlossenheitslagen – einfach deshalb, weil sie kein Äußeres haben, worauf sich Verstehen richten könnte. Ein Vergleich zwischen ihnen bricht mit den Horizonten der zu vergleichenden Erschlossenheitslagen. Ein Kontinuum besteht also *nicht zwischen* Erschlossenheitslagen, sondern kann sich allenfalls *innerhalb* einer Erschlossenheitslage *jeweils neu ereignen*.

Deshalb gibt es auch kein Wesen des Ethos außer in der jeweils aktuellen gelebten Ethosform. Herms versucht nun, die Identität eines Ethos dadurch zu sichern, dass es „Bedingungen" enthält, die alle seine „Übergänge" überdauern (1189). Dann ist das Wesen des Ethos zwar immer nur aktuell realisiert, allerdings „in der Dauer von Gegenwart" (1189). Solche Bedingungen sind aber nun keine Basissätze, keine fundamentalen Normen – denn solche Grundlagen hätten wieder etwas Substanzielles, was Herms ja ausschließt. Vielmehr sind diese identischen Bedingungen dadurch konstituiert, dass sie den jeweiligen Personen, die in einem identischen Ethos leben[90], unmittelbar erschlossen sind. Genauer: Es ist die Gegenwart dieser Bedingungen, die den Personen unmittelbar gegenwärtig sind (1191). Herms findet letztendlich in Personen ein „Werden, dessen Basis überhaupt *selberwirkend* ist" (1190).

Kurzgefasst: Im Ethos liegt also deshalb etwas Identisches, weil diese Identität durch die Personen erzeugt wird, die dieses Ethos leben. Ein Ethos *ist* nicht identisch, sondern seine Identität „wird". Und die Bedingungen, durch die das Wesen eines Ethos wird, entstehen durch Personen, die nämlich auf dieselbe Weise ein identisches Wesen haben, nämlich indem sie werden. Dabei werden sie durch ihre „unmittelbare Selbsterschlossenheit" (1191): „Ihr Jetzt ist von der Art (so verfasst), daß ihr in diesem ihrem Jetzt ihr Jetzt als solches erschlossen ist" (1191). Das gilt für alle Momente, in denen dieselbe Person existiert.

Herms scheint also das Wesen eines Ethos parallel zur Identität einer Person zu bestimmen. Genauso wie für ihn die Identität einer Person nur durch

---

90 Ein Ethos ist ein Zusammenleben (1180).

ihre unmittelbare Selbsterschlossenheit aufgebaut wird, besteht das Wesen eines Ethos unmittelbar[91] für die Personen, die in ihm leben. Anscheinend ist das nicht eine zufällige Parallele, sondern ein wesentlicher Zusammenhang: Denn niemand kann ohne Ethos leben. Man wird ja in ein Ethos hineingeboren. Indem Personen existieren, existieren sie in einem Ethos.

Was wird damit genau parallelisiert? Eine Person kann sich offenbar wiedererkennen durch ihre unmittelbare Selbsterschlossenheit: Ich weiß, dass ich gestern im Wald joggen war, nicht weil erstens gestern jemand im Wald joggen war, zweitens ich der einzige Mensch war, der gestern im Wald war und ich dann logisch daraus schließen kann, dass ich das gestern wohl gewesen sein muss, der im Wald joggen war. Vielmehr ist mir mein gestriges Im-Wald-Joggen *unmittelbar* gegenwärtig. Darin besteht mein „Dauern in Gegenwart", dass sogar mein gestriges Joggen im Wald mir gegenwärtig ist. Diese Wiedererkennung ereignet sich unmittelbar. Ich muss dazu also keine schwierigen Denkoperationen vornehmen (etwa so: Hier liegt Sportwäsche herum. Normalerweise trägt Lukas diese Sportwäsche. Ich bin Lukas. Also werde ich vermutlich diese Sportwäsche gebraucht haben. War ich das vielleicht gestern, der im Wald joggen war?). Und ich kann mich auch täuschen (vielleicht war ich vorgestern im Wald joggen, denke aber, es wäre gestern gewesen). Nicht täuschen kann ich mich aber im Dauern von Gegenwart: Ich bin mir meinem Dauern bewusst, ob ich joggen war oder nicht. Diese Wiedererkennung, dass ich dauere, ist mir unmittelbar erschlossen.

Anscheinend soll Dasselbe auch für ein Ethos gelten – und damit auch für das christliche Ethos. Nun ist ein Ethos eine soziale Lebensform, eben ein „Zusammenleben" (1181). Dennoch lebt eine Person immer schon in einem Ethos und anscheinend auch unmittelbar darin. Ein Ethos ist damit sowohl sozial, wie es auch individuell ist. Zwar hat sich das christliche Ethos nicht unmittelbar gebildet, sondern ist abhängig von kontingenten Erschließungsereignissen. Aber sobald diese Erschließungsereignisse das christliche Ethos gebildet haben, lebt man unmittelbar damit. Das Wesen des christlichen Ethos besteht in seiner dauernden Gegenwart: in den Bedingungen, die alle Übergänge überdauern. Und das sind die Bedingungen der unmittelbaren

---

91 Zu beachten ist der Gebrauch des Wortes „unmittelbar" etwa in folgendem Zitat: „Die philosophische Ethik setzt die Erosion, das Zerfallensein von unmittelbar gelebten Ethosformen voraus" (1406).

Selbsterschlossenheit der Person. Das christliche Ethos ist also einer Person unmittelbar selbst erschlossen, die von christlichen Erschließungsereignissen getroffen worden ist. Darin besteht das Wesen des christlichen Ethos.

Allerdings besteht das Wesen *jedes* Ethos darin, dass es der jeweiligen Person unmittelbar selbst erschlossen ist. Also kann jede Person unmittelbar nur selbst erkennen, ob sie dem christlichen Ethos folgt oder einem anderen. Das würde erklärbar machen, warum für Herms die christliche Ethik nur reflektieren kann, was das christliche Ethos ist, und warum sich das christliche Ethos nur aus der Binnenperspektive erschließt.

Worin also besteht das Wesen des christlichen Ethos? Offenbar darin, dass Personen von einem christlichen Erschließungsereignis getroffen worden sind, das sie Christen sein lässt und sie in einem christlichen Ethos leben lässt. Es wird nicht behauptet, dass alle Christen dasselbe Erschließungsereignis hatten. Es muss nur *ein* christliches sein: An ihm muss sich Christus offenbaren – allerdings nicht irgendwie, sondern als unüberbietbare Offenbarung (316 f.). Deshalb ist das christliche Ethos auch allen anderen Ethosformen überlegen (1207 f.).

Die Überlegenheit des christlichen Ethos besteht also nicht in bestimmten Normen oder Geboten. Es besteht vielmehr in seinem Wesen – also in seiner unmittelbaren Selbsterschlossenheit und damit in seiner Personalität. Ein christliches Erschließungsereignis trifft Personen in ihrer Personalität, und zwar so, dass es „jeden Rest von Opakheit, jeden Rest von Unklarheit, über das eigene Wesen, Wollen und Wirken der Welt schaffenden Allmacht" Gottes tilgt (318). Das christliche Ethos hat darin sein Wesen, dass es der Personalität in ihrem Wesen entspricht, aber auch in ihrer ewigen Bestimmung – und zwar restlos. Das christliche Ethos ist also durch und durch personal und steht damit in voller Gemeinschaft mit der „Ursprungsmacht" (511 u. ö.) (Gott), der selbst eine Person ist (422).

Deshalb kann das christliche Ethos *ein* Wesen haben und trotzdem plural verfasst sein. Jede christliche Person lebt ja in unmittelbarer Selbsterschlossenheit, die sich von der unmittelbaren Selbsterschlossenheit aller anderen Personen unterscheidet. Anders gesagt: Mein christliches Ethos unterscheidet sich unmittelbar von Ihrem christlichen Ethos. Deshalb gibt es so viele christliche Ethosformen, wie es christliche Personen gibt. Sie unterscheiden sich dennoch nicht in ihrem Wesen: nämlich darin nicht, dass das christliche Ethos ihnen allen durch ein christliches Erschließungsereignis unmittelbar erschlossen worden ist.

Mit dieser Lösung werden etliche Probleme beigelegt. Frage: Ist die christliche Ethik scharf abgegrenzt? Antwort: Ja, genauso scharf nämlich, wie sich Personen eindeutig voneinander unterscheiden: in ihrem jeweiligen Dauern von Gegenwart. Dabei zeichnet die christliche Ethik aus, dass die Erschließungsereignisse, die dieses Dauern von Gegenwart konstituieren, *christliche* sind. Frage: Warum analysiert Herms dann nicht die christliche Lebensform, indem er typische Situationen reflektiert (wie etwa Johannes Fischer)? Antwort: Alle Situationen haben so viele personale Perspektiven, wie Personen daran beteiligt sind. Deshalb geht die Methode über die Analyse der Personalität und nicht über konkrete Praktiken. Frage: Wie kann die Überlegenheit des christlichen Ethos vertreten werden, obwohl die Ethik das Ethos nicht begründet? Antwort: Im Ethos selbst wird die Perspektive zu anderen Ethosformen bestimmt. Es gibt aber keine Instanz zwischen den Ethosgestalten (1426). Ein anderes Ethos hätte eine andere Einschätzung zur Überlegenheit (auch wenn das christliche Ethos strukturell der Bestimmung von Personen voll und unüberbietbar entspricht). Frage: Wie ist dann ein Dialog zwischen verschiedenen Ethosgestalten ethisch begründbar, der ja nicht im Ethos geführt wird, sondern dessen Perspektive außerhalb des Ethos liegt? Antwort: Dialog gehört nicht in die Ethik, sondern in die Dogmatik (1427) – also in den Diskurs der Wissenschaften. Man *soll* ihn nicht aus ethischen Gründen führen, sondern führt ihn, weil wissenschaftlicher Wahrheitsdurst dazu motiviert.

Zugleich wird damit aber die Gestalt des christlichen Ethos inhaltlich indifferent. Seine Eindeutigkeit verdankt es einer bestimmten Struktur: Die unmittelbare Selbsterschlossenheit der Person lebt von einem christlichen Erschließungsereignis. Aber sowohl das Erschließungsereignis kann bei jedem Christen ein anderes sein als auch das Zusammenleben mit anderen. Deshalb soll es in der nächsten Sektion darum gehen, ob Herms inhaltlich mehr Eindeutigkeit gewinnen kann.

Vorher aber möchte ich den bisherigen Argumentationsgang kurz zusammenfassen:

1. Das Sein, das unser Sollen antreibt, ist das Gute, das Personen im Ethos finden.
2. Es gibt keinen einheitlichen Kanon eines christlichen Ethos. Denn wenn es ihn gäbe, dann müsste die Pluralität christlicher Ethosformen aufgeho-

ben werden, und das Kriterium dafür wäre nicht mehr das Ethos selbst, sondern irgendein Sollen. Das ethisch gute Sollen hängt aber immer vom Sein des Ethos ab.
3. Das christliche Ethos ist vielmehr individuell verschieden, sozial (als Zusammenleben) aber einheitlich. Es hat nämlich *ein* Wesen.
4. Das Wesen des christlichen Ethos besteht darin, dass ein christliches Erschließungsereignis das Ethos erschließt.
5. Das Wesen des christlichen Ethos ist nur, insofern es „wird". Es besteht in seinem Dauern von Gegenwart. Herms baut zwischen der personalen Identität, die im Selbstwerdungs-Prozess hergestellt wird, und dem Wesen des Ethos, eine Entsprechung ein.

7.2 Welche Ethik ergibt sich aus diesem Ansatz?

Etwa 1500 Seiten – die Hälfte des Werks – beschäftigt sich mit anwendungsethischen Fragestellungen. Ich werde zunächst entwickeln, welche Ethik sich aus der Grundlegung bei Herms ergibt. Anschließend überprüfe ich meinen Befund an einem anwendungsethischen Beispiel.

7.2.1 Wie lässt sich die Grundlegung anwenden?

In der Grundlegung nun gibt es überraschende Aussagen, die keine Zweifel am christlichen Ethos lassen: Das christliche Ethos ist nicht nur allen anderen Ethosformen überlegen (1207 f.), es *garantiert* sogar das, was ihm aufgetragen ist. Zwischen dem Gesollten und der Ausführung steht bei Herms anscheinend keine Spaltung: „Das christliche Ethos *erfüllt* die absolute Zumutung des Tuns aus Liebe zu Gottes Wollen und Werk" (1304, Herv. E.H.). Das christliche Ethos begründet nämlich die Kraft der Tugend, genau das auszuführen, was christliche Erschließungsereignisse von uns fordern (1305). Es erzeugt sogar eine „*Leistungs*lust des Glaubens" (1329). Das sind ungewohnte Töne für eine Religion, die sich an der Gerechtigkeit allein aus Glauben und nicht aus Werken orientiert (Röm. 3,28).

Für Herms aber ist der Begriff des Werkes zentral. Schon der Glaube ist ein Akt (251), sogar ein „Grundakt" (258) und „prägt die *Weise*, in der eine Person von ihrer Freiheit Gebrauch macht" (1177). Obwohl der Glaube durch Erschließungsereignisse erlitten wird (1225), verpflichtet er auch zum Tun. Zentral für Herms ist der Begriff der „Kooperation" (1226) mit dem

Schöpfer. Im Begriff „Kooperation" steckt das lateinische Wort „opus", auf deutsch eben „Werk". Glaubende sind „Urheber von ‚opera'" (1226). Das „Kooperieren der Glaubenden" führt zu deren „unabweisbare[n] Pflicht, zu deren Erfüllung sie Lust haben", gute Werke hervorzubringen. Und daraus „entstehen" wirklich gute Werke (1376).

Nun ist es ein Unterschied, dass gute Werke aus Leistungslust entstehen und dass das christliche Ethos die Zumutungen des Glaubens erfüllt. Denn die Erfüllung einer Pflicht bedeutet, dass nichts ausgelassen wird. Wenn Christen dagegen gute Werke tun, dann kann es sein, dass sie nicht *alle* guten Werke tun, die von ihnen verlangt sind. Herms nimmt aber an, dass Menschen ohnehin nur das leisten können, was sie aufgrund ihrer jeweiligen Erschlossenheitslage tun können – also nicht ein abstraktes „Gutes", sondern immer nur im Hinblick auf ihre konkreten Möglichkeiten und auf die konkreten Beziehungen mit ihren Mitmenschen (1333). Daher könnte es sein, dass Christen damit, dass sie in einer konkreten Situation *ein* gutes Werk tun, bereits *alles* erfüllen, was ihnen in dieser Situation konkret zugemutet ist.

Das Problem an dieser Beschreibung liegt daran, welches Kriterium man heranziehen kann, um zu entscheiden, dass das christliche Ethos die Zumutungen des Guten, also alle, erfüllt. Ich gebe ein Beispiel: Es gibt einen kausalen Zusammenhang zwischen einem hohen Fleischverzehr und dem Klimawandel. Würden die Christen der Welt alle Vegetarier werden, hätte das positive Auswirkungen auf das Weltklima. Trotzdem gibt es aber sehr viele Christen, die Fleisch essen. Wie kann das sein, wo man doch nachweislich für das Klima das Gute tut, wenn man Vegetarier ist? Erfüllen viele Christen ihre Pflichten nicht?

Darauf könnte man folgendermaßen antworten:

1. Entweder gehört es nicht zu den Zumutungen des Glaubens, das Weltklima zu retten.
2. Oder Gott lässt bereits das absolut Gute wirklich werden, sodass unser menschlicher Beitrag davon nicht abweicht. Wir erfüllen also auch dann unsere Pflicht, wenn wir nicht genug für das Klima tun, weil Gott ja genug für das Ziel des Reiches Gottes tut (1377).
3. Oder wir erfüllen immer unsere Pflicht ganz, obwohl wir nicht alles Gute überhaupt tun, sondern immer nur, was sich aus der jeweiligen konkreten Situation für uns ergibt.

Die beiden ersten Lösungen sind sich darin ähnlich, dass es irgendwie auf die Rettung des Weltklimas nicht ankommt. Ob das Klima zur Zerstörung ganzer Kontinente führt und Völker ausrottet, ist dann unwesentlich gegenüber dem Guten, das Gott verwirklicht. Von einer wirklichen Kooperation des Menschen kann dann aber auch nicht die Rede sein, weil es ja offenbar auf unsere konkreten Lebensumstände nicht ankommt. Das widerspricht aber Herms' Position, dass wir immer nur von unserer jeweiligen Erschlossenheitslage etwas erkennen können. Wir sollen ja kooperationsfähig sein. Also muss unser gutes Handeln auch verknüpft sein mit den Umweltbedingungen, die uns erschlossen sind. Und das Verhältnis von Fleischverzehr und Klimawandel ist uns erschlossen. Es ist deshalb nicht überzeugend, unsere Unterlassungen für das Weltklima ethisch zu ignorieren und so zu tun, als wäre das Weltklima für das Gute irrelevant. Das ist natürlich nicht Herms' Position[92]: Sie würde seiner Zielsetzung widersprechen, das Dauern von Gegenwart institutionell zu schützen (1184).

Damit bleibt noch die dritte Variante übrig. Eigentlich also müssten Christen Vegetarier werden. Aber sie müssen zugleich die faktischen Möglichkeitshorizonte und ihre sozialen Umweltbedingungen dabei in Blick nehmen. Nehmen wir also an, ich bin Mitglied einer Metzgersfamilie. Dann ist es mir nicht möglich, Vegetarier zu werden, ohne aus der Familie ausgestoßen zu werden. Eigentlich dürften Christen ja keine Metzger mehr werden. Aber erstens könnte es ja sein, dass ich der einzige Christ in der Familie bin und beginne, mich von der Praxis meine Familie zu distanzieren. Zweitens könnte es sein, dass meine Familienangehörigen zwar Christen sind, aber bereits seit Generationen Metzger gewesen sind – also auch noch zu Zeiten, in denen Fleischverzehr keine globalen Auswirkungen hatte. Zu den Möglichkeitsbedingungen meiner Familie gehört dann auch, dass sie nicht einfach ihren Beruf wechseln kann. Zu unserer Erschlossenheitslage gehört es, dass wir nicht Vegetarier werden können. Wir erfüllen bereits das christliche Ethos, wenn wir freitags mal fleischfrei essen und sonntags den Laden schließen, damit niemand sonntags klimaschädliche Stoffe bei uns einkaufen kann.

---

92 Technikfolgenabschätzung hat sich an der Dauer des menschlichen Zusammenlebens zu orientieren (2056 f.).

In der vorigen Sektion hatte ich bereits festgestellt, dass sich nach Herms das christliche Ethos pluralisiert. Für eine Metzgersfamilie bedeutet das Gute also nicht, Vegetarier zu werden. Die Familie erfüllt das christliche Ethos dennoch ganz. Sie erfüllt es nur anders als ein Vegetarier.

Herms' Unterstellung, das christliche Ethos erfülle die Zumutungen des Glaubens, bedeutet dann, dass Christen das alles nur von der jeweiligen persönlichen Perspektive heraus so beurteilen können. Es gibt also kein übergreifendes ethisches Kriterium, an dem man nachprüfen kann, dass Herms' Unterstellung richtig ist. Damit aber wird die christliche Ethik aufgeweicht. Nehmen wir an, ich entstamme zwar keiner Metzgersfamilie, aber ich habe gute Freunde – der Einfachheit halber sind sie alle Atheisten natürlich! –, die mich zu einem Grillabend einladen. Ist mir dann überhaupt die Möglichkeit erschlossen, kein Fleisch zu essen? Natürlich könnte ich mir einen Grillkäse mitbringen. Aber meine Freunde könnten dann beleidigt sein, wenn ich mein eigenes Grillgut mitbringe. Also entscheide ich mich, Fleisch zu essen und erfülle so das christliche Ethos.

Auf diese Weise können begeisterte christliche Fleischesser das christliche Ethos so beeinflussen, dass sie schließlich alles machen können, was ihnen erschlossen ist – und dabei nicht mehr zwischen dem unterscheiden, was sie verpflichtet, und dem, was sie wollen. Der Ausdruck „Leistungslust" selbst erzeugt ja eine Indifferenz zwischen Pflicht und Wollen. Irgendwann dienen wir sogar mit einem ausgiebigen Fleischgenuss dem Weltklima. Wenn das christliche Ethos sein Kriterium für Pflichterfüllung immer nur innerhalb seiner pluralisierten jeweiligen Ethosgestalt findet, dann kann nach außen hin alles als Erfüllung des christlichen Ethos gelten.

Das wiederum widerspricht der Institutionenethik, auf die Herms letztendlich zielt. Institutionen kann man nur aufbauen, wenn es etwas Gemeinsames gibt, was sie garantieren sollen: „Die für das Zusammenleben von Menschen als Personen wesentliche Regelbefolgung hat durchgehend die Gestalt von Institutionen" (1184). Aber was ist das Gemeinsame? Selbst unter Christen ist das gemeinsame Ethos nicht durch gemeinsame Regeln gekennzeichnet, sondern nur dadurch, dass das Ethos durch ein christliches Erschließungsereignis zustande gekommen ist. Ansonsten aber ist das Ethos individuell unterschiedlich – und *erfüllt* trotzdem die Zumutungen (Pflichten) des christlichen Glaubens.

Es scheint aber eine Institution zu geben, die für die Einheitlichkeit des christlichen Ethos sorgt. Institutionen sorgen für ein geregeltes Miteinander. „Ihr Wesenszug ...: *Verstehende* Befolgung der Regeln am Ort jedes Einzelnen" (1184, Herv. E.H.; vgl. 1730, Bd. 1, 550). (Das unterscheidet Institutionen etwa von den Regeln einer Maschine: Sie funktioniert nach einem bestimmten Programm, ohne dass sie es verstehen muss.) Die Kirche sorgt zwar nicht dafür, dass alle Christen das gleiche gute Werk tun. Aber sie macht die Unterschiede füreinander verständlich: „Das christliche Leben der Einzelnen hat sich am Maßstab des eigenen, individuellen ... leibhaftes-Glied-der-christlichen-Gemeinschaft-Seins, also orientiert an der individuellen christlichen Identität in ihrer konstitutiven Bezogenheit auf die Identität der christlichen Gemeinschaft ... zu steuern; an einem Maßstab also, der ihm ... zu-verstehen gegeben ist" (14).

Die kirchlichen Institutionen sind dafür da, trotz seiner Fehlbarkeit das christliche Leben zu „steuern" (23). Der Gedanke, dass das christliche Ethos die Zumutungen des Glaubens „erfüllt", schließt also nicht aus, dass Christen fehlbar sind. Jedoch lässt sich anscheinend diese Fehlbarkeit immerhin in institutionellen Rahmenbedingungen erkennen – eben da, wo durch regelhaftes und gemeinschaftliches Verhalten menschliches Tun verständlich wird. Wenn ich Herms hier richtig verstehe, bedeutet „Erfüllung" des christlichen Ethos immer nur eine individuelle Sicht. Die Fehlbarkeit dagegen ergibt sich aus der institutionellen Sicht. Das ist alles nicht sehr überzeugend. Denn wenn ich als Mitglied einer Institution meine Fehlbarkeit einräumen kann, während ich zugleich denke, dass mein Ethos die christlichen Zumutungen erfüllt, dann verstehe ich in mir einen Widerspruch – und damit verstehe ich mich gar nicht.

Ich breche hier ab. Was ich nur zeigen wollte, ist, dass der optimistische Begriff der „Erfüllung" in große Schwierigkeiten führt. Ihm fehlt ein ethisches Kriterium.

1. Hätte Herms wirklich sagen wollen, dass Christen alle ihre Pflichten erfüllen, hätte er empirisch vorgehen müssen. Gerade empirisch aber können wir große Zweifel haben.
2. Was „Erfüllung" bedeutet, scheint aber für Herms nicht empirisch zu sein, sondern rein individuell. Dann aber gibt es auch nur rein individuelle Kriterien. Und das führt dann zu einer Indifferenz von individuellen Wünschen und christlichen Pflichten.

3. Oder meint er gar nicht Christen, die die christlichen Zumutungen erfüllen, sondern das christliche Ethos? (Immerhin formuliert er es ja so.) Dann gibt es also ein christliches Ethos unabhängig vom faktischen Tun der Christen, das christliche Pflichten erfüllt? Dann wäre aber die Rückfrage zu stellen, wo sich dieses Ethos befindet: Ist es etwa ein christlicher Kodex, eine Idee, eine abstrakte Lebensform? In diesem Fall hat das christliche Ethos aber die Funktion eines Sollens und nicht die eines Seins – was der deskriptiven Ethik Herms' widerspricht. Es sei denn, Herms erzeugt wieder eine analoge Indifferenz zwischen Sein und Sollen wie im zweiten Punkt zwischen Wünschen und Pflichten: Wenn Sein und Sollen indifferent sind, dann erfüllt das christliche Ethos gerade dadurch die christlichen Zumutungen, weil es sie erfüllen soll. Die geforderten christlichen Zumutungen würden gerade dadurch erfüllt, dass sie gefordert werden. Diese Variante ist nicht besser als die ersten beiden.
4. Oder ist Gott schließlich das Subjekt, das das christliche Ethos erfüllt? Dann hängt aber nichts davon ab, dass wir etwas dazu beitragen: Wenn Gott bereits alles erfüllt, müssen wir nichts zusätzlich erfüllen. Oder anders: Zu unserer „Leistungslust" gehört dann bereits, nichts zu tun oder sogar uns seiner Erfüllung entgegenzustellen, weil wir ja wissen, dass Gott alles erfüllt. Damit könnte jegliches unethische Verhalten theologisch legitimiert werden.
5. Deshalb schließlich scheint mir Herms' Ethik letztendlich auf eine simple Gesinnungsethik hinauszulaufen: Zwar erfüllt Gott das christliche Ethos, aber weil Christen das glücklich macht (Herms nennt das „Ganzzufriedenheit" [1171]), wollen sie mit ihrem Verhalten dieser Erfüllung entsprechen. Das Problem an dieser Gesinnungsethik besteht aber darin, wie Menschen einer Situation entsprechen sollen, die sie nicht verändern können und zu der sie nichts beitragen können. Wie also sieht ein glückliches christliches Leben aus? Und das führt wieder in die obige Indifferenz, dass letztlich nur jeder für sich individuell sagen kann, wann er glücklich ist: Sowohl der Vegetarier als auch der Christ, der sich permanent zu Grillabenden einladen lässt, ist dann ein glücklicher Christ.

Das entscheidende Problem hängt dabei am Begriff der Erfüllung. Hätte Herms hier abgeschwächter argumentiert, würde sich dieses Problem entschärfen. Dann könnte man sagen, dass die *Ganz*erfüllung des Guten, die

Gott wirkt, einschließen kann, dass damit *nicht alles* gewirkt wird. Für die menschliche Lebenswelt blieben Handlungsräume übrig, in die Gottes Ganzerfüllung nur mittelbar eingreift, sodass es in der menschlichen Verantwortung liegt, was dort geschieht. Menschen orientieren sich in diesen eigenen Räumen am Ziel Gottes mit den Menschen. Aber diese Orientierung kann die Zumutungen des christlichen Glaubens nicht *erfüllen* – einfach weil zwischen der Gestaltung menschlicher Lebenswelt und der Ganzerfüllung des Gutes durch Gott ein kategorialer Unterschied besteht: Beide beziehen sich auf unterschiedliche Handlungsebenen: Was auf der einen Handlungsebene realisiert wird, lässt sich auf der anderen Ebene nicht ebenso handelnd realisieren, sondern wirkt sich allenfalls mittelbar auf sie aus.

Institutionen helfen, die Orientierung am höchsten Gut zu steuern. Sie sind aber nicht dazu da, das höchste Gut zu realisieren. Angesichts der Pluralität von christlichen Ethosgestalten sorgt die Kirche als Institution dafür, dass sie kompatibel sind – indem die Institution sie füreinander verständlich macht. Damit trägt die Kirche dazu bei, dass nicht alles möglich ist: Es mag Christen geben, die zweimal täglich Fleisch essen müssen. Dieses Verhalten muss jetzt nicht mehr als Erfüllung des christlichen Ethos verstanden werden. Es kann vielmehr fehlbar sein. Denn Christen orientieren sich zwar am Ethos, sind aber zugleich fehlbar. Aber weil sie sich mit anderen Christen in ihrem Handeln am höchsten Gut orientieren, reduzieren sie ihre Fehlbarkeit. Jetzt würde es auch öffentliche Kriterien für die Erfüllung des christlichen Ethos geben – nämlich das, was innerhalb der christlichen Institutionen sich als christliche Orientierung am höchsten Gut aushandeln lässt.

Das alles hat Herms so nicht entwickelt, obwohl er eine pluralistische und prozeduralistische Ethik skizziert hat. Mit seinem Anspruch, dass das christliche Ethos eine Kooperation mit Gottes Wirken ist, wird m. E. ein Kategoriefehler begangen (nämlich dass menschliches Wirken auf derselben Handlungsebene liegt wie Gottes Wirken). Das führt dann zu den genannten Indifferenzen und zu einer wachsenden Undeutlichkeit, worin die christliche Ethik besteht. Das habe ich am Beispiel des Vegetarismus beschrieben.

7.2.2 Ein anwendungsethisches Beispiel

Wenn man sich Herms' Ausführungen zur Sexualethik, zum Schutz der Familie und des Kindes ein Bild macht, bleibt nicht viel übrig vom Eindruck, dass sein Ansatz pluralismusfähig ist. Im Gegenteil: Seine Ausführungen strotzen vor Anachronismen. Nicht nur dass Herms veraltete Diskussionen führt: Das Schlagwort der Abtreibungsbewegung „Mein Bauch gehört mir" (1945), mit dem er sich auseinandersetzt, gehört in die 1980er Jahre. – Sondern auch die Instrumente, ethische Probleme zu lösen, stammen aus einer vergangenen Zeit: Wenn eine Frau einen Fötus oder Embryo abtreibt, soll sie bestraft werden (1872, 1943). Seit Anfang der 1990er Jahre hat das bundesdeutsche Recht in Angleichung zum DDR-Recht eine Straffreiheit für Frauen in solchen schweren Konflikten eingeräumt. Bei den Passagen in Herms' Werk hat man bisweilen den Eindruck, er habe alte Vorlesungen einfach ins Manuskript kopiert. Genauso steht es mit der Ehescheidung: Herms führt wieder einen Schuldspruch bei der Ehescheidung ein: Wer die Ehe verlässt, muss zahlen (1908). Ein über 30-jähriger Winterschlaf scheint Herms überfallen zu haben. Dass Ehen geschieden werden dürfen, räumt er zwar ein (1900, 1915, 1971), kennt aber als rechtliche Konfliktregelungen nichts anderes außer das Strafrecht (1743). Das bundesdeutsche Strafrecht ist hier deutlich pluralismusfähiger und verbindet das Scheitern von Ehen nicht mehr mit moralischer Schuld.

Herms errichtet dagegen eine Kathedrale ethischer Zumutungen. Ich kann nicht mehr die Vorordnung der Güterethik vor der Tugend- und Pflichtenethik erkennen. Vor allem kann ich in der Anwendung in diesem Paragrafen nicht mehr erkennen, dass seine Ethik einen weltanschaulichen Pluralismus unterstützt. Statt Pluralismus redet Herms einem Separatismus von Weltanschauungen das Wort: Liebespartner mit verschiedenen Religionen sollen keine Familie gründen und keine Kinder zeugen (1955).

Ebenfalls aus der Zeit gefallen ist sein idyllisches Bild früherer Zeiten, als Kinder im „Haus" ihrer Familie aufgewachsen sind, in dem Arbeitswelt und Lebenswelt noch eine Einheit bildeten (1946 ff.). Stattdessen leben Familien heute in „Wohnungen", und die Eltern fahren zur Arbeit. Dadurch bekommen die Kinder nicht mehr den reproduktionsethischen und familiären Sinn des Erwirtschaftens mit. Herms malt ein kulturpessimistisches Bild, bei dem sogar die Erfahrung jeglicher Grundverlässlichkeit (Faktizität[93])

---

93 „Die Rede von ‚Faktizität' bezeichnet etwas anderes als die Rede von einem Faktum. ‚Faktum' bezeichnet jeweils etwas zu-erkennen Gegebenes unter und neben anderem zu-erkennen Gegebenen gleicher Art. Hingegen bezeichnet ‚Faktizität'

grundsätzlich gefährdet wird (1953). Kinder wachsen also ohne Faktizität auf – was Herms im ersten Band als Möglichkeit ausgeschlossen hat (93).

Man hat den Eindruck von einer württembergischen Pfarrhausidylle der 1950er Jahre, in der der kleine Eilert aufgewachsen ist, wo der Vater mittags aus dem Amtszimmer seines Pfarrhauses zum Mittagessen kam und die Kinder danach leise sein mussten, damit er seine Predigt schreiben konnte. Herms hat keine Ressourcen, Modernisierungsschübe konstruktiv weiter zu entwickeln und zu fragen, welche Chancen sich eröffnen, wenn Kinder ihre Eltern erst nach Feierabend erleben. Dass Kinder die Arbeitswelt erleben können sollten, muss nicht bedeuten, dass sie das von ihren Eltern erleben müssen – weder primär noch überhaupt. Kinder erleben vielmehr Arbeitswelten schon sehr früh in der KITA und in Betreuungsorganisationen. Sie erleben, dass sich Erwachsene um sie kümmern, weil sie eine berufliche Beziehung zu ihnen haben. Das kann man mit Herms' Vorgabe auch als Gewinn der jüngeren Entwicklung verstehen.[94]

Mit seiner juristischen Reduktion aufs Strafrecht einerseits und seiner institutionell-rechtlichen Absicherung des christlichen Ethos andererseits bekommt man zudem den Eindruck, dass Herms eine Art Gottesstaat errichten will: „Also manifestiert sich die Wohlgeordnetheit einer gesamtgesellschaftlichen Ordnung der Ordnungen des Zusammenlebens darin, daß diese Ordnung die Bedingungen dafür bereitstellt, daß sie eine Bildungsgeschichte durchlaufen können. ... Diese Bedingung ist: eine Gewißheit über Ursprung und Bestimmung der menschlichen Sozialnatur" (1775). Und weiter: „Kommt überhaupt ein menschliches Handeln, und zwar ein bestimmtes, nämlich das Handeln des Glaubens, als notwendige Bedingung für das Realwerden der höchsten Gutes in Betracht? ... Ja" (1781). Wir werden in einem späteren Kapitel sehen, dass er hier einem katholischen Moraltheologen nahe steht. Diese weltanschauliche Enge kann Herms mit seiner ethischen Grundlegung kaum rechtfertigen. Zwar kann er sagen,

---

den Charakter des *Gegebenseins* von *allem* einzelnen zu-erkennen Gegebenen. Der Ausdruck spricht den universalen Charakter dieses Gegebenseins als eines definitiven Perfektums an, zu dem das aufgrund seiner und durch es ermöglichte und verlangte Erkennen des zu-erkennen Gegebenen nichts beigetragen hat und zu dem es somit auch nichts hinzutun und von dem es auch nichts wegnehmen kann" (41).

94 Ähnlich auch W. Huber: Zur „Systematischen Theologie" von Eilert Herms, 294.

dass seine Enge nun einmal dem christlichen Ethos geschuldet ist – offenbar einem individuellen Ethos des Christen Eilert Herms und kaum einem verallgemeinerungsfähigen christlichen Ethos. Dieses Ethos koexistiert aber mit anderen Ethosformen und muss daher rechtsethisch mit einer Offenheit operieren. Dann aber müsste Herms andere Instrumente ins Auge fassen als nur das restriktive Strafrecht, das in den beschriebenen familienethischen Konflikten überlastet wird.

Ich möchte noch kurz zeigen, wie Herms am Beispiel der Sexual- und Familienethik das Verhältnis von Sein und Sollen umsetzt. Wir hatten ja gesehen, dass Herms das Sollen vom Sein des Guten abhängig macht, von dem Personen in Erschließungsereignissen angezogen werden.[95] In der Sexualethik äußert sich Herms daher zunächst liberal: Personen können sexuelle Kontakte haben, auch ohne zu heiraten oder Kinder zeugen zu wollen. Sexualität hat einen Eigenwert (1868, 1880).

Daraus folgt auch eine seinsethische Anerkennung homosexueller Partnerschaften (1932). Herms hätte es dabei stehen lassen müssen. Denn wenn Erschließungsereignisse mit alten Erschlossenheitslagen immer ganz brechen und zugleich immer individuell konstituiert sind, können verschiedene Individuen unterschiedliche christliche Formen des Partnerschaftsethos entwickeln. Es kann dann auch legitim sein, dass homosexuelle Paare Kinder adoptieren oder durch die neue Reproduktionsmedizin sogar auch zeugen. An dieser Stelle argumentiert Herms jedoch merkwürdig entgegengesetzt: Homosexuelle Paare müssen akzeptieren, dass die Ehe zwischen Mann und Frau ethisch besser ist (1932). Sie dürfen der Ehe nicht gleichgestellt werden, keine Kinder adoptieren oder selbst zeugen (1937, 1969 f.). Dafür zieht die Seinsethik nun Mehrheiten heran: Die Mehrheit der Menschen sei heterosexuell (1866). Für diesen statistischen Befund führt Herms eine fragwürdige Erklärung heran: „Nur ein *anderer* kann ... als *ganz* erkennend und anerkennend erlebt werden" (1865, Herv. E.H.). Diese „Ganzheit" wird nun zum Grund für die ethisch höhere Wertigkeit von heterosexuellen Partnerschaften erhoben. „Ganz" kann man einen *anderen* nur erleben, wenn er auch ein *anderes Geschlecht* hat. Warum nicht auch eine andere Kultur, Sprache oder eine andere Haarfarbe?

---

95 Sektion 7.1.2.

Anscheinend „verschwindet" beim homosexuellen Geschlechtsverkehr ebenso wie bei anderen modernen sexuellen Praktiken der „Charakter der Vereinigung als *Ganz*auslieferung und *Ganz*hingabe an den Partner" (1930, Herv. E.H.). Und gegen eine Erziehungsgemeinschaft in einer homosexuellen Partnerschaft wendet Herms ein: „Dem widerspricht der Glaube, weil er die Würde des Menschseins nur unter Einschluß *aller* Bedingungen der menschlichen Leiblichkeit geachtet sieht" (1938, Herv. E.H.). Warum? Weil das *„umfassende* Wohlgefallen" der Liebe nach „völliger Vereinigung" strebt (1865, Herv. E.H.). Kurz gesagt: Weil Personen sich in Liebe *ganz* gefallen, müssen sie sich auch in ihrer *gegensätzlichen* Geschlechtlichkeit gefallen, weil die geschlechtliche Vereinigung sonst nicht „völlig" wäre.

Hier bricht Herms mit seinen eigenen Voraussetzungen: Nehmen wir an, Liebe sei wirklich ein „ganzes" Wohlgefallen einer anderen Person. Dann hängt diese Ganzheit jedoch nach den Voraussetzungen Herms' nicht an den objektiven Eigenschaften der geliebten Person. Vielmehr ergibt sich die „Ganzheit" aus der jeweiligen Erschlossenheitslage, die in der Liebe gegeben ist. In der Liebe ist mir ein anderer Mensch auch anders erschlossen, als wenn ich ihn nicht liebe. Was „Ganzheit" bedeutet, ist einer liebenden Person daher auch anders erschlossen als einem Außenstehenden, der aufgrund seiner Erschlossenheitslage objektive Eigenschaften für die Ganzheit aufzählt. Deshalb kann man auch nicht Liebe zwischen unterschiedlichen Paaren ethisch vergleichen und ebenso wenig zwischen verschiedenen Paarkonstellationen. Denn die Erschlossenheitslagen sind einfach unvergleichbar, weil sie immer mit allen bisherigen Erschlossenheitslagen brechen. Wenn ich homosexuell bin, ist für mich eine homosexuelle Partnerschaft immer höherwertig als eine heterosexuelle – und zwar nicht einfach persönlich, sondern ethisch. Es widerspräche dem Ethos meiner Erschlossenheitslage, wenn ich heterosexuelle Beziehungen höherwertig finden müsste.

Herms könnte seine Sexualethik nur so retten und in seine Grundlegung einbetten, dass er eben vom Ethos des Glaubens spricht und ihn vom Ethos der Liebe klar unterscheidet. Das führt aber dann dazu, dass man sich nun entscheiden muss: Glaube oder Liebe? Wenn man jemanden „ganz" liebt, dann widerspricht das gegebenenfalls der Bedeutung von „Ganzheit" im Glauben. Will man also umgekehrt dem Glauben folgen, dann darf man einen Menschen gar nicht mit ganzem Wohlgefallen lieben, weil man sonst gegebenenfalls die objektiven Eigenschaften seiner Leiblichkeit „falsch" bewertet. Oder anders gesagt: Die Gründe, warum Heterosexualität höherwertig sein soll, haben *nichts* mit Liebe zu tun, sondern (vermeintlich) mit dem Glauben.

So allerdings wird eine Seinsethik ideologieanfällig: Anstatt dass Herms das Sein des Guten konsequent aus der Erschlossenheitslage des Glaubens ermittelt, zieht er scheinbare Statistiken heran über die Mehrheit der Menschen, die heterosexuell sind, oder über die Möglichkeit, dass nur heterosexuelle Paare Kinder zeugen können. Faktisch hat aber die Reproduktionsmedizin hier neue Schlupflöcher aufgerissen, die Herms wiederum nicht wahr haben will: Über Leihmutterschaft, Klonen, Samenspenden und gentechnische Manipulation können auch homosexuelle Paare eigene Kinder bekommen und sogar bereits heute oder perspektivisch zukünftig zeugen. Herms kann seine Position hier nur zirkulär begründen: Werden reproduktionstechnische Methoden angewendet, damit homosexuelle Paare Kinder haben können, wird der Anspruch des Kindes missachtet, von geschlechtsverschiedenen Eltern sozialisiert zu werden (1937). Aber diesen Anspruch hat Herms ja nur dadurch aufgestellt, dass nur geschlechtsverschiedene Paare Kinder zeugen können. Deshalb entfällt jetzt sein Einwand.

An diesem Beispiel kann man sehen, dass die Anwendung der Seinsethik inkonsequent durchgeführt wird. Man fragt sich, warum Herms scheinbare Phänomene der Liebe rekonstruiert, wenn das Ethos nicht aus der Liebe zu kommen hat, sondern aus dem Glauben. Und man fragt sich, warum das Ethos des Glaubens höherwertig als das Ethos der Liebe sein soll, wenn Herms in seiner Grundlegung gezeigt hat, dass alle Ethosformen nur von innen heraus reflektiert werden können.

Und das zeigt seine Ideologieanfälligkeit: Zu seiner Seinsethik gehört nur, was sich Herms als Sein *vorstellen* kann. Darin besteht ein grundsätzlicher Zirkel. Zwischen Sein und der Erschlossenheitslage vom Sein besteht eine Indifferenz. Dann aber muss eingeräumt werden, dass eine andere Erschlossenheitslage auch die Seinsethik anders bestimmt.

7.3 Was ist das Theologische an Herms' Ethik?

Wenn man sich klar macht, dass die Hälfte des umfassenden über 3000 Seiten starken Werks Eilert Herms' seine Ethik ist, fällt es mir umso schwerer, das Theologische daran auszumachen. Herms verzahnt überhaupt seine

Systematische Theologie mit einer allgemeinen Anthropologie. Menschen sind erkenntnisfähig, weil ihnen Erschließungsereignisse widerfahren (I), die ihnen Evidenzen (III) erzeugen. Es gibt eine unmittelbare Erschlossenheit, die eine Bedingung für jegliche Erkenntnis darstellt. Herms nennt diese unmittelbare Erschlossenheit des zu-verstehen-Gegebenseins „Faktizität" (II) (41). In dieser dreifachen Struktur der Erkenntnis – Erschließungsereignis, Faktizität, Evidenz – hat Herms eine Parallele zu Härle, der diese Struktur ja der Trinität Gottes zuordnet. Auch bei Herms wird versucht, diese Struktur theologisch zu deuten: Die Faktizität ist theologisch (428) und ergibt sich aus Schleiermachers Gefühl der schlechthinnigen Abhängigkeit von Gott.

Damit endet aber bereits der theologische Bezug. Erschließungsereignisse sind Offenbarungen, aber damit sind nicht alle Offenbarungen religiöse Ereignisse (243). Die Verklammerung von Theologie und Anthropologie bei Herms führt dazu, dass theologische Phänomene sich zwar anthropologisch erklären lassen, ohne dass sie als theologische Phänomene zwingend sind. Zwar müssen alle Menschen irgendwie glauben (331), aber daraus folgt nicht, dass die Instanz, auf die sich der Glaube richtet, real ist. Es bedarf vielmehr dazu besonderer Erschließungsereignisse, die die Realität Gottes als evident und unüberholbar (1207 f.) erschließen. Da allerdings diese Evidenz von Erschließungsereignissen abhängt, die selbst nicht zwingend auftreten, sondern kontingent sind (also möglich, aber nicht notwendig sind), wird die Realität Gottes wieder relativiert auf menschliche Besonderheiten. (Man kann jemandem, der keine christliche Offenbarung gehabt hat, nicht erfolgreich begründen, warum Gott real ist, solange dieser Mensch kein christliches Erschließungsereignis gehabt hat.)

Gegenüber Härle also ist der theologische Charakter der Systematischen Theologie bei Herms schwächer ausgeprägt. Das gilt nun erst recht von der Ethik. Man sieht es der christlichen Ethik nicht an, dass sie theologisch ist – außer darüber, dass sie auf christlichen Erschließungsereignissen gründet. Aber für alle Menschen gilt, dass sie ein Ethos haben. Alle Menschen verdanken ihr Ethos einem Erschließungsereignis. Alle Menschen leben ihr Ethos in einer individuellen Ethosgestalt. Ebenso können alle sagen, dass sie dem höchsten Gut mit einer „Leistungslust" nachfolgen, das sich aus ihrem jeweiligen Erschließungsereignis ergibt. Deshalb ist für alle Menschen auch das höchste Gut, das sich ihnen jeweils erschlossen hat, stets unüberholbar: Es gibt also kein unparteiliches Kriterium, was als höchstes Gut zu gelten hat. Außerdem zielen alle Menschen auf Institutionen, die ihre Orientierung nach dem höchsten Gut auf verlässliche Dauer stellen. Und alle Menschen könnten schließlich sagen, dass ihr Ethos die Zumutungen erfüllt, die in ihm liegen. Für ein nicht-theologisches Ethos wäre m. E. diese Behauptung auch leichter begründbar, weil sich Menschen die Begründungen sich selber geben und damit die Erfüllung ihrer Zumutungen selber definieren können.[96]

Herms' Ethik ist damit letztlich nur eine allgemeine metaethische Theorie, in die er auch die christliche Ethik einsortieren kann. Für die christliche Ethik gilt, dass Gott das höchste Gut verwirklicht hat und es zugleich auf eine Ganzerfüllung zustrebt. Dieses Wirken hat mit Jesus Christus zu tun. Aber es führt letztendlich nicht zu signifikant anderen Inhalten. Auch Nicht-Christen sind an der dauerhaften Sicherung der menschlichen Lebensgrundlagen und der Erfüllung ihres höchsten Gutes ausgerichtet: Sie orientieren sich also auch an Institutionen, verständlichen Regeln, am Überleben der Menschheit und Risikokontrolle. Herms' Ethik könnte letztlich ebenso gut von einem Naturrechtsethiker vertreten werden, der die Grundlagen des moralischen Lebens schützt.

Ein Potenzial, wodurch seine Ethik doch theologisch werden könnte, ist seine angedeutete Ähnlichkeit zu Johannes Fischer. Fischers Vorordnung, dass Ethik Auslegung sei und nicht Begründung, findet man auch bei Herms. Die Ethik legt nur das Ethos aus. Herms diskutiert dieselben Einwände, mit denen auch Fischer konfrontiert worden ist, nämlich dass seine deskriptive Ethik nicht kritisch mit sich selbst sei (1422 f.). Und er beantwortet diese Einwände auch ähnlich wie Fischer, nämlich dass die Ethik nicht die einzige Urteilsinstanz sei, sondern das Ethos selbst (1424).

---

96 Das muss nicht für alle Ethosformen gelten, sei aber an zwei Beispielen gezeigt: Eine liberalistische Ethik erfüllt ihre Zumutungen durch die unbeschränkte Freiheitsgewährung anderer und kalkuliert somit einen Widerspruch der Handlungseffekte ein. Eine rigoristische Ethik wiederum erfüllt ihre Zumutungen durch die totale Freiheitseinschränkung anderer. Zwar können sowohl der Liberalist wie der Rigorist an beiden Ethosformen scheitern, aber nur, wenn sie die Abweichung ihrer selbstgegebenen Ethosform als solche definieren. Dazu sind sie aber nicht verpflichtet. Der Liberalist kann eine Abweichung gerade als Bestätigung seiner liberalistischen Regel zulassen. Der Rigorist wiederum kann sich selbst mit seiner totalen Überwachung aus den Objekten seiner Überwachung ausnehmen und bestätigt gerade so seinen Rigorismus, der sich an seiner Überwachung bemisst und nicht der Übereinstimmung mit einem moralischen Gesetz.

Es verwundert dann allerdings, dass Herms im Gegensatz zu Fischer keine narrative Ethik entwickelt. Fischers Ethik will Situationen narrativ vor Augen führen; Geschichten sollen das Ethos verständlich machen, anstatt es zu begründen. Mit der narrativen Ethik soll ein Kommunikationspartner in eine Situation eingebunden werden, um von innen heraus zu beurteilen, was zu tun ist. Damit verbindet Fischer eine Ethik des Heiligen Geistes, der kommunikative Bindungskraft erzeugt. Dagegen fehlen narrative Elemente völlig in Herms' Ethik. Biblische Bezüge sind sparsam; es ist auffällig, dass bei Herms keine Reflexion des reformatorischen Schriftprinzips ihren Ort hat. Aber auch andere, nicht-biblische Narrationen verbleiben weithin in der Funktion, Argumente zu veranschaulichen (1414), anstatt sie zu ersetzen. Herms' Ethik scheut die Konkretion und verbleibt in der Darstellung allgemeiner Bedingungen. Das liegt vermutlich an seinem Respekt gegenüber dem individuellen Leben und gegenüber individuellen Entscheidungen. Herms ist pluralismusfreundlich (1297), ohne Relativist zu werden, weil die Bedingungen jeglicher Ethik gleich sind. Seine Ethik bekommt dadurch einen liberalistischen Grundschlag.

Dann verwundert allerdings der riesige Umfang seiner Ethik. Wenn doch alles letztendlich unseren Entscheidungen untersteht, die wiederum abhängig von kontingenten Erschließungsereignissen sind, kann man nichts Allgemeingültiges und Apodiktisches für die Ethik angeben. Selbst der theologische Beitrag für die Ethik ist dann relativ zur naturgesetzlichen Gesamtstruktur. Warum dann so viel schreiben?

8 Jörg Hübner[97]

J. Hübner: Ethik der Freiheit. Grundlegung und Handlungsfelder einer globalen Ethik in christlicher Perspektive; Stuttgart 2012

Mit dem Buch von Jörg Hübner existiert das derzeit anspruchsvollste Buch zur Anwendungsethik. Zugleich bringt Hübner aktuelle Themenbereiche ein, die es in der klassischen Ethik noch nicht gab – etwa virtuelle Welten (Internet-Ethik), den Klimawandel, Wissenschaftsethik, Börsenethik, Ethik der Megastädte usw. Hübner, der in seinem Hauptberuf Pfarrer ist, hat in dieser Hinsicht die Lehrstuhlinhaber übertroffen.

In seiner Grundlegung der Ethik ist Hübner dagegen auffällig eindimensional. Seine Grundlegung orientiert sich ausschließlich am christlichen Freiheitsbegriff. Da kann man fragen, ob das schon zu einer vollständigen Begründung der Ethik taugt oder ob Hübner das vielleicht gar nicht will. Zwar fächert er den Freiheitsbegriff auf, dass Freiheit sehr viel einschließt. Dennoch bin ich mir unsicher, ob Hübner wirklich einen ethischen Entwurf vorlegen wollte oder ob er alle anwendungsethischen Beispiele nur auf die eine Perspektive der Freiheit hin untersucht. Im letzteren Fall hätte Hübner nicht wirklich gesagt, wie man sich ethisch bei diesen Themen zu verhalten hat. Er hätte nur gesagt, wie man sich zu verhalten hätte, wenn Freiheit die einzige christliche Grundlegung ist.

In diesem Kapitel interessiere ich mich für die Verknüpfung beider Teile: Wie verhält sich die Grundlegung zur Anwendungsethik? Das ist mir nicht immer klar. Zugleich ist die Methode zu untersuchen, wie Hübner seine Auffassungen über Freiheit gewinnt und wie er sie legitimiert.

8.1 Freiheit als Grundlage der Ethik

Hübners Buch kann als gesamter Ethik-Entwurf bezeichnet werden, der im Aufbau den Anspruch stellt, die ethischen Hauptprobleme bis in die nächsten vier Jahrzehnte aus theologischer Perspektive zu beurteilen: So verhandelt er etwa die Frage, wie man ethisch bewerten soll, dass im Jahr

---

[97] Vgl. meine Rezension in ZEE 58/2014, 64–66.

2050 zwei Drittel der Weltbevölkerung in Städten wohnen wird. Diese Frage stellt sich momentan ja noch nicht. Also will Hübner auf Zukunftsfragen mittlerer Reichweite schon heute eine Antwort geben.

Obwohl sich sein Ansatz auf eine theologische Freiheitstheorie konzentriert, entwickelt Hübner daraus ein Instrumentarium, um Leitlinien für die wichtigsten anwendungsethischen Probleme der näheren Zukunft zu skizzieren. Dementsprechend ist der Band in einen grundlegenden methodologischen und einen anwendungsethischen Teil aufgeteilt, die beide etwa den gleichen Umfang haben. Mit diesem Anspruch auf eine gewisse Vollständigkeit ist im deutschsprachigen Raum seit der Ethik von Trutz Rendtorff kein Entwurf mehr erschienen. Hübners Entwurf stellt sich hierin zugleich als Stärke wie Schwäche heraus. Denn die anwendungsethischen Fragen sind einfach so komplex, dass sie sich einer durchgehenden Systematik sperren. Hübner versucht dagegen, eine solche Systematik mit einer methodologischen Konzentration auf den Freiheitsbegriff wieder herzustellen.

In seiner Grundlegung entwickelt Hübner ein Freiheitsverständnis in Abgrenzung zu einer rationalistischen Sicht. Der Rationalismus entwickelt die Freiheit aus der Vernunft: Der Mensch ist frei, weil er vernünftig ist. Die Freiheit dagegen, auf der Hübner aufbaut, ergibt sich vielmehr aus positiven Affekten (96 ff.). Das Verhältnis einer rationalistischen Ethik zu Hübners Ansatz ist also der Gegensatz von Rationalismus und Emotivismus. Hier ist Hübner Johannes Fischer ähnlich.

Die Affektgebundenheit der Freiheit rekonstruiert Hübner interessanterweise aber nicht phänomenologisch, sondern an Texten – und zwar an zentralen reformatorischen Texten. Dass Freiheit also etwas mit Affekten zu tun hat, wird nicht am Phänomen der Freiheit direkt aufgezeigt, sondern daran, wie andere davon schreiben. Die zentralen Autoren sind für ihn dabei Paulus (36 ff.), Luther (59 ff.) und Melanchthon (74 ff.). Damit kann Hübner aber nicht sagen, dass Freiheit wirklich affektgebunden ist, sondern nur, dass mit die bedeutendsten reformatorischen Autoren so über Freiheit geschrieben haben. Aber selbst wenn er damit recht hat, folgt daraus nicht, dass Freiheit affektgebunden ist, und nicht einmal, dass reformatorische Theologie heute daran gebunden ist.

Die zentrale These der Grundlegung lautet, „dass sich das affektbezogene Geschehen der Freiheit am leichtesten mit der ‚Gefühls-Familie' rund um das Gefühl Freude in Verbindung bringen lässt" (107). Hübner benutzt hier eine Metapher Wittgensteins, der meinte, dass Wörter sich nicht definieren lassen. Vielmehr hat jedes Wort mehrere Bedeutungen, und in welchem Zusammenhang sie zueinanderstehen, lässt sich nicht selbst sprachlich oder logisch zeigen. Vielmehr besteht zwischen ihnen eine „Familienähnlichkeit" – das ist die Metapher von Wittgenstein: So wie Familienmitglieder sich alle irgendwie ähnlich sind, aber nicht in einem strikten Sinn! Sondern manche Familienmitglieder haben ähnliche Nasen, manche ähnliche Augenpartien, wieder andere haben ähnliche Stimmen oder einen ähnlichen Gang. Für Wittgenstein gilt das auch von Wortbedeutungen. Und für Hübner eben auch für die Freiheit – oder die „‚Gefühls-Familie' rund um das Gefühl Freude". Das heißt übrigens wieder, dass sich Ethik nicht rationalistisch oder logisch streng grundlegen lässt, weil eben der Freiheitsbegriff die Grundlage der Ethik ist und eben selbst nur familienähnliche Bedeutungen hat.

Zu dieser Gefühls-Familie gehört die „Achtung vor dem Menschen, die Ehrfurcht vor dem Leben, die kommunikative Begegnung mit dem ausdrücklichen Willen zur Partnerschaft, die Freude an der Kreativität, der Mut zur Entwicklung, gelebte Fantasie sowie eine engagierte Ermutigung zur Teilhabe an den Errungenschaften und Entscheidungsprozessen der Kulturgesellschaft" (163). Solche positiven Affekte um die Freude herum „führen zu Weitungstendenzen" (104), haben also alle einen exzentrischen Charakter, der altruistisches Verhalten auslöse (ebd.). Diese Affektbezogenheit der Freiheit leitet Hübner zunächst von den Paulusbriefen her (z. B. 44). Das Ziel seiner Luther-Interpretation besteht dann darin, die individuelle Dimension der Freiheit aufzuzeigen (70). An Melanchthon will Hübner anschließend zeigen, dass Freiheit auch eine juristisch-politische (89) Dimension hat. Damit eignet sich Freiheit also auch dazu, schließlich eine Sozialethik und eine Ethik der Institutionen zu begründen. Immer liegt aber derselbe Freiheitsbegriff zugrunde: Freiheit „als ein Bündel positiver Affekte" (73).

Mit der Interpretation dieser drei Kronzeugen seines Freiheitsverständnisses leistet Hübner nur den Nachweis, worin theologisch Freiheit besteht, nämlich in einem pneumatologisch begründeten Geschehensereignis, also durch den Heiligen Geist (110 f.). Freiheit ist zunächst passiv zugeeignet und verdankt sich dabei dem Wirken des Heiligen Geistes. Dafür benutzt Hübner den Begriff „Widerfahrnis" (5, 109, vgl. 124): Wir sind frei, weil wir Freude erfahren. Und froh kann sich keiner selber machen; sondern Freude muss ihm widerfahren.

In einem nächsten Schritt muss er aber zeigen, dass die theologisch entwickelte Freiheit auch adäquat ist bzw. sich im Diskurs mit anderen Wissenschaften behaupten kann. Dies geschieht in Auseinandersetzung mit einer rationalistischen Spielart der Philosophischen Ethik, der Kritischen Theorie (A. Honneth, 133 ff.) und vor allem mit der Neurophilosophie (127 ff., 135 ff.). Ziel seiner Auseinandersetzung ist es zu zeigen, dass die Alternativtheorien übersehen, dass Freiheit nicht gemacht werden kann und auch nicht neurologisch konstruiert wird. Der Hirnforschung wirft Hübner vor, den Menschen zu isoliert zu betrachten – ohne Kontakt zur sozialen Umwelt (132). Demgegenüber will Hübner die Komplexität der Freiheit retten – den „komplexen Vorgang der zwischen- und innermenschlichen Kommunikation" (133). In dieser Komplexität stellt sich Freiheit als ein unvollständiges Werden heraus. Sie bedarf daher einer Kraft, die die Freiheit sich selbst nicht geben kann – weil sie unvollständig und „immer im Werden begriffen" ist (134). Deshalb spricht Hübner auch von einer „Evolution von Gewissheitsstrukturen" (138), auf die die Freiheit angewiesen ist. Der Evolutionsbegriff markiert dabei, dass sich etwas an etwas vollzieht, ohne dass das Ergebnis schon offensichtlich ist. Der Prozess bleibt am Laufen, und damit wird das Ergebnis immer wieder überholt. Freiheit bezeichnet nach Hübner im Anschluss an den Philosophen Peter Bieri[98] „keinen Zustand, sondern vielmehr ein ‚Ideal'" (137).

In dieser Herleitung fehlt mir die Legitimation der affektgebundenen Freiheit. Es mag ja sein, dass Freiheit aus Gefühls-Prozessen hervorgeht, die sich nicht komplett steuern lassen. Ich könnte akzeptieren, dass dich das Geschehen der Freiheit in einem Bündel von Affekten inkarniert (100). Aber daraus folgt noch nicht, dass sich diese Freiheit auch normativ ins Recht setzt. Genau hierin müsste m. E. ein pneumatologischer Zugang der Freiheit bestehen: zu zeigen, dass eine affektgebundene Freiheit die Ethik grundlegen darf. Wie lässt sich die Affektgebundenheit der Freiheit mit normativer Evidenz ausstatten? Hübner will das irgendwie mit dem Heiligen Geist begründen. Aber wie?

---

98 Bezeichnenderweise wird Bieri nicht in dieser Passage nur gewürdigt und nicht kritisiert.

Auch vom Geschehen des Heiligen Geistes gilt, dass es sich nicht einplanen lässt, weil es den Menschen „überkommt" und er davon „hineingezogen wird" (124). „Der Geist Gottes wirkt auf die Affektzustände des Menschen ein" (162). Man kann schon rückfragen, warum das der Heilige Geist tut und nichts anderes. Liegt das nur daran, dass die Freiheit zu komplex ist, als dass sie durch natürliche oder soziale Sachverhalte konstituiert werden kann? (Das wäre sicher umstritten.) Die zweite Frage ist aber genauso wichtig: Wie lässt sich so eine affektgebundene Freiheit ethisch rechtfertigen? Warum nicht eine rationalistische Freiheit, die zwar dann – in Hübners Sicht – nicht die ganze Komplexität des Freiheitsphänomens ausschöpft, aber sich dafür transparenten ethischen Regeln unterwirft, die sowohl vernünftig als auch selbst gewählt sind? Hübner scheint auch diese Frage durch die Komplexität der Freiheitsaffekte beantworten zu wollen. Er spricht hier von einer „Inkarnation" der Freiheit durch bestimmte Affekte: „die Achtung vor dem Menschen, die Ehrfurcht vor dem Leben, die kommunikative Begegnung mit dem ausdrücklichen Willen zur Partnerschaft, die Freude an der Kreativität, der Mut zur Entwicklung, gelebte Fantasie sowie eine engagierte Ermutigung zur Teilhabe an den Errungenschaften und Entscheidungsprozessen der Kulturgesellschaft" (163).

Zu dieser Formulierung möchte ich zwei kritische Rückfragen stellen:

1. Der Geist veranlasst offenbar nicht einfach diese Affekte, sondern die Kombination dieser Affekte. Diese komplexe Struktur ausgerechnet dieser Affekte macht offenbar das Geistwirken aus. Freiheit ist geistlich, weil genau diese Struktur entsteht – und nicht irgendeine andere. Warum das so ist, wird nicht erklärt außer über die Struktur selbst – oder genauer: weil man angeblich eine solche Struktur in der Kirche findet. (Die Lehre der Kirche, die Ekklesiologie, ist ja ein Topos innerhalb der Lehre vom Heiligen Geist, der Pneumatologie. Tatsächlich münden etliche Ausführungen Hübners in eine Darstellung der Kirche.) Meine Frage: Heißt das also, dass Nicht-Christen nicht in dieser Struktur affiziert sind? Haben Nicht-Christen also nicht diese Affekte? Sie könnten dann also zwar die Menschenwürde achten, wären aber z. B. phantasielos. Oder sie haben zwar Phantasie, aber ihre Partnerschaften scheitern usw. – Bei Christen hingegen wäre die komplette Struktur erfüllt – nichts würde fehlen, und nichts würde verloren gehen.

Hintergrund meiner Frage ist, wie Hübner die ekklesiologische Unterscheidung von der sog. sichtbaren und unsichtbaren Kirche berücksichtigt. Die evangelische Theologie hat diese Unterscheidung bereits im 16. Jahrhundert eingeführt, um das katholische Kirchenverständnis der Heilsinstitution zu kritisieren. Katholisch gilt, dass nur die Zugehörigkeit zur katholischen Kirche das ewige Seelenheil ermöglicht. Und jeder Christ kann auch erkennen, ob er selig wird, wenn man bestimmte Regeln einhält – nämlich die Regeln der katholischen Moral. Evangelisch dagegen gilt, dass zwar die Kirche eine sichtbare Gemeinschaft unter Christen ist – aber wir können am sichtbaren Lebenswandel nicht erkennen, wer von Gott begnadet ist und wer nicht. Der sozialethische Unterschied liegt darin, dass Christen nach katholischem Verständnis sich verurteilen können, während man sich nach evangelischem Verständnis eines Urteils enthalten muss, wer zur „wahren" Kirche gehört – weil die wahre Kirche eben unsichtbar ist. Die wahre Kirche kann nicht gesehen werden, sie muss geglaubt werden.

Hat Hübner also vielleicht diese reformatorische Unterscheidung vergessen? Können wir also sehen, welche Menschen frei sind, weil sie von dieser komplexen Struktur der Affekte mitgerissen werden? Ist also das Kriterium seiner Ethik die sichtbare Kirche und nicht die geglaubte? Mir scheint das so zu sein. Jedenfalls wird die komplexe Struktur der geistlichen Affekte nur so zu einem ethischen Kriterium.

2. Und Hübner bestätigt das, indem er hierfür den Begriff der „Inkarnation" benutzt: Das Geschehen der Freiheit inkarniert sich in einem Bündel von Affekten (100). Der Begriff der Inkarnation stammt aber wiederum nicht aus der Pneumatologie, sondern aus der Christologie: Gott nimmt menschliches Fleisch an. Die katholische Dogmatik des 20. Jahrhunderts hat diesen Inkarnationsbegriff auch auf die Kirche angewendet (etwa Karl Rahner): Gott wird Fleisch in der Kirche. Gerade dadurch wird die wahre Kirche nach katholischem Verständnis sichtbar. Katholisch also wird hier Christologie und Ekklesiologie unmittelbar verschränkt[99] – übrigens ähnlich wie bei Bonhoeffer.

---

99 K. Rahner/H. Vorgrimler: Offenbarung; in: Dies.: Kleines theologisches Wörterbuch; Freiburg 1967[6], 268 f.

Auch hier scheint Hübner einem katholischen Kirchenverständnis anzuhängen. Ansonsten hätte er deutlicher machen müssen, wie Pneumatologie/ Ekklesiologie und Inkarnationstheologie zusammenhängen aber auch zu unterscheiden sind. Meine zweite kritische Rückfrage lautet also: Wirft Hübner die Lehrstücke der Dogmatik durcheinander? Oder positiver ausgedrückt: Wie genau ist die Pneumatologie auf die Christologie zu beziehen?

Ich akzeptiere, dass eine christliche Ethik eine trinitarische Ethik ist. Dann muss man aber die Funktionen der drei trinitarischen Positionen unterscheiden. Für mich verweist etwa der religiös (100) verstandene Ausdruck „Widerfahrnis", den Hübner benutzt, auf die Offenbarungsqualität der ersten trinitarischen Person: „Emotionen dieser ‚Gefühls-Familie' begegnen primär im Modus des Widerfahrnis-Charakters, da sie unwillkürlich auftreten und nicht willentlich erzeugt werden können" (109; ähnlich 5). Hübner ordnet dieses Geschehen dem Heiligen Geist zu (124). Aber ist nicht die hier beschriebene „creatio ex nihilo", die Schöpfung aus dem Nichts, das Auftreten von Neuem, ein Werk Gottes des Vaters, des Schöpfers des Himmels und der Erde, wie es das apostolische Glaubensbekenntnis sagt?

Wenn es stimmt, dass für Widerfahrnisse wesentlich ist, dass sie uns unwillkürlich überkommen, dann tritt mit ihnen etwas Neues auf, was sich aus nichts Gegebenem arbeiten lässt. Diese Neuheit ist also nichts Gegenständliches. Dieses Auftreten ist dann eine Neuheit „aus dem Nichts" – und damit eben der trinitarischen Person des Vaters zuzuschreiben und nicht der des Heiligen Geistes. Sie ist auch nicht der inkarnierte Gott, denn der inkarnierte Sohn Gottes ist ja unter gegenständlichen Bedingungen fassbar.

Die Darstellung Hübners wäre also trinitätstheologisch zu überarbeiten. Was er zunächst sagt, ist das: Affekte, die zur Freiheit führen, haben einen Widerfahrnis-Charakter. Für mich sind in diesem Satz trinitätstheologisch Vater und Sohn im Spiel: Affekte sind gegenständlicher Natur; sie „inkarnieren" sich im Menschen. (Das sagt auch Hübner [z. B. 100].) Ihr Widerfahren dagegen ist eine creatio ex nihilo und damit ein Werk des Vaters. Vom Heiligen Geist hätte Hübner bis jetzt noch nichts gesagt. Wie kommt der Geist nun ins Spiel?

M.E. kann er *ethisch* nur ins Spiel kommen, indem die *Geltungsfrage* gestellt wird: Welche Affekte sind denn legitime Orientierungen für das menschliche Verhalten? Auch Furcht überkommt mich, aber offenbar verhalte ich mich furchtsam nicht ethisch, weil Furcht nicht zur Gefühls-

Familie der Freude gehört. Auch Hass überkommt mich, aber Hass nimmt mich auch gefangen; ich bin dann nicht mehr Herr meiner selbst und kann mich nicht mehr steuern. Die Frage der ethischen Legitimation ist also noch nicht damit beantwortet, dass Affekte widerfahren und inkarnieren.

Die Wahrheit oder normative Geltung von affizierter Freiheit liegt also auf einer anderen Ebene. Sie wird nicht schon dadurch erreicht, dass man ihr Auftreten auch in anderen Religionen aufzeigt (was Hübner aber tut, 202). Auch nicht die Neurowissenschaften: Hübner übernimmt relativ unkritisch neurowissenschaftliche Ergebnisse (101, 102, 104 f., 107, 132). Aber mit Gehirnforschung kann nicht die Legitimität von Affekten nachgewiesen werden, weil die methodischen Bedingungen der Neurowissenschaften gerade seiner ethischen „Hermeneutik der Affekte" widerspricht.

Warum? Hübners Antwort: weil die Neurowissenschaften konzeptionell einem Naturrechtsdenken ähnlich sind. Beide engen den Freiheitsbegriff ein: das Naturrecht – also die ethische Vorstellung, dass ethische Richtigkeit durch die Natur vorgegeben ist – gerät in Gefahr, die menschliche Freiheit darauf zu reduzieren, „dass der Mensch das ihm vorgegebene Gesetz nun freiwillig und ohne Zwang erfüllen kann" (93). Genau dieselbe Reduktion nehmen die Neurowissenschaften vor: Das Gehirn ist darauf eingestellt, welche Entscheidungen wir treffen. Wir tun nicht, was wir wollen, sondern wir wollen, was wir tun – und wozu uns das Gehirn bestimmt. „Der Mensch verkommt zum ... ‚biologischen Roboter'" (132). Hübner meint, dass die Hirnforschung deshalb von einem „zu engen Begriff von Freiheit" ausgeht (132) – und zwar gerade weil der Mensch hier genauso funktioniert wie nach dem naturrechtlichen Denken: eben willig und ohne Zwang sein Gesetz erfüllt (das, wozu er als Roboter programmiert ist). Deshalb kann auch die Hirnforschung oder das Gehirn nicht die Antwort geben, warum die Gefühlsfamilie der Freude die legitime Grundlage der Ethik ist.

Gerade hier liegt nach meinem Eindruck die Rolle der Pneumatologie. Es fehlt bei Hübner ein Kriterium der ethischen Richtigkeit. Und bis jetzt fehlt auch eine angemessene Beschreibung des Heiligen Geistes. Mein Vorschlag: Das Geschehen des Heiligen Geistes hätte das ethische Kriterium werden können. Das hätte eine Ähnlichkeit zu Johannes Fischer.

Eine Ressource, seinen Freiheitsbegriff auch normativ evident zu machen, liegt in seiner Vorstellung einer Evolution der Freiheit, an der nicht nur vernunftbegabte Lebewesen beteiligt sind, sondern die ganze Schöpfung (45).

Die ganze Schöpfung unterliegt also einer Evolution der Freiheit, weil sich Neues in der Schöpfung aus dem Nichts bilden (inkarnieren), muss. Jetzt hätte Hübner zeigen können, dass Freiheit kosmologisch gesehen unhintergehbar ist und sich gegen andere Affekte durchsetzt. Dann hätte er also zeigen können, dass die Gefühlsfamilie der Freude deshalb ethisch legitim ist, weil sie sich faktisch durchsetzt. Ein Handeln gegen diesen Prozess wäre ein Handeln gegen die unhintergehbare Kreativität der Schöpfung – und damit zwecklos. Das hätte einige Parallelen zu Härles Vorzug des Seins vor dem Sollen.

Hätte Hübner hier eine Unhintergehbarkeit des Freiheitsgeschehnisses aufgezeigt, auf dem auch jegliche normativen Begründungen beruhen, hätte er die Lücke geschlossen.

8.2 Wie wirkt sich die Freiheitsgrundlegung anwendungsethisch aus?

Der zweite, anwendungsethische Teil geht mehr in die Breite als in die Tiefe. Daran ist zunächst nichts auszusetzen, weil ein Gesamtentwurf weitgehend nur einführende Skizzen bildet. Und wie bereits erwähnt, ist Hübner hier außerordentlich breit informiert. Allerdings hätte ich mir gerade in der Anwendungsethik eine engere Verknüpfung zu den Ergebnissen des ersten Teils gewünscht. Für einen ethischen Entwurf ist es durchaus zentral, dass man die Grundlegung in der Anwendung überprüfen kann. Man wird dagegen in einigen anwendungsethischen Themen begründungslogisch überrascht. Insbesondere zeigt sich diese Schwäche bei den Themen, bei denen die menschliche Freiheit ausdrücklich gefährdet ist.

Ein Beispiel: In der medizinethischen Diskussion um Patientenverfügungen wird nun das rationalistische Ideal des „völlig selbstbestimmten" (257) Patienten zugrunde gelegt, der „alle Situationen voraussehen" sollte (256). Aktive Sterbehilfe wird abgelehnt, weil der Patient „im Unterbewussten" durch seine Umwelt in den Tod getrieben werde (257). Hier nimmt Hübner seinen affektbezogenen Freiheitsbegriff wieder zurück. Hatte er vorher behauptet, dass Affekte nicht bewusst steuerbar sind und dass Freiheit widerfährt, kann dann Sterbehilfe nicht deshalb abgelehnt werden, weil ein Mensch unbewusst manipuliert wird. Denn wenn uns Affekte widerfahren, dann bekommen wir das Widerfahrnis immer erst im Nachhinein mit, wenn wir es überhaupt mitbekommen. Ich kann erst merken, dass ich froh bin, wenn ich bereits froh bin. Wenn ich dagegen erst froh werde, dann weiß ich nicht, solange ich froh *werde*, dass ich *froh* werde, weil der Werdeprozess noch nicht abgeschlossen ist.

Wie hätte sich Hübner zur Frage der Sterbehilfe äußern können, wenn er seinen emotivistischen Freiheitsbegriff aus der Grundlegung konsequent benutzt hätte? Es ist sicher problematisch, eine Situation an der Grenze von Leben und Tod der Gefühlsfamilie der Freude zuzurechnen. Nun überkommen uns solche Situationen jedoch auch. Nur in wenigen Fällen entscheiden wir rational darüber. Meistens aber werden wir von schweren Diagnosen plötzlich affektiv getroffen, aber negativ. Hübner hätte jetzt zeigen müssen, dass die Gefühlsfamilie der Freude auch solche Situationen überdeckt. Zwar sind solche Situationen von Angst, Trauer und Verzweiflung geprägt. Aber über diese Affekte legt sich die Gefühlsfamilie der Freude. Wie kann man das verstehen?

Etwa könnte er behaupten, dass sich diese Gefühlsfamilie im Lauf des Lebens „habitualisiert" hat. Menschen handeln in bestimmten Situationen so, weil sie sich im Lauf ihrer Lebensgeschichte daran gewöhnt haben, sich so zu verhalten. Nehmen wir an, ein Vegetarier ist zum Tode verurteilt. Aber er darf sich noch als Henkersmahlzeit sein Lieblingsessen bestellen. Dann wird er vermutlich ein vegetarisches Gericht bestellen. Für ihn zwar eine verzweifelte Situation! Aber er verhält sich dazu *wie gewohnt*.

Hübner hat in seiner Grundlegung auch davon gesprochen, dass sich Freiheit vor allem tugendethisch auswirkt (5, 44, 163). Die Gefühlsfamilie der Freude erzeugt also Habitualisierungen. Menschen sind frei, weil sie sich von der Gefühlsfamilie der Freude prägen lassen. Diese positiven Affekte inkarnieren sich in ihrer Lebensgeschichte und können sich daher auch bei Entscheidungen am Lebensende auswirken.

Doch wie entscheidet nun der freie Mensch in Situationen am Lebensende? Ist er zur Sterbehilfe fähig? Darf er lebenserhaltende Maßnahmen einstellen? Darf er in Patientenverfügungen festlegen, dass er darauf verzichtet?

Ich erinnere nochmals daran, dass für Hübner zur Freude auch Gefühle gehören, denen man die affektive Freude zunächst nicht ansieht: „Achtung vor dem Menschen, die Ehrfurcht vor dem Leben, die kommunikative Begegnung mit dem ausdrücklichen Willen zur Partnerschaft, die Freude an der Kreativität, der Mut zur Entwicklung, gelebte Fantasie sowie eine engagierte Ermutigung zur Teilhabe an den Errungenschaften und Entscheidungsprozessen der Kulturgesellschaft" (163). „Ehrfurcht vor dem Leben" assoziiere ich zunächst nicht mit Freude, sondern eher mit Ernst. Nun gilt ja von Familien, dass ihre Familienmitglieder nicht alle dasselbe wollen. Wenn ich mit meiner Familie Mittag esse und mein Bruder ist mit dabei, dann kann es sein, dass wir um die letzten Pommes frites kämpfen. Wir haben gegensätzliche Interessen, obwohl wir eine Familie bilden. Das ist bei Hübners Gefühlsfamilie auch der Fall: Die Ehrfurcht vor dem Leben, die für den freien Menschen beim Thema Sterbehilfe sicher eine Rolle spielt, steht z. B. im Konflikt zur Achtung vor dem Menschen. Ein Mensch möchte sterben und bettelt darum, endlich sterben zu dürfen. Zudem widerspricht es nicht der Menschenwürde, tot zu sein – einfach weil auch tote Menschen noch Menschenwürde haben und weil wir sonst jeden natürlichen Tod bereits für eine ethische Katastrophe halten müssten. Die Achtung vor dem Menschen schließt also das Recht ein, sterben zu dürfen. Die Ehrfurcht vor dem Leben könnte dieses Recht dagegen ausschließen. Wenn in diesem Fall die Gefühlsfamilie der Freude miteinander in Konflikt liegt, dann liegt auch die Freiheit mit sich selbst in Konflikt. Lässt er sich dann überhaupt auf freie Weise lösen?

Hier rächt sich nun, dass Hübner in seiner Grundlegung die Geltungsfragen weitgehend ausgeblendet hat. Er hat sich weitgehend mit der Entstehung der Freiheit beschäftigt: mit dem Widerfahrnis der Affekte. Aber er hat nicht geklärt, welche Affekte mehr Geltung haben, wenn sie mit anderen Affekten kollidieren. Und hier kollidieren ja bereits Gefühle derselben Familie miteinander. Ich hatte vorgeschlagen, Hübners Modell so weiterzuentwickeln, dass die Evolution der Freude als Geltungsgrund anerkannt werden kann: Freude wird sich durchsetzen. Und deshalb verdient alles, was Freude behindert, eine geringere Geltung.

Nun könnte man anführen, dass sich nach christlicher Sicht das Leben gegen den Tod durchsetzen wird. Die Ehrfurcht vor dem Leben ist dann also die Ehrfurcht vor dem ewigen Leben – das sich auch an verstorbenen Menschen vollzieht. Wenn das so ist, kann man aber auch im Vertrauen auf die Auferstehung in die Endlichkeit des eigenen Lebens einstimmen. Sterbehilfe könnte dann also legitim sein, wenn sie selbst aus der habitualisierten Freude auf das ewige Leben vorgenommen wird. Ich widerspreche hier also Hübner in seiner Einschätzung der Sterbehilfe. Und ich widerspreche ihm mit dem Kriterium, dass bei ihm die Geltungsfrage der Freude in seiner Grundlegung nicht abschließend geklärt ist.

Bei ihm dagegen wird aktive Sterbehilfe abgelehnt, weil das Unterbewusste *überhaupt* Affekte enthält, was jedoch einen Widerspruch zu seiner Grundlegung darstellt. Ich hätte noch zustimmen können, dass das Unterbewusste im Fall der Sterbehilfe zwingend negative Affekte enthält – wobei Hübner das einfach voraussetzt und nicht zeigt. Er hätte jedoch auch zeigen müssen, dass bei der Sterbehilfe die Affekte der Freude kein habitualisiertes Verhalten ermöglichen. Ich bin anderer Auffassung, wie ich eben gezeigt habe: Man kann gerade im Vertrauen auf die Durchsetzungskraft des ewigen Lebens in die Endlichkeit des eigenen Lebens einstimmen.

8.3 Wie werden Tugend- und Rechtsethik aneinander angebunden?

An diesem Beispiel der Sterbehilfe zeigt sich das grundsätzliche Problem, wie Grundlegung und Anwendung miteinander verknüpft werden:. Während sich nämlich Freiheit im ersten Teil vor allem tugendethisch auswirkt (5, 44, 163), skizziert der anwendungsethische Teil hauptsächlich rechtsethische Freiheitsnormen. Hübner diskutiert also, ob Sterbehilfe verboten bleiben sollte oder ob es ein Recht auf Patientenverfügungen geben darf.

Wie wird dieser Sprung überbrückt? Wie lässt sich Tugendethik auf Rechtsethik beziehen? Zwei Kandidaten bieten sich in diesem Band an, nämlich

1. zum einen die eheliche Partnerschaft
2. und zum anderen die Kirchengemeinde. (Ich hatte schon erwähnt, dass sich bei Hübner der Heilige Geist in der Kirche „inkarniert". Die Kirche wird also eine Pointe und ein Ziel seiner Ethik.

8.3.1 Die Ehe

Doch zunächst zur ehelichen Partnerschaft. Sie ist deshalb eine mögliche Brücke zwischen Hübners tugendethischem Denken und seiner rechtsethischen Anwendung, weil die Ehe beides vereinigt: tugend- und rechtsethische Aspekte. Die Ehe ist die „Urform jeden Vertrags" (269). Dieser Vertrag ist dabei tugendethisch durch den Verzicht auf negative Freiheit charakterisiert

(270, 272), der zu einem „Mehr an positiver Freiheit führt" (270). Negative Freiheit in Liebesbelangen heißt, dass niemand einen Liebespartner haben muss – und damit das Recht hat, viele unverbindliche Beziehungen oder gar keine zu haben. Mit meiner positiven Freiheit jedoch beende ich bestimmte freie Wahlakte und damit meine negative Freiheit. Zu diesem Verzicht auf negative Freiheit gehört etwa, dass wir nur einen Ehepartner haben, in der Regel auch nur einen Geliebten gleichzeitig oder auch in einer bestimmten zeitlichen Periode nur mit einer Person Sex haben.

Die Idee ist also: Ich verzichte auf all meine Möglichkeiten und lege mich auf einen Partner fest. Das tue ich aus dem Affekt der Freude heraus und beruht daher auf meiner freien Entscheidung: „Die Kraft und Energie der geistgewirkten und wahren Freiheit" (272). Diese Entscheidung, die positive Freiheit gegen die negative Freiheit in Geltung zu setzen, ist eine tugendethische Entscheidung: Sie wird durch den Affekt der Freude habitualisiert. Das führt zugleich zur Ehe als Rechtsinstitution: Denn die Ehe als Institution schützt meine positive Freiheit: „Vielmehr ist davon auszugehen, dass der Verzicht von negativer Freiheit, der dann zum Versprechen und schließlich auch zum Vertrag führt, Ausgangspunkt einer Begründung der Institutionen darstellt" (272). Damit ist die Ehe das Paradebeispiel, wie sich Tugendethik zur Rechtsethik transformiert. Die Ehe ist die Brücke zwischen der Grundlegung der Ethik und der Anwendungsethik. Denn eben: Die Ehe ist die Urform (!) des Vertrags.

In dieser Darstellung werden freilich andere Entwürfe von Intimität ignoriert. Warum soll ich meine positive Freiheit nur dadurch herstellen, dass ich lediglich einen Ehepartner habe? Meine positive Freiheit kann auch wachsen, wenn ich inhaltlich auf eine andere Ausgestaltung negativer Freiheit verzichte. Meine negative Freiheit gebe ich auch auf, wenn ich mich entscheide, neben meiner Ehefrau noch zwei andere Intimpartnerinnen zu haben – und nicht beliebig viele. Dieser Verzicht auf negative Freiheit führt ebenso zu einem Mehr an positiver Freiheit: Ich habe mehr und vielseitigeren Sex, weil ich mich auf drei Intimpartnerinnen beschränke, als wenn ich nur mit meiner Frau schlafe. Zugleich habe ich feste Beziehungen, die ich nicht hätte, wenn ich alle Gelegenheiten mit allen Frauen nutze. Meine Beschränkung auf drei Intimpartnerinnen führt also zu einem Mehr an positiver Freiheit und sogar zu einem Mehr, als wenn ich nur eine Frau hätte. Hübner erklärt also nicht, warum eine Liebesbeziehung die Partner drängt, sich nur aufeinander zu konzentrieren. Inhaltlich ist Hübners Argument sogar zirkulär: Es setzt voraus, was es beweisen will, nämlich dass positive Freiheit nur innerhalb *einer* Liebesbeziehung gewährleistet ist. Wenn das aber so ist, dann ist sein Vorschlag schwach begründet, dass die Ehe die Brücke schlägt zwischen Tugendethik und Rechtsethik. Denn die Tugend, sich irgendwie anders zu begrenzen, wirkt sich in meinem Gegenbeispiel nicht rechtsförmig aus.

Hübner muss hier etliche alternative intime Lebensformen ausblenden, um die Verknüpfung tugend- und rechtsethischen Denkens über die Ehe zu erreichen. Dadurch relativiert er die Ergebnisse seines ersten Teils: Nicht mehr der positive Affekt jeder Liebe ist jetzt eine freiheitsfördernde Gabe Gottes, sondern nur noch „das verbindliche, institutionell verfestigte Zusammenleben" (273). Das will Hübner eigentlich nicht. Er kritisiert ethische Entwürfe, nach denen die Institution die Freiheit unterordnet statt umgekehrt (272). Vielmehr will er die Institutionen von der Gefühlsfamilie der Freude abhängig machen. Aber so, wie er den Willen zur Partnerschaft beschreibt, hat er immer schon die Ehe als Institution im Blick. Dabei ordnet sich die Freiheit zwangsläufig doch der Institution unter.

8.3.2 Die Kirchengemeinde

Ich komme daher nun zum zweiten Kandidaten, wie sich das tugend- und rechtsethische Denken verknüpfen lassen: die Kirchengemeinde. Sie ist der soziale Ort, an dem die Gabe des Heiligen Geistes bewusst gelebt wird. Alle anwendungsethischen Themen münden jeweils in einer abschließenden Darstellung kirchlicher oder kirchengemeindlicher Realität. Methodisch muss man das Buch rückwärts lesen: Weil die Kirche die Gabe der Freude institutionell verankert, lassen sich die globalen Probleme der Anwendungsethiken lösen.

Kann Hübner das so meinen? Dagegen sprechen immerhin manche Relativierungen, dass etwa „der demokratische Rechtsstaat nicht als Verlängerung und Konkretisierung des christlichen Freiheitsverständnisses bezeichnet werden" (364) könne. Wenn die Kirche die Brücke zwischen Tugend- und Rechtsethik bildet, dann müsste eigentlich die staatliche Demokratie von kirchlichen Entscheidungsprozeduren abhängen.

Hübner zeichnet ein romantisches Bild von Kirche. Er nennt best practice-Beispiele von Kirche: Der Abschnitt über Kommunikationsfreiheit mündet in einer Beschreibung der evangelischen Erwachsenenbildung. Wenn von der Ehe gesprochen wird, schließt eine Bemerkung über kirchliche Segenshandlungen von Paaren diesen Abschnitt ab. Seine Internet-Ethik mündet in einen Abschnitt über die paradigmatische virtuelle christliche Kommunikationsform: das Gebet. Wie bereits beschrieben, vermute ich, dass man hier Hübner eigentlich rückwärts lesen muss: Die Affekte der Freude schlagen sich im Gebet nieder, in Segenshandlungen, in kirchlicher Bildungsarbeit. Und diese Praktiken institutionalisieren die Affekte der Freude (und damit die Freiheit) auch im Recht: Wird ein Paar gesegnet, dann mündet das im Grunde zur Ehe als Rechtsinstitut. Wenn das Gebet immer rückgebunden ist an die leibliche Kommunikation von Angesicht zu Angesicht (292 f.), dann muss der Mensch davor geschützt werden, dass Konzerne oder Staaten seine Daten vereinnahmen (287–292). Geht es der kirchlichen Bildungsarbeit um Orientierungswissen (212) – also ein Wissen, das uns hilft, uns im Leben zurechtzufinden –, dann ist die Gewissensfreiheit rechtlich zu garantieren, damit kein Mensch mit sich selbst in Widerspruch tritt (210).

Das klingt interessant. Man muss aber als evangelischer Theologe von der geglaubten Kirche ausgehen, von der unsichtbaren Kirche. Die sichtbar verfasste Kirche kann dagegen die Begründungslast nicht tragen, die Hübner ihr einräumt. Gerade weil er von best practice-Beispielen der Kirche ausgeht, übersieht er die Kehrseite der Kirche: etwa den kirchlichen Machtmissbrauch im Umgang mit Mitarbeitern oder mit Schutzbefohlenen (Kindern oder Patienten kirchlicher Heime). Er übersieht zugleich die Milieuverengung der Kirche, in der vor allem höher gebildete oder kritische Milieus beheimatet sind, die zudem meistens deutlich älter sind als die Gesamtgesellschaft. Darauf geht Hübner jedoch nicht ein.

Hätte er dagegen die geglaubte Kirche zur Grundlage gemacht, dann wäre ihm die Brücke zur Rechtsethik schwerergefallen. Die Kirche ist eine geglaubte Gemeinschaft von Lebenden und Verstorbenen. Welche Rechte sollen sich die Gläubigen gewähren? Welche Rechtsansprüche haben verstorbene Christen? Verbleibt nicht die Anerkennung der Christen untereinander im vorrechtlichen Bereich? Kann man dann noch sagen, dass das Gebet in der Kirchengemeinde „von Angesicht zu Angesicht" vollzogen wird? Ich selbst sehe im Gebet gerade eine Form der virtuellen Kommunikation, die das Leibliche in einen anderen Raum zieht. (Deshalb schließen ja viele Christen beim Beten die Augen: weil sie das Materielle abfiltern wollen, das vor ihrem Auge ist.[100])

Von der geglaubten Kirche her hätte Hübner dann eine Ethik der Kirche entwickeln können, in der es darum geht, wie sich die Freiheit dort umsetzt – und zwar mit ihren Zweideutigkeiten, die zur Kirche dazugehören. Erst dann hätte daraus die Brücke zwischen Freiheit und Anwendungsethik entstehen können. Ich skizziere, wie Hübner hier hätte weitergehen können.[101]

Ich setze am selben Punkt an wie bei meiner Darstellung der Sterbehilfe-Problematik bei Hübner: Zur Gefühlsfamilie der Freude gehört auch die Achtung vor dem Menschen. Das hat eine Parallele in der unsichtbaren Kirche, nämlich die Anerkennung der Christen untereinander als Christen, ohne sich vorher gegenseitig Glaubensprüfungen zu unterziehen. Weil die geglaubte Kirche unsichtbar ist, können sich Christen nie gegenseitig aus der Kirche ausschließen. Das schafft einen inneren Frieden im Umgang der Christen zueinander und bedeutet für die sichtbare Kirche als Institution, dass Rechtsbeziehungen diese wechselseitige Anerkennung der Christen als Christen voraussetzen. Dadurch wird wiederum ein Raum für distanzierte Partnerschaftsformen eröffnet, ja sogar für Partnerschaften in der Anonymität: Die Kirche ist keine Gemeinschaft von Freunden oder Gleichgesinnten, sondern eben eine Gemeinschaft der Anerkennung mit einer „unsichtbaren" Basis. Christen erkennen einander an, obwohl sie das Entscheidende voneinander nicht erkennen können: nämlich ob sie wirklich Christen sind. Dieser Beurteilung enthalten sie sich also wechselseitig. Dadurch ist es auch möglich, Menschen anzuerkennen, die man nicht einmal erkennt oder kennt. Die Kirche ist eine universale Gemeinschaft: räumlich weltweit und zeitlich zwischen Lebenden und Toten. Christen kennen also nicht alle Christen, die sie dennoch als Christen anerkennen.

Die christliche Kommunikation ist dadurch auf Formalisierung angelegt. Gerade dadurch öffnet sie sich für das formelle Recht – aber auch nur dann, wenn das Recht die wechselseitige Anerkennung schützt. Eine Ethik der Freiheit, wie sie Hübner entwickelt, müsste also auf Kommunikations-

---

100 H. Schmitz: Der Leib, der Raum und die Gefühle, 85.
101 Zum Folgenden s. L. Ohly: Anwesenheit und Anerkennung, 104 f., 112 f.

formen der wechselseitigen Anerkennung dringen, was auch formelle Kommunikationsformen einschließt (z. B. virtuelle Kommunikation). Wenn man diesen Schritt in Hübners Ethik nachholt, verliert seine Anwendungsethik ihre Reibungsverluste zur Grundlegung. Dann wird klar, warum die Anwendungsethik vor allem aus rechtsethischer Sicht geschrieben ist, während der Grundlegungsteil einen tugendethischen Schwerpunkt hat.

Das heißt nicht, dass ich allen anwendungsethischen Beiträgen bei Hübner zustimme. Ich wäre eben bei der Sterbehilfefrage mit seiner Grundlegung auf ein anderes Ergebnis gekommen und auch in seiner Beurteilung virtueller Kommunikation. Aber der hohe Informationswert, den Hübners Ethik hat und dem kein anderer Entwurf der Gegenwart nahekommt, kann über diese Brücke dann sinnvoll auf seine Grundlegung abgestimmt werden.

8.4 Ergebnis

Man kann fragen, ob der Begriff der Freiheit die ganze Begründungslast für eine Ethik tragen kann, wie es Hübner versucht. Aber selbst unter dieser Voraussetzung fehlt mir bei ihm eine ethische Legitimation für seine Färbung des Freiheitsbegriffs. Es mag ja sein, dass Paulus, Luther und Melanchthon Freiheit mit einer Gefühlsfamilie der Freude in Verbindung bringen. Ebenso mögen sich Spuren davon auch in allen Religionen finden. Aber daraus folgt noch nicht, dass sie damit auch recht haben. Die Frage der Legitimität stellt Hübner faktisch nicht. Das liegt auch daran, dass er dafür theologisch keine Instanz zur Verfügung hat. Der Heilige Geist ist für ihn der Ursprung freiheitlicher Affekte – aber nicht ihre Legitimationsinstanz. Trinitätstheologisch würde ich hier andere Wege gehen. Damit würde ethisch der Heilige Geist als Legitimationsinstanz befreit werden.

Ohne eine solche hängt der anwendungsethische Teil merkwürdig in der Luft: Es wird nicht klar, inwiefern er wirklich das anwendet, was der Grundlegungsteil entwickelt, nämlich eine Ethik der Freiheit. Dazu bedarf es einer Brücke, die Hübner nicht wirklich baut, sondern allenfalls andeutet. Am vielversprechendsten scheint mir die Kirche als Brücke zu sein: zwischen Grundlegung und Anwendung ebenso zwischen Tugend- und Rechtsethik. Der Grund, warum die Kirche diese Brücke bilden kann, liegt darin, dass sie selbst ein doppeltes Gesicht hat: als geglaubte, aber auch sichtbare Kirche. Bei Hübner wiederum wird die sichtbare gegenüber der geglaubten Kirche überbetont. Er beschäftigt sich fast nur mit der sichtbaren Kirche und entwickelt dabei katholische Züge der Verklärung von Kirche.

Insgesamt also hat Hübners Ethik für mich an den Schaltstellen zu viele Begründungslücken:

1. die Legitimationsfrage,
2. die Zuordnung der ethischen Funktionen der drei trinitarischen Personen,
3. und die Brücke zwischen Grundlegung und Anwendungsethik.

Ich habe in diesem Kapitel versucht, diese Lücken zu schließen. Ich halte es also für möglich, das nachzuholen, was Hübner versäumt hat. Dadurch nimmt die Ethik Hübners aber noch eine andere Entwicklung – was sich spätestens in der Anwendungsethik auswirkt. Wer Hübner zum Lernen fürs Examen benutzen möchte, sollte das im Blick behalten: Das Buch informiert sehr breit über alle möglichen ethischen Probleme. Es ist daher auch ein hilfreicher Steinbruch für die berufliche Praxis (etwa zur Vorbereitung auf Schulstunden oder in der Erwachsenenbildung). Konkrete Anwendungen lassen sich dagegen nicht direkt aus seinem Freiheitsverständnis entwickeln. Hier ist der Leser selbst gefordert, die entsprechenden Lücken zu schließen. Das macht Hübners Ansatz als Lehrbuch schwer und anspruchsvoll.

9 Christofer Frey

Chr. Frey: Wege zu einer evangelischen Ethik. Eine Grundlegung; Gütersloh 2014

Der frühere Bochumer Professor für Ethik, Christofer Frey, hat nach seinem Ruhestand eine Grundlegung der Ethik geschrieben – ebenso wie Wilfried Härle und Eilert Herms. Ich halte dieses Buch für ausgesprochen inspirierend – allerdings als Lehrbuch für sehr schwer. Insbesondere erschließt sich kaum, welche Ethik Frey selbst vertritt. Seine Grundlegung ist außerordentlich detailreich, und man merkt Frey an, dass er jahrzehntelang in allen möglichen ethischen Diskursen zu Hause war. Aber was er daraus macht, wird aus den 470 Seiten seines Buches kaum klar.

Empfehlen kann ich Frey daher, wenn Sie bestimmte Kapitel lesen wollen, um sich über ein bestimmtes Thema der Ethik zu informieren. Was Besseres zur Frage, welche Rolle die Bibel in der theologischen Ethik spielen sollte (Kapitel 4), findet man in neueren Beiträgen kaum.[102] Darauf werde ich auch in einem dritten Schritt dieses Kapitels zurückkommen. Zunächst möchte ich aber in zwei Schritten Freys ethische Grundlegung rekonstruieren, wie sie sich mir darbietet. Dabei wird auch eine Spannung deutlich werden, bei der wir fragen müssen, wie sie sich löst.

9.1 Ethik aus der Gottesbegegnung

Frey versteht sich als Anhänger Bonhoeffers, für den sich Ethik aus der Begegnung ergeben hat (291).[103] Grundlage ist der „geschichtlich begegnende Gott, der in seinem Offenbarsein sein Geheimnis wahrt, sich in ‚präziser‘, nicht in beliebiger Verborgenheit dennoch enthüllt" (254). Dieses Zitat ist in mehrfacher Hinsicht interessant:

1) Begegnung erzeugt einen ethischen Charakter. Allerdings bleibt unklar, ob das bei Frey nur für die Gottesbegegnung gilt oder für alle Begegnungen. Entsteht also der ethische Charakter daraus, dass er Gottes-

---

102 Ich weise aber hier auch schon auf Klaas Huizing (Sektion 11.2) hin.
103 Kapitel 3.

begegnung ist oder dass er Begegnung ist? Ist Gott der, der begegnet, oder die Begegnung?
2) Es handelt sich bei der Gottesbegegnung um eine geschichtliche Begegnung. Für Frey bedeutet das: Obwohl diese Begegnung einmalig sein mag, prägt sie die ganze Lebensgeschichte eines Menschen (467). „Auf dieses Ereignis göttlicher Selbstbezeugung in der Geschichte eines Menschen kann sich ein christliches Identitätsethos berufen" (309). Die Gottesbegegnung ist „Christusereignis" (291, 467) und hat daher beides: Einmaligkeit und lebensgeschichtliche Kontinuität.
3) Die (Gottes-)Begegnung hat sichtbare und unsichtbare Seiten. Man könnte fast sagen: Das Unsichtbare entsteht gerade erst durch die Begegnung mit dem Sichtbaren. Gerade dadurch entstehen Verbindlichkeiten, die ohne die Begegnung nicht entstehen.

Zu 3) Nehmen wir an, Sie haben einen Bekannten, bei dem Sie den Eindruck haben, er benehme sich in letzter Zeit so komisch. Nun fangen Sie an zu phantasieren, ob er vielleicht etwas gegen Sie hat. Sie scheuen zunehmend die Begegnungen mit ihm, weil sie irgendwie unangenehm sind. Dann hätten Sie es hier mit einer „beliebigen Verborgenheit" aus dem Zitat zu tun. Sie wüssten nicht, was los ist, und weil Sie das nicht wüssten, kann alles Mögliche los sein.

Das wird sofort anders, sobald Sie in Begegnung mit dieser Person treten. Es kann schon sein, dass die Begegnung jetzt auch noch unangenehm ist, aber sie bekommt eine „präzise Verborgenheit": Sie achten darauf, was Sie sagen und verschweigen, und manchmal klärt sich auch in der Begegnung auf, dass bei dem Anderen nicht mehr alles Mögliche los sein kann, sondern nur etwas Bestimmtes. Missverständnisse lösen sich nur auf, wenn man sich begegnet. Ansonsten weiß man nicht einmal, dass sie vorliegen. Aber wenn Missverständnisse ausgeräumt sind, ist noch nicht *alles* klar. Dennoch lässt sich immerhin insofern besser damit leben, als das, was unklar ist, eine „präzise Verborgenheit" geworden ist.

Offenbar scheint Frey nun anzunehmen, dass eine „präzise Verborgenheit" einer Situation in „beliebiger Verborgenheit" ethisch vorzuziehen ist. Warum sollte das aber so sein? Immerhin drückt uns auch „beliebige Verborgenheit" ein bestimmtes Verhalten auf. Auch sie hat also einen „zwingenden Charakter". Dass präzise Verborgenheit ethisch besser ist, ergibt sich nur aus der Begegnung selbst. Man muss also die Begegnung schon gehabt haben, um diesen Vorzug anzuerkennen. „Die wahren Abgründe der Existenz werden dem Menschen erst deutlich, wenn ihm Gott begegnet" (283). Vielleicht kann man diesen wahren Abgrund auch im Sinne der „präzisen Verborgenheit" verstehen, nur jetzt auf sich selbst bezogen: Indem Gott in Begegnung seine „präzise Verborgenheit" aufzeigt, entdeckt der Mensch seine eigene präzise Verborgenheit, eben eigene „wahren" Abgründe.

Zu 2) Die Gottesbegegnung oder das „Christusereignis" wirkt sich lebensgeschichtlich aus. Anscheinend wird dabei die Gottesbegegnung bei Frey als punktuelles Ereignis gedacht. Zur Geschichte wird das Ereignis durch die menschliche Lebenszeit. „Glaube, Liebe und Hoffnung sind hingegen das Ergebnis der Begegnung Gottes mit Menschen durch den Leben schaffenden Geist Gottes und sollen in der Folge die Lebensführung im Blick auf Verhaltensstetigkeiten gestalten" (330). Die Vermittlung aus punktuellem Ereignis und Lebensgeschichte übernimmt der Geist Gottes. Frey spricht hier von der „Weisung" Gottes (319), die sich nur als Wirkung des Geistes bemerkbar macht, nämlich so, wie sich die Gottesbegegnung lebensgeschichtlich auswirkt. Seine Funktion ist „durchhalten" (382). Damit ist nicht einfach gemeint, Widerstände auszuhalten, sondern vor allem eine Identität über zeitliche Wechsel hindurch aufzubauen, die dem einmaligen Ereignis der Gottesbegegnung entspricht. „Der Geist als Gabe Gottes bleibt außer und über dem Menschen und zugleich unfassbar innerlich" (234). Auch diesen Satz kann man im Sinne einer menschlichen ethischen Identitätsentwicklung verstehen. Frey spricht denn auch von einer „Identitätsethik" (56) und widmet ihr ein ganzes Kapitel (Kapitel 8).

Geschichte ist also die Verbindung aus punktueller Einmaligkeit und Zeit. Diese Verbindung vollzieht sich nicht einfach von allein und natürlich, sondern indem sie sich bildet – durch den Geist Gottes. Identität nämlich liegt nicht einfach vor; sie muss erst gebildet werden. Ohne die Bildung von Identität bleiben zeitliche Entwicklungen lose und bloße Natur; zusammenhangslos.[104] Den Bildungsprozess zur Identität aber führt der Geist an. Wichtig ist, dass Identitätsethik sich nicht nur, aber auch auf einzelne Menschen bezieht. Identitätsethik richtet sich an die geschichtliche Personalität (300), aber auch an Institutionen wie die Kirche (463) oder an eine Gesellschaft (410).

---

104 Hier setzt Frey seine Kritik an biologischen und apriorischen Reduktionismen von Identitäten an, nämlich dass sie an der Geschichte vorbeigehen (264, 458).

Zu 1) Frey vollzieht eine Begegnungstheologie, nach der die Gottesbegegnung ein „Ereignis" ist. Die Gottesbegegnung ist „Christusereignis". Was genau das ist, wird jedoch nicht ganz klar. Immerhin verschränkt das Christusereignis eine Person und damit selbst eine Geschichte, nämlich Jesus von Nazareth. Obwohl also Begegnungen punktuell sind, bezieht sich die Punktualität des Christusereignisses selbst auf eine Geschichte. Das Christusereignis ist also in gewisser Weise auch schon Christusgeschichte. Hier sind Christus und der Geist Gottes immer schon miteinander verwoben.

Aber auch Gott der Vater? Hat Frey eine trinitätstheologische Ethik-Begründung im Sinn? Interessant ist, wie er sich zum Schöpfungsbegriff äußert, nämlich sowohl ereignishaft als auch geschichtsbezogen. Frey lehnt ab, Schöpfung als Natur zu verstehen (264, 458). Eine „ursprünglichere Nähe der Menschen zu einer bergenden, mütterlichen Natur ... hat es nie gegeben" (368). „Natur und die Schöpfung sind deshalb nicht gleichzusetzen – im Gegenteil" (368). Die Schöpfung wird vielmehr, indem sie geschichtlich wird. Damit ist sie abhängig vom Geist Gottes, der die Bildung der Geschichte antreibt. Schöpfung ist aber auch ereignishaft: Sie verwahrt sich auch wieder gegen die Geschichte, denn: „Die Schöpfung ist also kein abgeschlossenes Ganzes" (355). Vielmehr ist sie auch „immer wieder auch der Anfang einer Verheißung" (355). Sie ist daher immer auch *Neues*: „neue Möglichkeiten in einer sich wandelnden Geschichte" (359). Schöpfung erschafft also Möglichkeiten, die vorher nicht einmal möglich waren. Das erinnert an Barth und könnte darauf hinweisen, dass Frey Barths Ereigniskonzept übernimmt. Bei Frey transzendiert Schöpfung die Geschichte, indem sie Neues bildet. Das Neue bildet sich zwar in der Geschichte, aber die Geschichte gibt es nur, indem es Neues gibt, das sich aus der Geschichte nicht ableiten lässt. (Denn sonst wäre Geschichte nicht Geschichte, sondern Natur, nämlich das bloße Vorkommen von Begebenheiten, die keine Identität haben. Denn Identität gibt es nur als Geschichte. Die Natur kann daher nur nichtidentische Fakten ohne Zusammenhang bergen.)

Das Christusereignis ist also tatsächlich Neuheit in einer „sich wandelnden" Geschichte, und zwar in einer Person: Jesus von Nazareth. Während der Vater das Neue ist, das *Ereignis*, ist Jesus das geschichtlich *Gewordene* und der Geist das geschichtliche *Werden*. Gottesbegegnung heißt dabei nicht, dass wir Jesus begegnen müssen, sondern dass sich in unserer Begegnung der Geschichte Jesu von Nazareth unsere Geschichte bildet. Das

Christusereignis bildet sich dabei am biblischen Zeugnis der Geschichte Jesu und ist der geschichtliche Übergang der Geschichte Jesu auf unsere Geschichte. Nicht einfach die bloße Fortsetzung (das wäre Geist), weil dann die Neuheit fehlen würde! Sondern der Übergang: Neues und seine geschichtliche Einbettung.

Wie passt zu meiner Interpretation das folgende Zitat: „Die *Christologie* wird für eine theologische Ethik aus guten Gründen zum zentralen Kriterium, weil sie das, was grundsätzlich vom Menschen gelten sollte, aber nicht mit letzter Gewissheit ... an ihm aufgewiesen werden kann, zu identifizieren hilft" (167). Das klingt so, als ob Jesus zum ethischen Vorbild für uns gemacht wird. In seiner Weiterführung spricht aber Frey nicht von unserem Handeln, etwa indem wir genauso zu handeln hätten wie Jesus. Vielmehr redet er von der Geschichtlichkeit des Menschen, vom „ereignishafte[n] Kommen Gottes in der Person Jesu Christi" (168). Ethik ist für Frey das Geschichtlichwerden von schöpferischer Neuheit, und zwar bereits geschichtlich gebunden: in der Geschichte Jesu von Nazareth.

9.2 Die Spannung aus Identitätsethik und Eschatologie

Nun kann man zurückfragen, warum sich ethische Verbindlichkeit und Identitätsstiftung ausgerechnet in der Begegnung mit Jesus ereignen soll. Warum nicht in der Begegnung mit Buddha, Mao oder Gandhi? Nun könnte man zum einen darauf antworten: Wer das Christusereignis erlebt hat, für den ist das keine Frage mehr. Im Christusereignis prägt sich die ethische Identität so aus, dass Alternativen (zumindest einigermaßen) bedeutungslos werden. Aber diese Antwort, die wir schon von Herms kennen, kann nicht sehr befriedigen. Denn damit ist die Universalisierbarkeit der christlichen Ethik zugleich infrage gestellt. Nehmen wir an, jemand hat kein Christusereignis erlebt, aber ein Mao-Ereignis. Damit wird seine Identitätsstiftung durch die Geschichte Maos angeleitet. Auch diese Erfahrung hätte zwar eine trinitarische Struktur (die Mao-Begegnung wäre Neuheit, sie würde sich an der Geschichte Maos ereignen und schließlich die eigene menschliche Identität durch einen Mao-Geist prägen lassen). Es wäre aber keine christliche Identitätsethik, die sich dabei bildet. Welchen Grund sollte man haben, mit seiner Mao-Identität noch einmal auf Christus einzuschwenken? Frey betont zwar, dass das Neue Testament uns aufträgt, die Geister zu prüfen

(382). Aber es gibt keine übergeordneten Prüfkriterien, die über der eigenen und ereigneten Identität stehen. Das führt in ein Dilemma: Entweder kann die Geist-Prüfung nur innerhalb der eigenen und ereigneten Identität vorgenommen werden. Dann kann jemand mit einer Mao-Identität nicht darauf kommen, dass eine christliche Identität ethisch besser ist. – Oder die Kriterien für die Geist-Prüfung liegen über der eigenen Identität. Dann kann die Identitätsethik keine ethisch ausschlaggebende Rolle spielen.

Dieses Dilemma scheint die Frage der Universalisierbarkeit der Ethik unlösbar zu machen. Frey äußert sich tatsächlich skeptisch gegen eine bestimmte Form der Universalisierbarkeit. Ein logisches Verständnis von Universalisierbarkeit lehnt er ab (85), also ein Verständnis, wonach ethische Richtigkeit logisch aufgewiesen werden könne. Angesichts des anderen Menschen stellt Frey eine solche Universalisierbarkeit grundsätzlich infrage. Vielmehr muss ja auch dem Anderen ein „Spielraum" gelassen werden, um eine eigene und ereignete Identität auszuprägen (355 f.). Sonst wird der Andere kolonialisiert (59, 352).

Gegen eine formale Universalisierbarkeit stellt Frey aber eine geschichtliche Universalisierung. Eine solche schließe „zugleich die personale und geschichtlich wandelbare Verbindlichkeit" ein (85). Universalisierung stellt sich also je und je ein, kann aber auch je und je wieder verloren gehen (256). Auch sie hat damit einen Ereignischarakter.

Konsequent weitergedacht bedeutet dieser Gedanke, dass Universalisierung keine „apriorische" Bedingung sein darf, dass sie also nicht unabhängig von Geschichte besteht. Freys Satz: „Wir sind uns alle darin gleich, dass wir Ungleiche sind" (276), kann dann nicht apriorisch gemeint sein, sondern muss sich erst in Begegnungen mit den Anderen *einstellen*. Die Andersheit des Anderen besteht nur „im Konkreten" (276). Ein „Gegenseitigkeitsprinzip" ist abhängig „von kulturellen Gesichtspunkten" (256). Die Anerkennung Anderer als Anderer bedeutet daher für Frey eine „gewisse" Gegenseitigkeit (127): „Gewiss" heißt hier anscheinend nicht einfach: völlig bestimmt, sondern eher „irgendwie". Diese Gegenseitigkeit bestimmt sich aber *a posteriori* völlig, nämlich durch die konkrete Begegnung mit dem Anderen. Sie wird also „gewiss", indem sich ihre Gewissheit, was Gegenseitigkeit bedeutet, in der Begegnung erst herausstellt.

Die christliche Ethik hat gegenüber einer Mao-Identität den Vorteil, dass sie sich von der Andersheit des Anderen prägen lässt, denn „Gott, der ganz

Andere, machte sich uns allen, den Ungleichen, gleich" (276). Damit wird der Prozess der Identitätsentwicklung (Geist) aus der Begegnung des Neuen (Vater) im Anderen (Sohn) zur christlich-ethischen Norm. Diese Norm verdankt sich zwar der konkreten Andersheit Jesu von Nazareth. Fließt sie aber einmal in unsere Identitätsentwicklung ein, so tritt sie auch über die Geschichte Jesu hinüber auf die Lebensgeschichten anderer Menschen.

Die Normativität der christlichen Ethik ist daher zwar *a priori* unanschaulich, wird aber je und je konkret anschaulich. Zugleich verblasst ihre Anschaulichkeit wiederum, wenn sie sich in anderen Konkretionen neu veranschaulicht. Frey selbst gibt dafür ein Beispiel, wie christliche Normativität im Fluss ist: „Wann gilt es als legitim, jemanden als ‚sozial schwach' anzuerkennen?" (256). Diese Frage lässt sich nur im jeweiligen kulturellen Kontext bearbeiten, „von einer bereits geübten Praxis" (256). Deshalb kann es sein, dass ein Hartz IV-Empfänger als sozial schwach eingestuft wird, obwohl er mit seinen staatlichen Zuwendungen in einem europäischen Land am Balkan zu den Wohlhabenden gehören würde. Zwar müssen die moralischen Prinzipien „den Regeln der Alltagswelt vorgeordnet" sein (257). Aber das heißt ja nur, dass sie nicht in der Faktizität des Alltags aufgehen, sondern dass eine Differenz zwischen Sein und Sollen besteht. Diese Differenz aber stellt sich in der Alltagswelt selbst ein, nämlich in konkreten Begegnungen. Da sich nun in verschiedenen Alltagswelten unterschiedliche ethische Normen einstellen, so damit auch verschiedene Konkretionen von Universalisierungen.

Bei Frey wird also Identität mit Variabilität verknüpft. Obwohl seine Ethik „Identitätsethik" ist, ist mit ihr keine universalgeschichtliche Anschauung einer Gesamtgesichte oder eines Ganzen verbunden (201, 467). „Die *jüdisch-christliche Tradition* kennt keine Grundlage der Ethik im Sinne einer kognitiven Fundamentalorientierung" (310). Die menschliche Identitätsentwicklung ist eschatologisch ausgerichtet. Eschatologie meint bei Frey den Sachverhalt, dass die menschliche Entwicklung offen ist: Der Mensch geht keinem abschließenden Ziel entgegen, sondern seine Identitätsentwicklung prägt seine gesamte Existenz: „Die Selbsterkenntnis des Glaubenden kann deshalb nie abgeschlossen sein, aber genau diese Unabgeschlossenheit ‚definiert' ... den Menschen in biblischer Sicht" (284). Dementsprechend unterscheidet sich Eschatologie von „Teleologie". Der Fehler der Teleologie sei, dass das Ziel in gegenwärtigen Sachverhalten bereits enthalten ist, dass das gegenwärtige Dasein darauf ausgerichtet ist, worauf es zugeht oder was seine „Bestimmung" ist (284). Deshalb kann Eschatologie für Frey keine Teleologie sein, denn Zielbestimmung ergibt sich ja immer erst durch Identitätsentwicklung. Und da bei ihr immer wieder Neues auftritt, was sich aus dem bloßen Lebensvollzug nicht ableiten lässt, kann das Ziel des Daseins nicht teleologisch bestimmt werden. Eschatologisch hat Existenz vielmehr einen offenen Ausgang, damit sich Identität *bilden* kann, und zwar *bleibend* bilden kann. Teleologie wird statisch gedacht, Eschatologie dagegen ergibt sich aus der „Begegnung mit Gott in der Geschichte, also mit dem Ewigen in der Zeit" (329). Die „letzten Dinge" der Eschatologie werden bei Frey nicht als der Abschluss der Geschichte verstanden, sondern genau umgekehrt als die Begegnung mit Gott, die Geschichte eröffnet. Eschatologie meint nicht das Ende der Geschichte, sondern die Zukunft der Geschichte: „Zukunft des Gekommenen" (343).

Freys Ethik ist eine Identitätsethik und besteht darin, dass sich das Christusereignis in der menschlichen Identität auswirkt. Das Christusereignis erzeugt damit eine ethische Verbindlichkeit – sowohl in einzelnen Personen als auch in Institutionen oder in der Gesamtgesellschaft. Zugleich aber relativiert sich diese Verbindlichkeit wieder, weil die Identitätsentwicklung nie abgeschlossen ist. Menschliche Identität ist weder abgeschlossen noch teleologisch in unserer faktischen Existenz bereits enthalten. Die ethische Verbindlichkeit ist dadurch wandelbar: Sie löst sich immer wieder auf, je nachdem welche Begegnungen wir haben, welchen Andersheiten wir begegnen und mit welchen Neuheiten wir konfrontiert werden. Ereignisse setzen Verbindlichkeiten außer Kraft und ersetzen sie durch neue. Ethik ist daher nicht universalisierbar, es sei denn, immer nur je und je. Eine solche Universalisierung ist Geltung unter Vorbehalt: Es mag sein, dass unter den gegenwärtigen identitätsethischen Bedingungen und den dabei vorausgesetzten Begegnungen nichts anderes gilt, aber es mag auch sein, dass sich die Geltung beim nächsten Ereignis auflöst.

Wie lässt sich diese Spannung auflösen? Kurz gefasst geht es um die Frage: Wie hängen Identitätsethik und Eschatologie zusammen? „Die christliche Ethik muss Handlungsfelder und Verhaltensbereiche angeben können, in denen sich der eschatologisch ausgerichtete Glaube – oft in Gestalt kontrafaktischer Erfahrung – Gestalt geben kann. Das ist ein zentrales Thema der Sozialethik" (339). Die Verbindlichkeit ist die Identitätsentwicklung – die auch dann noch verbindlich bleibt, wenn einzelne Geltungen abgewandelt oder ersetzt werden. Frey stellt seiner Ethik die Kasuistik entgegen, nach der sich moralische Probleme nur im Einzelfall lösen lassen und nicht in allgemeinen Prinzipien. Der Kasuistik fehlt nach Frey der Zusammenhang des Allgemeinen und des Situationsspezifischen (81, 240). Diesen Zusammenhang bietet er mit seiner Identitätsethik auf: Wohin wir auch immer geführt werden im Christusereignis – wir werden dazu geführt, unsere Identität zu entwickeln, und zwar am Christusereignis entlang. Das ist keine apriorische Regel, sondern sie ergibt sich erst durch das Christusereignis selbst.

Das Fragmentarische, die Variabilität, das Je und Je, Universalisierung unter geschichtlichem Vorbehalt, Identitätsentwicklung durch die Andersheit des Anderen – das alles sind Begriffe, die Freys Ethik charakterisieren. Er skizziert damit eine flexible Ethik und wehrt sich gegen jede Form eines ethischen Rigorismus – sei er formal (wie die Ethik Immanuel Kants) oder inhaltlich (wie etwa eine religiöse Gebotsethik).

Ich frage mich allerdings, ob Freys flexible Lösung nicht doch auch eine formalistische ist. Welche Inhalte von Jesus Christus bleiben übrig? Und welche überdauern vor allem auch zeitliche und kulturelle Schwankungen? Von Glaube, Hoffnung, Liebe wird zwar gesprochen, von Nächstenliebe und Feindesliebe, aber diese Begriffe werden in sein Konzept identitätsethisch transformiert. Dadurch, dass alles identitätsethisch im Fluss ist, kann Feindesliebe alles Mögliche bedeuten, was der eigenen „Dezentralisierung" (313, 362) und der Identität des Anderen (309, 334) entspricht.

Wichtig scheint Frey an der Feindesliebe letztlich nur zu sein, dass sie die Logik der Feindschaft durchbricht. Der Formalismus der Feindschaft wird unterbunden, der darin besteht, dass ein Feind formell uns dazu zwingt, seine Feinde zu sein. Dieser Formalismus scheint offenbar schon deshalb für Frey ethisch problematisch zu sein, weil er formalistisch ist (340).

Feindesliebe dagegen ist nicht deshalb ethisch bedeutsam, weil sie aus Feinden Freunde macht, Aggression hemmt oder zu den besseren Konsequenzen führt – sondern nur, weil sie eine Neuheit in Begegnung einführt: „Zum neuen Verhalten ermutigt die Erfahrung der Schöpfung: Die Sonne – und damit die Güte Gottes – leuchtet über Gerechten und Ungerechten auf" (341, Mt. 5,45). Nicht weil sie die Sonne ist und nicht weil die Sonne jeden Tag aufgeht, sondern weil das Aufgehen der Sonne eine Neuheit in Begegnung (mit der Sonne) ist, wird Feindesliebe begründbar.

Feindesliebe ist eine identitätsethische Konsequenz dieser schöpferischen Erfahrung, eine Konsequenz des Christusereignisses. Aufschlussreich ist, dass Frey die andere Begründung Jesu für die Feindesliebe hier auslässt: nämlich dass seine Jünger vollkommen sein sollen wie der himmlische Vater (Mt. 5,48). Diese Begründung ist nämlich keine Neuheit, sondern ergibt sich aus der Erwählung Israels im Alten Testament. Eine solche Begründung ist formalistisch und verschließt sich weiterer inhaltlicher Konkretionen. Was genau wir tun sollen, wenn wir unsere Feinde lieben sollen, bleibt dann offen. Das lässt sich nur in Begegnung bestimmen.

Ob Freys ethische Grundlegung in einem trinitarischen Strukturformalismus stehen bleibt oder ob es doch mehr inhaltliche Verbindlichkeiten in seiner Ethik gibt, möchte ich daher in einem abschließenden dritten Schritt untersuchen, indem ich sein Verständnis zur Bedeutung der Bibel für die Ethik darstelle.

9.3 Die Bedeutung der Bibel für die Ethik

Frey wiederholt in seiner Bibelhermeneutik seine Formalstruktur. Oder anders: Er findet sie in ihr und entwickelt sie aus der Bibel. Wenn die Ethik in Bewegung ist, dann ist es die biblische Ethik auch. Frey beschreibt die Konsequenz seines Ansatzes so, „dass die *Geschichte* der Bildung und Umbildung des Ethos im Hintergrund der biblischen Schriften nicht nur wichtig, sondern für die christliche Ethik geradezu konstitutiv ist" (189, Herv. C.F.). Eine biblisch-theologische Begründung der Ethik „kann lediglich bedeuten, dass Grundlagen ethischer Urteilsbildung ... in der biblisch bezeugten Geschichte Gottes mit den Menschen zu finden sind" (171). Nur zu finden! Ethik wird nicht aus der Bibel entwickelt. Bezüglich ihrer Entwicklung steht die christliche Ethik in grundsätzlicher Abhängigkeit von der philosophischen Ethik (107). Deshalb kann die Bibel die ethischen Strukturen nur wiederholen, die allgemein gelten.

Nun könnte man theologisch gerade umgekehrt argumentieren und dabei sogar Freys zentrale Begrifflichkeit dafür verwenden: Wie Ethik ist, erfahren Menschen durch das Christusereignis. Dieses hat wesentlich mit der Geschichte Jesu von Nazareth zu tun, die sich primär aus der Bibel rekonstruieren lässt. Also ist jede Ethik – auch die philosophische! – abhängig von der biblischen Ethik. Wenn Frey dieser Argumentation nicht folgt, so liegt bei ihm zwar ein theologisch-ethischer Entwurf vor, aber keine christologische Begründung von Ethik. Sein Geschichtsbegriff ist nicht streng in der Christologie verortet; eher ist es umgekehrt: Die Christologie passt auf seinen Geschichtsbegriff. Die Beobachtung vom Anfang des Kapitels kehrt wieder: Es ginge auch mit einem Mao-Ereignis, ohne dass sich strukturell für die Ethik etwas ändern würde.

Ich teile Freys kritische Einschätzung, wie oberflächlich ansonsten mit der Bibel in der Ethik umgegangen wird: Man übernimmt unkritisch einzelne Bibelstellen (227), übersieht den Wandel biblischer Gebote (192) oder wählt eklektisch passende Ansprüche aus (193) – um nur einige Fehlhermeneutiken aufzuzählen. Dagegen nimmt Frey „Geschichte zum Ausgang ethischer Reflexion" (193). Geschichte ist Einbruch des Neuen, das sich in der menschlichen Identitätsentwicklung auswirkt. Geschichte ist Schöpfung und geistliche Wirkung – und das alles im Christusereignis, also in der Begegnung mit einer bestimmten menschlichen Geschichte. Bei der Frage, was Priorität hat, Bibel oder Philosophie, scheint Frey also einen Kompromiss vor Augen zu haben, den seine Bibel*hermeneutik* bildet (316): Die Bibel ist ethisch bedeutsam, nicht weil sie ein Buch ist, sondern weil sie eine Geschichte ist. Nicht in dem, was sie sagt, ist sie ethisch verbindlich, sondern darin, dass sie Geschichte dokumentiert – im theologisch qualifizierten Sinn – und Geschichte ist, die sich identitätsethisch auswirkt.

Aber genau darin ist das reformatorische Schriftprinzip erfüllt: Die Bibel bezeugt Christus, und zwar nicht einfach eine historische Gestalt, sondern den lebendigen Christus, der geschichtlich *wird*. Freys Schrifthermeneutik schafft damit die Brücke zwischen philosophischer Ethik und biblisch-theologischer Ethik: Sein Geschichtsbegriff ist sowohl philosophisch als auch theologisch. Dass sich Normen wandeln, zeigt sich sowohl in der Geschichte der Philosophie als auch in der biblischen Geschichte. Die Legitimität dieser Wandlung holt Frey aus dem Christusereignis. Wandelbare Normen sind also kein philosophischer Schönheitsfehler, sondern eine Konsequenz des Christusereignisses, das die Bibel *dokumentiert* und als Geschichte und Begegnung *ist*.

Es ist ein bekanntes Problem der Bibelhermeneutik, ob man angesichts der Vielfalt und auch Widersprüche der biblischen Aussagen bestimmte Aussagen priorisieren darf und welche es dann wären. Gibt es also „Kanon im Kanon", ein verbindliches Set von Aussagen im biblischen Kanon, die anderen Aussagen vorzuziehen sind? Für Frey ist der Kanon im Kanon kein Set von Aussagen, sondern seine Geschichte. Wird Geschichte so verstanden, sind alle biblischen Aussagen gleichermaßen Ausdruck dieser Geschichte.

So kann Frey sogar eine „biblische Theologie" annehmen, die einen roten Faden rekonstruieren will oder im schlechten Fall ihr einen roten Faden nur andichtet. Gegenwärtig wird in der Forschung eher eine Vielfalt unterschiedlicher Theologien und unterschiedlicher von Themen in der Bibel rekonstruiert und sogar unterschiedlicher Götter: So ist historisch zweifelhaft, ob der Gott Abrahams wirklich derselbe ist wie der Gott Moses.

Da für Freys Bibelhermeneutik sich der Kanon im Kanon nicht in seinen Aussagen zeigt, sondern in seiner Geschichte, kann es für ihn auch eine biblische Theologie geben, die aber keinen thematischen roten Faden hat, sondern in der Identitätsentwicklung besteht. Und weil diese Identitätsentwicklung nie abgeschlossen ist, ist der rote Faden der Bibel gerade das Unabgeschlossene. Das gilt etwa für das Verhältnis von Altem und Neuem Testament: Das Alte Testament ist auch deshalb ein Teil der christlichen Bibel, „weil in der darin bezeugten Geschichte derselbe Gott geglaubt wird" (316). Und dass es derselbe Gott ist, liegt darin, dass Geschichte von Gott konstituiert ist.

Übrigens ergibt sich für Frey daraus, dass doch bestimmte Bibelstellen auch Kanon im Kanon sind, nämlich die, in denen die Geschichtlichkeit von Normativität selbst reflektiert wird. Das ist für Frey in guter reformatorischer Tradition die Rechtfertigungstheologie, also die „Lehre von der Rechtfertigung durch Gott in Christus und allein durch Glauben" (198). Der Rechtfertigungsglauben bildet den hermeneutischen „Schlüssel zu einer biblisch perspektivierten Ethik" (199). Denn die Rechtfertigungstheologie ist trinitarisch: durch Gott (I) in Christus (II) und allein durch Glauben (III). Gott ist das Neue im Christusereignis, das sich in der Identitätsentwicklung durch den Heiligen Geist auswirkt. Die Rechtfertigungstheologie drückt damit explizit aus, was Geschichte ist, weil sie von Paulus im Römerbrief genau die Schwankungen der Moralentwicklung beschreibt. Das wird bei Frey zwar nicht näher ausgeführt. Die paulinische Rechtfertigungslehre als Geschichte lässt sich aber zeigen:

1. Adam sündigte, und mit seiner Sünde kam der Tod nicht nur über ihn, sondern über die Menschheit.
2. Das Gesetz wurde gegeben, damit nur noch derjenige den Tod verdient, der sündigt. Das Gesetz sollte damit den Tod begrenzen.

3. Die Sünde – bei Paulus als Macht dargestellt – erregt aber bei allen Menschen die Begierde, um zu sündigen. Also müssen doch alle Menschen sterben.
4. Ein Mensch, Christus, war sündlos, starb aber trotzdem. Damit wird die Logik sowohl Adams als auch des Gesetzes umgedreht: Der Sündlose stirbt, damit die Sünder leben können. Der Mensch wird gerechtfertigt, nun nicht mehr durch seine Werke, sondern allein als Glaube.[105]

Diese Geschichte der Rechtfertigung verändert dabei jeweils, was gilt. Gottes Gesetz hat nicht schon immer gegolten, und seine rechtfertigende Geltung verliert es auch wieder durch das Christusereignis. Deshalb ist Freys Geschichtstheologie der hermeneutische Schlüssel für die ganze Bibel, der sich in der biblischen Rechtfertigungstheologie zeigt. Sie ist damit der Kanon im Kanon, weil sie zugleich auch die Wandelbarkeit ethischer Normen rechtfertigt – und damit die Geschichtlichkeit von Normen *legitimiert*. Die Rechtfertigungslehre wäre missverstanden, wenn nun nichts mehr gelten würde. Vielmehr gilt das „je und je" der Identitätsentwicklung, das sich universalisieren lässt.

Ich habe in dieser Sektion Freys Bibelverständnis näher beschrieben, weil ich in der vorigen Sektion den Einwand geäußert habe, Freys Ethik sei strukturformalistisch und nicht inhaltlich. Was hat jetzt diese Sektion erbracht? Hat sie meinen Verdacht bestätigt oder ausgeräumt? Zum einen ist Frey sich hier treu geblieben: Die Bibel gilt, weil sie Geschichte ist, nicht weil sie konkrete Normen vermittelt, die ewig gelten müssten. (Das Gebot der Feindesliebe kann also irgendwann falsch werden.)

Zum anderen entdeckt seine Bibelhermeneutik einen Inhalt: nämlich die theologische Rechtfertigungslehre. Die Rechtfertigungslehre ist sowohl Geschichte als auch Inhalt: Sie ist nämlich die normative Rechtfertigung des normativen Wandels. Darin steckt aber auch ein Problem: Denn Paulus beschreibt eine Geschichte mit Ende. Die vierte Stufe seiner Geschichte, Christi stellvertretender Tod, wird nicht mehr abgewandelt. Bei Paulus ist das strukturell auch nicht möglich, weil Christus den Anfang dieser

---

105 Dass Glaube keine intellektuelle menschliche Einsicht oder gar Einstimmung bedeutet, sondern Gottes Bindung an den Menschen als Liebe, habe ich gezeigt in L. Ohly: Anwesenheit und Anerkennung, Kap. 4).

Geschichte bei Adam genau umkehrt. Der geschichtliche Wandel hat hier also seine endgültige Grenze, die Frey aber nicht wahrhaben will, weil er Teleologie ablehnt. Muss Frey daher nicht sogar über die Rechtfertigungslehre hinausgehen?

Nun gibt es aber bei Paulus noch eine fünfte Stufe: nämlich das eschatologische Leben der Christen: gerettet sein, doch auf Hoffnung (Röm. 8,24). Das würde genau der Architektur bei Frey entsprechen: eschatologische Existenz als Identitätsentwicklung von Christus her: Die Geschichte Jesu Christi ist zwar nicht mehr umkehrbar und wird auch nicht mehr revidiert werden. Aber die Folgen dieser Geschichte können weiter abgewandelt werden, nämlich in der menschlichen Identitätsentwicklung. Ich sehe also in der biblischen Rechtfertigungstheologie

1) den hermeneutischen Schlüssel für Freys Bibelverständnis,
2) die methodischen Brücke, philosophische Ethik mit theologischer Ethik zu vermitteln,
3) eine Theorie, die Freys strukturformalistisches Geschichtsverständnis mit einem theologischen Inhalt und sogar mit einer ethischen Legitimation vermittelt: Wandelbarkeit ist legitim, weil und sofern sie von Gottes Konstitution der Geschichte abhängt. Die Legitimität, die sich in Begegnung überhaupt erst ausprägt, kann sich nur in ihrer inhaltlichen Wandelbarkeit durchhalten.

9.4 Eine Rückfrage

Wann wissen wir aber, welche Epoche der Identitätsentwicklung eintritt? Feindesliebe etwa ist zu bestimmten Zeiten normativ bindend, zu anderen aber möglicherweise nicht. Woher wissen wir, welche Zeit angebrochen ist? M.E. gibt es dafür folgende mögliche Quellen:

1. Etwas Neues ereignet sich. Und da Neuheiten nicht aus dem Bestehenden hergeleitet werden können, sondern sich frei ereignen, passen gegebene Normen auf sie nicht. Damit man hier nicht in eine Epoche der Unverbindlichkeit eintritt, muss aber das Neue seine eigene Verbindlichkeit mitsetzen. Begegnung schafft einen zwingenden Charakter. – Das Problem daran ist aber, dass der zwingende Charakter sich nicht beschreiben lässt. Er besteht zwar, aber er lässt sich nicht begründen – außer zirkulär

mit der Situation, dass es sich hier um etwas Neues handelt. Es besteht ein zwingender Charakter, aber frei schwebend. Vor allem lässt er sich nicht unterscheiden von der Verbindlichkeit der Identitätsethik. Nehmen wir als Beispiel die Flüchtlingskrise im Jahre 2015: Sollen Deutschlands Grenzen unkontrolliert geöffnet werden? Man könnte damit argumentieren, dass es sich um eine völlig neue Dimension von Flüchtlingsströmen handelt, die daher alle bisherigen Normen außer Kraft setzt. Aber ist das so? Oft haben Befürworter für unkontrollierte Grenzen damit argumentiert, dass es zu allen Zeiten Flüchtlinge gab. Es ist also hier nicht klar, ob hier etwas Neues passiert ist oder sich nur ein Wandel innerhalb einer bestehenden Identitätsentwicklung ereignet.
2. Die Rechtfertigungslehre gibt die Entwicklung frei, sofern sie sich auf Hoffnung stützt (die fünfte Stufe in der Geschichtserzählung von Paulus). Das mündet dann in eine Form der Gesinnungsethik: Moralisch richtig ist, was Menschen aus Hoffnung tun. Das Problem daran ist eine drohende Beliebigkeit.
3. Die menschliche Identitätsentwicklung durch den Heiligen Geist gibt ein Kriterium ab für ihre eigene Entwicklungsrichtung. Das wäre aber wieder Teleologie, die Frey ablehnt: Das Ziel wäre bereits in der Entwicklung mit enthalten.
4. Als vierten Vorschlag könnte man die Kombination aller drei Vorschläge heranziehen – genauso wie Freys ethische Struktur ja trinitarisch ist. Bezeichnend für diese Kombination ist Freys Beschreibung des menschlichen Gewissens: „Auch wenn es irrt, kann es seine Bestimmung, auf die Einheit des Selbst zu zielen, niemals ganz verlieren" (401). Hier ist der Irrtum ein Element der Identitätsethik und die Rechtfertigung des Sünders ein Element des geistbestimmten Lebens. Auch der Irrtum wird also in die Identitätsentwicklung aufgenommen aus rechtfertigungstheologischen Gründen. Objektive Falschheit und subjektive Konstruktionen werden in einem Dritten integriert: Das ist die Eschatologie (39).

Nach meinem Eindruck transformiert Frey aber damit die Ethik in Eschatologie. Denn wenn das Falsche eschatologisch integriert wird, dann heißt das ja noch nicht, dass es ethisch richtig ist, dass es eschatologisch integriert wird. Freys Ethik erinnert Luthers Diktum: „Sündige tapfer, aber glaube tapferer." M.E. kommt die Ethik dabei zu kurz. Richtig sind jetzt nicht mehr konkrete Normen, ebenso wie die Bibel nicht durch ihre Aussagen besticht. Richtig ist vielmehr die Geschichte, ebenso wie die Bibel als Geschichte das reformatorische Schriftprinzip bestätigt. Aber dass die Geschichte das Ethische ist, müsste sich an der Normativität der Geschichte ausweisen lassen. Die Wandelbarkeit der Geschichte hebt jedoch genau diese Normativität auf.

So scheint Freys Entwurf als metaethischer Ansatz verstanden werden zu müssen: Er sagt nicht, was ethisch richtig oder gut ist, sondern reflektiert die Bedingungen, von gut und böse, von richtig und falsch reden zu können. Die Hauptbedingung ist offenbar theologisch das Christusereignis und die Wandelbarkeit der Normen ist eine metaethische Konsequenz daraus. Dass man damit nicht zufrieden sein kann, es aber auch nicht ändern kann, ist eine Folge der Rechtfertigungstheologie. Metaethisch folgt damit eine Auflösung der normativen Ethik in Eschatologie. Was ethisch bleibt, ist die metaethische Einschätzung, dass es eben so ist.

Normativ-ethisch also ist Freys Grundlegung unzureichend. Metaethisch dagegen stimme ich ihm zu, dass auch wandelnde Normen niemals die Normativität als solche antasten, sondern höchstens nicht zu ihr passen. Wenn er metaethisch zu verstehen ist, dann folgt m. E. aus seinem Ansatz die Einschätzung, dass wir jederzeit daran zweifeln können, ob wir uns den richtigen Normen unterstellen oder nicht. Ich halte das sogar für eine richtige Einschätzung, aber eben nur, wenn sie metaethisch gemeint ist. Daraus darf dann also nicht ethisch-normativ folgen: „Sündige tapfer, aber glaube tapferer." (Luthers Diktum kann ja gerade nicht ethisch gemeint sein, weil es auf dem Dilemma der Ethik beruht, nie wissen zu können, ob ein bestimmtes moralisches Handeln der Moralität entspricht, der es seinen zwingenden Charakter verdankt.) Sobald es nun um die Frage gehen müsste, welche Normen denn jeweils gelten sollten, wird sie verlagert in die Eschatologie. Die Wandelbarkeit von Normen wird gerechtfertigt, aber nicht, weil sie ethisch richtig wäre, sondern weil Gott barmherzig ist.

Eine normative Ethik kann darüber hinaus an dem Leitgedanken ansetzen, dass sich die Normativität von Normen nicht wandelt, obwohl sie sich wandeln. Wir orientieren also unser Verhalten an den Maßstäben richtig/falsch und gut/böse, auch wenn wir das, was man zu anderen Zeiten falsch fand, inzwischen richtig finden – oder präzisieren. Ethik hat einen zwingenden Charakter – und zwar unabhängig davon, welche Normen gelten. Die

Normativität des Normativen ist dann ein Richtmaß unseres Handelns. Das Thema der normativen Ethik wären dann vielleicht nicht mehr konkrete Normen, sondern die Verbindlichkeit dahinter. Oder das Normative wäre nicht mehr in einer ethischen Grundlegung zu suchen, sondern dann doch in der Kasuistik. Freys Ablehnung der Kasuistik könnte aber auf metaethischen Gründen beruhen, nicht aber auf normativ-ethischen.

10 Hermann Deuser[106]

H. Deuser: *Die zehn Gebote. Kleine Einführung in die theologische Ethik;* Stuttgart 2002

10.1 Zwei metaethische Hauptfragen
10.1.1 Methodische Vollständigkeit?

Zwei metaethische Hauptfragen müssen zumindest implizit in einem ethischen Ansatz beantwortet sein: Zum Ersten stellt sich die Frage der methodischen Vollständigkeit eines ethischen Entwurfs. Ist er methodisch unabgeschlossen, so wankt durch methodische Weiterentwicklungen sein ethischer Charakter. Ethik muss daher darum bemüht sein, zumindest keinen notwendigen methodischen Schritt auszulassen. Der Anspruch von „Letztbegründungen"[107] mag zwar als zu stark erscheinen, also der Anspruch, mit einer letzten Begründung eine ganze Ethik zu installieren. Der Anspruch von solchen Letztbegründungen war in allen Ethik-Entwürfen bis zur Aufklärung typisch: Bei Aristoteles bestand sie im Begehren der Glückseligkeit, bei Kant in der Selbstgesetzgebung, bei Baruch von Spinoza in ethischen Axiomen.

Wer Letztbegründungen formuliert, will nicht nur die notwendigen methodischen Schritte für eine Ethik angeben, sondern auch alle hinreichenden. Das ist ein starker Anspruch. Aber auch wer in der Ethik bescheidener ist, darf sich in der Grundlegung der Ethik nicht damit zufriedengeben, dass er vielleicht etwas übersieht. Zwar setzen wissenschaftliche Theorien voraus, dass sie nur so lange gelten, bis sie widerlegt werden. Wäre Ethik in diesem Sinne eine wissenschaftliche Theorie, wäre sie selbst ein unethisches Programm. Denn eine Ethik, die weiß, dass sie jederzeit widerlegt werden kann, ist dann ethisch nicht vertrauenswürdig.

Deshalb lautet die erste metaethische Frage: Ist ein ethischer Entwurf methodisch vollständig? Damit verbunden ist die Unterfrage, ob sich an der

---
106 L. Ohly: Methodische Vollständigkeit der Ethik.
107 K. O. Apel: Das Apriori der Kommunikationsgemeinschaft und die Grundlagen der Ethik, 409.

Methodik eine solche Vollständigkeit selbst aufweisen lässt. Nun wachsen jedoch die Themen der Ethik rasant an, sodass eine thematische Vollständigkeit allenfalls für einen bestimmten Moment erreicht werden kann – und selbst das dürfte unrealistisch sein.[108] Wir haben es heute etwa in der Technikfolgenabschätzung mit Problemen zu tun, die vor 20 Jahren noch keine waren. Weil die Entwicklungen in vielen Hinsichten unabsehbar verlaufen, ist nicht damit zu rechnen, dass es eine thematische Vollständigkeit jemals geben wird.

Es überrascht daher nicht, dass in manchen Ansätzen der philosophischen Ethik die Vollständigkeit so hergestellt wird, dass man die Diskursprozeduren ethisch vollständig beschreibt.[109] Danach gibt es keine thematische, aber eine prozedurale Vollständigkeit, wie man Themen behandelt, nämlich diskursiv und mit Verpflichtungen gegenüber allen Diskurspartnern. Dabei wird versucht, die Diskursverpflichtungen vollständig zu beschreiben. Doch dabei wiederholt sich zum einen das Problem: Wie zeigt sich die Vollständigkeit der Ethik im ethischen Diskurs? Zum anderen ist selbst dann, wenn der Diskurs die Vollständigkeit der Ethik ausmacht, das Problem noch nicht gelöst: Ethik ist dann immer durch den Diskurs revidierbar. Im Hinblick auf die Anwendung bleibt Ethik dann irrtumsanfällig und steht damit grundsätzlich unter Verdacht, unethisch zu sein. Der Diskurs kann dann die ethische Richtigkeit von Anwendungen nicht sicherstellen. Das mag man für legitim halten, weil auch wissenschaftliche Ergebnisse revidierbar sind. Wie jedoch Johannes Fischer und Hans Joas' diese Transformation der Ethik als Wissenschaft kritisiert haben[110], liegt das Problem auf der folgenden Ebene: Während der hypothetische Charakter der *Wissenschaften* wissenschaftsethisch gerechtfertigt ist, ist die Selbstanwendung der *Ethik* auf wissenschaftsethische Prinzipien eine folgenschwere Reduktion ethischer Verbindlichkeit.

---

108 W. Härle: Ethik, 172.
109 Z.B. J. Habermas: Faktizität und Geltung, 56. J. Rawls: Eine Theorie der Gerechtigkeit;, 159 f. Auch in der Theologischen Ethik sind diese Bindungen in dialogische oder pluralistische Konvergenzmodelle eingewandert. Kritisch dazu J. Fischer: Leben aus dem Geist, 157.
110 J. Fischer: Verstehen statt Begründen, 11 f. H. Joas: Braucht der Mensch Religion, 141, 148.

10.1.2 Vollständigkeit durch Theologie?

Die zweite Hauptfrage lautet, ob der theologische Charakter etwas zur Vollständigkeit der Ethik beiträgt und ob eine methodisch vollständige Ethik daher notwendig theologisch ist. Es ist auffällig, dass etliche nichttheologische ethische Entwürfe diese Frage zumindest ansprechen, wenn auch nur knapp. Die Philosophische Ethik seit der Aufklärung und bis zur Gegenwart verortet sich in der Regel pauschal in Abgrenzung zur Theologischen Ethik.[111] Dabei ist mit dieser Frage noch gar nicht festgelegt, worin der theologische Beitrag der Ethik liegen könnte. Er könnte sich etwa auf die Quelle der ethischen Urteilsfindung beziehen (Genese ethischer Maßstäbe – etwa durch Offenbarung[112]), auf die Geltungsautorität von Normen und Werten (Geltung ethischer Maßstäbe – etwa in Gestalt von Geboten[113]) oder auf die Kraft ethischer Verbindlichkeiten (faktische Orientierung ethischer Maßstäbe – etwa durch die Ausprägung menschlichen Verhaltens[114] oder einer Identität[115]).

Dabei könnte es nun sein, dass zwar für eine methodisch vollständige *Theologische* Ethik *alle* dieser Dimensionen zu berücksichtigen wären, für die Vollständigkeit von *Ethik* dagegen nur eine oder *einige* bestimmte Dimensionen. Und ebenso ist nicht ausgeschlossen, dass diese Dimensionen theologisch offen auf die Ethik eingehen, also so, dass auch nichttheologische Beiträge oder die Antworten verschiedener Religionen den theologischen Bedarf der Ethik schließen.

10.2 Hermann Deusers Programm

Nach meinem Eindruck hat Hermann Deuser auf diese beiden metaethischen Fragen eine positive Antwort gegeben: Ethik ist erstens methodisch

---

111 D. Hume: Dialoge über natürliche Religion, 145. I. Kant: Kritik der praktischen Vernunft, 259 f. P. Singer: Praktische Ethik, 387. J. Rawls: Gerechtigkeit als Fairness, 255. Zum Sonderfall Jürgen Habermas s. Chr. Frey: Wege zu einer evangelischen Ethik, 60.
112 K. Barth: Kirchliche Dogmatik II/2, 571.
113 M. Luther: Sermon von den guten Werken, 210.
114 J. Fischer: Verstehen statt Begründen, 105.
115 F. Schleiermacher: Ethik, 9 (§ 39). Chr. Frey: Wege zu einer evangelischen Ethik, 55 f. u. ö. Zu Herms s. Sektion 7.1.2.

vollständig beschreibbar, was sich an der Methode selbst zeigt. Und zweitens benötigt sie dafür einen theologischen Beitrag. Dabei besticht Deuser durch eine Minimalistik, an der er demonstriert, dass methodische Vollständigkeit in der Ethik kein uferloses Programm ist. Deusers Ethik ist gerade einmal 100 Seiten stark. Sein ethisches Modell in nuce findet sich in einem kleinen Bändchen über die Zehn Gebote. Deuser ist von Hause aus kein Ethiker, sondern extrapoliert seinen ethischen Ansatz aus der Religionsphilosophie. Insbesondere ist er dabei dem Ansatz des Philosophen Charles Sanders Peirce verpflichtet, der bereits in Härles Ethik eine prominente Rolle hatte.

Nun gilt auch für Peirce' Konzept, dass es prinzipiell unabgeschlossen[116] und – wie in prozeduralistischen Ethiken – in einem Diskursuniversum[117] eingebettet ist. Insofern setzt Peirce Unvollständigkeit geradezu voraus. Diese Unvollständigkeit bezieht sich aber nicht auf die Methodik, sondern nur auf die wissenschaftlichen Erkenntnisse, die mit ihr gewonnen werden. Die methodischen Schritte beruhen dagegen auf vorwissenschaftlichen Evidenzen. Deuser wiederum nimmt diese Evidenzen bei Peirce zu Hilfe, um seine vollständige Methodik der Ethik vorzustellen.

Ich werde im Folgenden Deusers drei Prinzipien der Ethik vorstellen und dabei rekonstruieren, wie sie sich aus seinem religionsphilosophischen Programm ergeben. Dabei wird sich auch herausstellen, dass die Theologie nicht etwa nur einen partiellen Beitrag für die Ethik liefert, sondern dass alle drei Prinzipien theologischen Charakter haben, wenn auch nur durch ihre Zusammengehörigkeit und nicht jedes für sich selbst. In einem zweiten Schritt werde ich Deusers Methodik an einem anwendungsethischen Beispiel konkretisieren. Abschließend diskutiere ich, ob Deusers Vorschlag wirklich einer vollständigen ethischen Methodik entspricht und wie leistungsfähig er zur Lösung ethischer Probleme ist.

10.2.1 Deusers ethische Prinzipienlehre

Deuser übernimmt Peirce' Kategorienlehre, mit der sich die gesamte Wirklichkeit darstellen lässt. Danach gibt es drei ontologische[118] Kategorien, die

---

116 Ch. S. Peirce: Semiotische Schriften Bd. 1, 424.
117 Th. McCarthy: Ideale und Illusionen, 345.
118 Peirce spricht von drei Kategorien der „Dinge" (Ch.S. Peirce: Semiotische Schriften Bd. 3, 302).

entsprechend ihrer Zahl „Erstheit", „Zweitheit" und „Drittheit" heißen. Bei Peirce selbst werden diese drei Kategorien theologisch interpretiert[119] und sind vermutlich bereits wie später auch bei Deuser trinitätstheologisch gemeint[120], wobei Deuser die Rolle des Sohnes mit der des Geistes bei Peirce getauscht hat.[121] Unter der Erstheit versteht man den kreativen Impuls einer jeglichen Wirklichkeitsbildung, der eine Qualität ausbildet, noch bevor deutlich wird, auf welchen Gegenstand sich diese Qualität bezieht. Die Gegenständlichkeit wiederum ist die Zweitheit.[122] Erstheit kann nie ohne Zweitheit auftreten.[123] Ein Zweites wiederum kann nie ohne ihre Bildung als Erstheit sein, weil „sich wie in einem Sprung etwas einstellt, das sich immer wieder selbst voraussetzt."[124] Drittheit ist die Relation zwischen Erstem und Zweitem, die zwischen beiden nicht aus sich selbst heraus besteht, sondern erst durch die Drittheit gebildet wird. Zwar können Erstes und Zweites nie unabhängig voneinander auftreten, aber sie sind als solche nicht schon ihre Relation zueinander. Erstes ist Qualitätsbildung ohne Gegenständlichkeit und Gegenständlichkeit ist „roher Zwang"[125] oder „brutal making"[126] ohne die „weiche" Unbestimmtheit der Wirklichkeitsbildung, die Erstheit auszeichnet.

Drittheit bildet damit neue Eigenschaften zwischen Erstem und Zweitem.[127] Sie determiniert dabei diese Relation, ohne selbst determiniert zu sein. Vielmehr entwickelt sich aus diesen drei Kategorien ein offener und unabgeschlossener Prozess der Wirklichkeitsbildung.[128] Gerade indem die Drittheit keine abschließende Determination ihrer Relate vornimmt, gibt sie den Wirklichkeitsprozess für weitere Relationierungen frei. Wirklichkeit wird damit gedacht als eine Verschachtelung von Prozessen, die dabei

---

119 Ch.S. Peirce: Religionsphilosophische Schriften, 120.
120 Ch.S. Peirce: Semiotische Schriften Bd. 1, 144 f.
121 H. Deuser: Kleine Einführung in die Systematische Theologie, 155 f.
122 H. Deuser: Evolutionäre Metaphysik als Theorie des menschlichen Selbst, 59.
123 H. Deuser: Kleine Einführung in die Systematische Theologie, 50. Ders.: Gottesinstinkt, 26.
124 H. Deuser: Kleine Einführung in die Systematische Theologie, 38.
125 Ch.S. Peirce: Vorlesungen über Pragmatismus, 66.
126 Ch.S. Peirce: Semiotische Schriften Bd. 3, 299.
127 AaO, 302.
128 Ch.S. Peirce: Semiotische Schriften Bd. 1, 424.

auf bereits abgeschlossene Prozesse zurückgreifen. Dabei steckt in jedem neuen Prozess ein Moment der Unbestimmtheit, die durch keinen vorangegangenen Prozess aufgehoben werden kann. Dieses kreative Moment der Unbestimmtheit ist die schöpferische Kraft einer *creatio ex nihilo*.[129]

Es ist dieser kosmologische Zusammenhang, der der theologischen Ethik ihre Relevanz und sogar Anspruch auf Universalisierbarkeit verleiht.[130] Dabei sind nämlich alle drei Kategorien einer trinitätstheologischen Position zugeordnet: die Erstheit der schöpferischen Kraft der ersten trinitarischen Position, die Zweitheit der Gegenständlichkeit des Sohnes und die Drittheit der generalisierenden Tendenz, ein Kontinuum zwischen Erstheit und Zweitheit zu erkennen. Sie ist damit Geist.[131] Das kosmologische Kontinuum umfasst dabei Notwendiges und Zufälliges (Kontingentes) – oder anders: Die Wirklichkeit ist sowohl kontinuierlich als auch diskontinuierlich[132]: Allein dadurch, *dass* die Relation zwischen Erst- und Zweitheit in der Drittheit gebildet ist, ist das Kontinuum innerhalb eines Prozesses gewahrt. Wie diese Relation dagegen drittheitlich interpretiert wird, ist nicht-determiniert und damit zufällig (kontingent). Kurz gesagt kann damit keine Ethik ohne den theologischen Beitrag auskommen und kein einziger Wirklichkeitsmoment der Ethik darauf verzichten.

10.2.2 Das Verallgemeinerungsprinzip

Die drei Kategorien treten in Deusers Ethik als drei *Prinzipien* (10–39) auf, nämlich in Form eines Verallgemeinerungs-, eines Realisierungs- und eines Glaubensprinzips. In seiner Ethik hat er die Zählung umgedreht, ansonsten ändert sich gegenüber Peirce nichts: Sein drittes ethisches Prinzip folgt der Kategorie der Erstheit, während umgekehrt das erste Prinzip aus der Drittheit folgt. Diese Abweichung der Zählung scheint Deusers Annahme geschuldet zu sein, dass das Verallgemeinerungsprinzip ethisch eine höhere intuitive Plausibilität besitzt als das Glaubensprinzip und dass deshalb für das letztere ein weiterer Anlauf nötig ist. In fachethischen Diskursen kann man hierüber inzwischen anderer Auffassung sein, da zum einen die Uni-

---

129 H. Deuser: Kleine Einführung in die Systematische Theologie, 51.
130 AaO, 138.
131 AaO, 155.
132 H. Deuser: Evolutionäre Metaphysik, 51 f.

versalisierbarkeit als notwendiges Element der Ethik teilweise bestritten wird[133] und da zum anderen alternative Ethik-Begründungen vorliegen, die nicht bei der Gleichheit aller Menschen ansetzen, sondern bei dem inkommensurablen Gegensatz zwischen mir und dem Anderen (Bonhoeffer, Levinas[134]).

Deuser führt jedoch als Grund für das Verallgemeinerungsprinzip an, dass „die Beobachtung und Erkenntnis der wechselseitig gleichen Lebens- und Handlungsbedingungen aller Menschen ... (prinzipiell gesprochen) auch allen Menschen in gleicher Weise zugänglich" (30 f.) sei. Hier wird eine Abstraktion vorgenommen, deren Generalisierung für die Kategorie der Drittheit typisch ist.[135] Man kann zwar *diese* Konkretisierung des Verallgemeinerungsprinzips auch durch eine andere ersetzen – denn, wie schon erwähnt, könnte jede Interpretation auch anders vorgenommen werden –, aber das nimmt dem Verallgemeinerungsprinzip nicht seine Geltungskraft: Denn immerhin ist die interpretierende Relationierung von Erst- und Zweitheit eine Verallgemeinerung der Drittheit. Nun lassen sich alle Lebensprozesse von Menschen in diesen drei Kategorien beschreiben. Also müssen sich ihre Lebensbedingungen auf prinzipieller Ebene verallgemeinern lassen.

Das Verallgemeinerungsprinzip ist ethisch folgenreich: Es erzwingt nämlich seine Anerkennung (31), weil Menschen ohne das Moment von Drittheit gar nicht dauerhaft leben können. Menschliches Leben ist als solches relationierend und damit auch generalisierend. Es spürt Gesetzmäßigkeiten auf. So lässt sich bei Peirce der Unterschied zwischen Mensch und Ding darstellen: „Ein existierendes Ding ist einfach ein blind reagierendes Ding, dem nicht nur alle Allgemeinheit, sondern auch alle Repräsentation völlig fremd ist."[136] Dagegen sind (menschliche) Gesetze Symbole[137] – und damit Drittheiten.[138] Anders gesagt müssen Menschen gesetzmäßig leben und damit das Verallgemeinerungsprinzip anerkennen: Denn selbst wenn sie

---

133 Etwa im Kommunitarismus oder in theologisch-ethischen Story-Konzepten. Zu Herms s. Sektion 7.1.1.
134 Kap. 14. Zum Zusammenhang von Levinas und einer Kritik an der Universalisierbarkeit s. Chr. Frey: Wege zu einer evangelischen Ethik, 87.
135 H. Deuser: Evolutionäre Metaphysik, 59, 63.
136 Ch.S. Peirce: Vorlesungen über Pragmatismus, 70.
137 Ebd.
138 Ebd., 69.

das Verallgemeinerungsprinzip nicht anerkennen wollen, müssen sie dafür allgemeine Gründe haben, was wiederum die Anerkennung dieses Prinzips voraussetzen würde.

Mit der Anerkennung des Verallgemeinerungsprinzips ist auch die Anerkennung von Menschen als Menschen mitgesetzt (31), denn die menschliche Gleichheit ist der Gehalt des Verallgemeinerungsprinzips. Deusers Verallgemeinerungsprinzip interpretiert also die Herleitung der Menschenrechte kategorientheoretisch als Folge der Drittheit. Er leitet die Menschenrechte her aus faktischen Diskursen bzw. faktischen Zeichenprozessen: Drittheit wird rückwirkend als Bedingung der Diskurse entdeckt.

In Deusers Kombination der drei Kategorien mit der Trinität Gottes ist das Verallgemeinerungsprinzip zugleich theologisch dem Wirken des Heiligen Geistes zuzuschreiben. Dabei scheint sich Deuser allerdings weniger der biblischen Pneumatologie als vielmehr der Trinitätstheologie Augustins und dann des 20. Jahrhunderts – etwa bei Eberhard Jüngel[139] – verpflichtet zu fühlen, wonach der Geist die Beziehung zwischen Vater und Sohn ist. Unter der Bedingung also, dass sich die beiden anderen Prinzipien theologisch auf den Vater bzw. Erstheit und den Sohn bzw. Zweitheit beziehen lassen, ergibt sich dann, dass ihre Relation zueinander der Geist Gottes ist. Der theologische Charakter des Verallgemeinerungsprinzips ist also ohne die beiden anderen Prinzipien nicht erkennbar. Daher muss nun neben der Geltung der beiden übrigen ethischen Prinzipien auch ihr theologischer Charakter ermittelt werden.

10.2.3 Das Realisierungsprinzip

Zweitheit wird als das bloße Dasein charakterisiert. Der Ausdruck „Realisierung" zielt dagegen auf etwas, was noch nicht da ist, auch wenn es bereits angelegt sein mag. Wie kann nun das Realisierungsprinzip aus der Zweitheit folgen?

Zweifellos hat es Ethik mit Realisierung zu tun. Wäre die Realisierung von Zielen grundsätzlich nicht möglich, so müsste sich die Ethik nicht mit ihnen beschäftigen. Allenfalls wäre dann noch ethisch relevant, welche sozialen Effekte dadurch bewirkt werden, dass nicht-realisierbare Ziele gesetzt

---

139 E. Jüngel: Das Verhältnis von „ökonomischer" und „immanenter" Trinität, 273.

werden.¹⁴⁰ Schon dadurch wird aber vorausgesetzt, dass Realisierungen überhaupt möglich sind. Ansonsten gäbe es für die Ethik weder einen Bedarf noch eine Möglichkeit. Realisierung ist aber nach Peirce keiner einzelnen Kategorie zuzuschreiben, sondern ergibt sich als Resultat von Prozessen, an denen alle drei Kategorien beteiligt sind. Wie lässt sich das Realisierungsprinzip auf die zweite Kategorie rückführen?

Anscheinend versteht Deuser die Realisierung als einen Aspekt der bloßen Gegebenheit bestimmter Gegenstände.¹⁴¹ Dafür spricht, dass er die offene Seite des Menschen in seiner bloßen Gegebenheit beschreibt. Dann wird der Mensch in seiner Gegenständlichkeit so bestimmt, dass die Offenheiten von Lebenserfahrungen notwendig zu ihm gehören. Der Mensch muss Erfahrungen machen (35). Die menschliche Person wird als „Selbst in unersetzbaren Lebensbezügen" (35, vgl. 36) bestimmt. Realisierung folgt also aus Zweiheit aus dem Grund, *dass in der bloßen Realität des Menschen bereits ein Zwang zur Realisierung mitgegeben ist.* Menschen existieren nur so, dass sie sich dabei realisieren (müssen). Sie können gar nicht anders als so existieren. Darin liegt der „rohe Zwang" der Zweiheit beim Menschen. Ausdrücklich sagt Deuser, dass dieser Aspekt der Realisierung noch keine „Erfüllung" bedeutet (36). Gerade die Differenzerfahrung aus faktischer Realisierung des Menschseins und der Offenheit ihrer Erfüllung nötigt zu einer ethischen Aufgabenbeschreibung (36).

Das Realisierungsprinzip setzt also bei der „genuinen" (36) Zweiheit an, nämlich bei der realen Relation, die die Realität des Menschen *ist*, nämlich als Relation zu ihrer Realisierung. Der rohe Zwang, sich realisieren zu müssen, wandelt sich zu einem ethischen Zwang, sich nach einer beschriebenen Aufgabe zu realisieren.

---

140 Etwa solche Diskussionen werden derzeit im Bereich der Bioethik und in der Frage zum Transhumanismus geführt. L. Ohly: „Playing God", 99.

141 Der Vorschlag, dass Ethik immer auf Realisierung ausgerichtet ist, fällt aus, da sich diese Begründung auf das Verallgemeinerungsprinzip rückführen lässt. Realisierung wäre danach verallgemeinerbar. Der Vorschlag wäre daher ein Ausdruck von Drittheit, nicht von Zweiheit. Diese Verallgemeinerung verdankt sich dabei nicht selbst der Realisierung, sondern der bloßen Realität: Ethik kann auch dann auf Realisierung ausgerichtet sein, wenn aufgrund von Zweiheit *Realität* gegeben ist, ohne dass Zweiheit eine weitere Realisierung in Aussicht stellt.

Das Realisierungsprinzip kann selbst aber noch keine Normativität besitzen. Es ist eine Bedingung der Ethik, aber selbst noch kein ethisch-normatives Prinzip. Normen können ohne Drittheit nicht gebildet werden. Was unter dem Stichwort „Realisierungsprinzip" verhandelt wird, entspricht vielmehr dem, was die ethische Tradition unter dem moralischen Naturgesetz oder natürlichen Sittengesetz verstanden hat: die Bedingungen des sittlichen Lebens, die rückwirkend – nämlich reflexiv und damit drittheitlich[142] – ethische Verbindlichkeiten schaffen.[143]

Nun ist der theologische Charakter des natürlichen Sittengesetzes umstritten. Ebenso besitzt das Realisierungsprinzip noch keine theologische Evidenz. Deuser versucht auch gar nicht erst, eine solche nachträgliche theologische Begründung zu geben. Immerhin deutet er eine theologische Verortung des Realisierungsprinzips an, wenn er die Realisierung des Guten an religiöse Traditionen bindet (77). Traditionen sind jedoch historisch zufällig, während das Realisierungsprinzip auf dem bloßen Zwang zur Realisierung gründet. Somit werden religiöse Traditionen kaum die Last einer theologischen Begründung für das Realisierungsprinzip tragen können. Vielmehr ist umgekehrt zu fragen, warum ausgerechnet religiöse Traditionen zur Realisierung des Guten (oder gar des höchsten Guts) beitragen.

Von seiner theologischen Kategorienlehre ist das Realisierungsprinzip zwar der zweiten trinitarischen Position zuzuordnen, die das Göttliche unter menschlichen Bedingungen und unter den Bedingungen der Existenz präsent macht. Dafür ist aber die Zweitheit auf die Erstheit angewiesen. Somit scheint der theologische Charakter des Realisierungsprinzips letztlich vom dritten Prinzip, dem Glaubensprinzip, abzuhängen, ebenso wie der theologische Charakter des Verallgemeinerungsprinzips von der Relation der beiden ersten Prinzipien abhängt.

Indem Zweitheit der zweiten trinitarischen Position zugeordnet ist, ist ihr theologischer Charakter kenotisch. Mit der Kenosis wird die Gleichheit Jesu Christi mit Gott gerade unter Bedingungen der Erniedrigung dargestellt. So

---

142 Reflexivität ist eine Relation, die durch Drittheit hergestellt wird.
143 L. Honnefelder: Natur als Handlungsprinzip, 181. Honnefelders Formulierung, dass die menschliche Natur eine „Gestaltevernunft" anstatt einer „Ablesevernunft" sei (178), entspricht ebenso Deusers Inhärenz der Realisierung in der menschlichen Realität.

sehe ich auch das theologische Verhältnis von Erstheit und Zweitheit bei Peirce und Deuser: Die Zweitheit stellt das Kreative der Erstheit unter den Bedingungen der Gegenständlichkeit dar. Gerade deshalb lässt sich dann auch verständlich machen, warum religiöse Traditionen die Aufgabe haben, an der Realisierung des Guten zumindest mitzuwirken: In ihnen wird das Göttliche kenotisch, sodass es sich in einem sinnvollen Leben (77) auswirken kann.

10.2.4 Das Glaubensprinzip

Glaube ist unvermeidbar. Damit meint Deuser nicht den Glauben an einen Gott, sondern das vertrauensvolle Sicheinlassen auf kreative Momente, die aus Unbestimmtheit in Bestimmtheit übergehen, eben von Erstheit zur Zweitheit. Wir müssen darauf vertrauen, dass sich in unserem Leben immer etwas bildet, bei dem wir noch nicht absehen können, wohin es führt. Dieses Vertrauen richtet sich dabei auf nichts Bestimmtes, sondern auf den Übergang vom Unbestimmten zum Bestimmten. Dabei ist dieser Übergang selbst noch unbestimmt, weshalb ebenfalls das Vertrauen ungesichert ist. Es ist die Bedingung für alles weitere Vertrauen, das wir in bestimmte Instanzen haben – in unsere Freunde oder dass unser Auto bei der nächsten Fahrt nicht ausfällt. Ihnen gegenüber ist jenes grundlegende Vertrauen in den Übergang von Erstheit in Zweitheit ein „Basisvertrauen"[144] als existenzielle Grundlage des Menschen. „Seine Autorität besteht folglich immer aus ihm selbst und ist insofern absolut."[145] Es hängt von keiner Instanz ab und lässt sich auch nicht aus Lebenserfahrung lernen, sondern muss immer schon gegeben sein. Es richtet sich auf die „kreative Unbestimmtheit"[146], nämlich auf die evolutionäre Entwicklung kreativer Qualitätsbildungen.

Deshalb benutzt Deuser dafür den religiösen Ausdruck „Glaube". Eine Ethik wäre ohne diesen Glaubensbezug unvollständig.[147] Das Glaubensprinzip macht die unmittelbare („präreflexive" [38, 44]) Anerkennung des Vertrauens in schöpferische Prozesse ausdrücklich und für die Ethik verbindlich. Es fordert nichts, was Menschen nicht ohnehin schon leisten, aber es macht auf diesen Zusammenhang des unmittelbaren Vertrauens

---

144 H. Deuser: Kleine Einführung in die Systematische Theologie, 37. Ders.: Religion: Kosmologie und Evolution, 24.
145 H. Deuser: Kleine Einführung in die Systematische Theologie, 37.
146 H. Deuser: Evolutionäre Metaphysik, 55.
147 Ebd.

und der unbestimmten Kreativität aufmerksam. Gerade weil Erstheit Unbestimmtheit einschließt, kann das Vertrauen in kreative Qualitätsbildungen nur unmittelbar sein. Indem es sich nicht auf etwas bezieht, entspricht der Kreativität in seiner Richtungslosigkeit.

Offenbar scheint Deuser anzunehmen, dass der Glaube nicht nur in diesem richtungslosen Vertrauen wirksam ist, sondern auch in anderen Emotionen, die von ethischer Relevanz sind, etwa auch in Lieben und Fürchten, aber auch Vertrauen in einem drittheitlichen Sinn: Vertrauen in jemanden Bestimmten (38). Diese drittheitlichen „Phänomene" (38) besitzen nämlich ein überschießendes Moment, das sich nicht auf Gegenständlichkeit oder eindeutige Interpretationen reduzieren lässt. Das lässt sich am Beispiel der Liebe zeigen: Wer jemanden liebt, kann nicht durch Verweis auf die Eigenschaften der geliebten Person einen hinreichenden Grund geben, weshalb er liebt. Denn wären diese Eigenschaften der hinreichende Grund der Liebe, so müsste jeder andere Mensch diese Person auch lieben. Ebenso wenig kann eine Interpretation eine hinreichende Begründung abgeben: Denn da jede Interpretation auch andere Schlüsse zulässt, muss nicht jeder, der der Interpretation eines Liebenden folgt, selbst zu einem Liebenden werden.

Ähnlich ist es mit dem Phänomen des Fürchtens. Das Wovor des Fürchtens ist in seiner Unheimlichkeit uneinholbar. Deuser scheint daher in diesen Emotionen – zu denen auch der Glaube gehört – unbestimmte Tiefenschichten (38, 39) zu ahnen, die aber Bestimmtheiten *„ex nihilo"* erzeugen. Darin besteht ihr theologischer Charakter.

Ethisch plädiert das Glaubensprinzip damit für einen Emotivismus. – Ich hatte bereits gezeigt, dass Härle gegen einen platten Emotivismus Widerspruch eingelegt hat (aber dann in einem tieferen Sinn ebenso im Anschluss an Peirce selbst Emotivist ist). Bei Deuser nun finden Emotionen ihr ethisches Kriterium in ihren tieferen Lagen: Das Kriterium ist das, was uns orientiert, weil es aus der Unbestimmtheit in Bestimmtheit übergeht.

10.3 Der trinitarisch-theologische Charakter der drei Prinzipien

Im Sinne klassischer Ethik-Ansätze integrieren Deusers Prinzipien Emotivismus, natürliches Sittengesetz und eine Universalisierbarkeitsausrichtung. Deusers Ethik verschränkt diese drei Ansätze so, dass sie sich wie die drei trinitarischen Personen perichoretisch durchdringen und nicht isoliert voneinander vorkommen. Das Glaubensprinzip (1. trinitarische Position, Kategorie der Erstheit) kann nur dann Anerkennung kreativer Unbestimmtheit sein, wenn sich diese Unbestimmtheit in Realisierung von Bestimmtheiten mit einem „rohen Zwang" niederschlägt (2.). Ansonsten wäre diese Unbestimmtheit ein bloßes Aufblitzen kreativer Momente, ohne dabei etwas zu hinterlassen. Eine solche unverbindliche Unbestimmtheit wäre nicht einmal wahrnehmbar, weil Wahrnehmung ein Mindestmaß an Bestimmtheit verlangt. Deshalb beruht das Realisierungsprinzip auf der kreativen Unbestimmtheit des Werdens. Umgekehrt beruht das Glaubensprinzip darauf, dass sich die kreative Unbestimmtheit überhaupt in irgendwelchen Bestimmtheiten realisiert. Erst- und Zweitheit sind hier wechselseitig aufeinander bezogen.

Das Verallgemeinerungsprinzip (3.) beruht ebenfalls auf einer Unbestimmtheit, nämlich auf der Unbestimmtheit des ersten Gebots: „Ich bin der HERR, dein Gott. Du sollst keine anderen Götter haben!" Gerade weil das Glaubensprinzip ein unabweisbares und tiefergelegtes Vertrauen in die Kraft schöpferischer Unbestimmtheit explizit macht, kann das erste Gebot nicht ein einziges konfessionelles Gottesbild voraussetzen (38). Die religiöse Interpretationsoffenheit des ersten Gebotes beruht auf dem Verallgemeinerungsprinzip (38), während dieses wiederum auf der Unbestimmtheit der göttlichen Kreativität beruht. Erst- und Drittheit sind hier wechselseitig aufeinander bezogen.

Da sich das Glaubensprinzip jeweils mit den beiden anderen Prinzipien wechselseitig durchdringt, folgt daraus rein formallogisch, dass sich auch die beiden anderen Prinzipien wechselseitig durchdringen.[148] Dabei bleiben die beiden Prinzipien allerdings von der Vermittlung des Glaubensprinzips abhängig. Nur unter der Bedingung, dass sich das Glaubensprinzip jeweils mit einem der beiden Prinzipien wechselseitig durchdringt, folgt, dass auch sie sich

---

148 Das logische Gesetz des hypothetischen Syllogismus kommt hier zur Anwendung: Wenn a → b und wenn b → c, so folgt a → c. Da nun sowohl das Realisierungs- und das Verallgemeinerungsprinzip aus dem Glaubensprinzip folgen als auch das Glaubensprinzip aus jedem der beiden anderen Prinzipien folgt, lässt sich diese logische Reihe des hypothetischen Syllogismus auf beide anderen Prinzipien anwenden. Damit folgt ihre Wechselseitigkeit – wenn auch nur vermittelt über das Glaubensprinzip.

wechselseitig durchdringen. Zweit- und Drittheit sind hier über die Erstheit wechselseitig aufeinander bezogen. Daraus folgt zwar, dass alle drei Prinzipien nötig sind, um den theologischen Charakter der Ethik aufzuzeigen. Und doch ist es letztendlich das Glaubensprinzip, das diesen theologischen Charakter auch den beiden anderen Prinzipien verleiht. Ohne das Glaubensprinzip wären die beiden anderen Prinzipien theologisch stumm. Mit ihm dagegen wird klar, dass sie sich adäquat gar nicht anders als theologisch fassen lassen.

10.4 Die Vollständigkeit der drei Prinzipien

Deusers Theologie betont, dass Systeme[149] immer unvollständig sind. Aber gerade daraus entnimmt er die Kategorie der Erstheit.[150] Insofern kann auch eine Ethik grundsätzlich nicht vollständig sein. Allerdings kann sie die Unvollständigkeit in ihren Prinzipien mit aufführen. Das leistet das Glaubensprinzip, da es die Unerschöpflichkeit unbestimmter Werdeprozesse aufnimmt. Die drei Kategorien von Peirce' sind zumindest mathematisch-formal vollständig.[151] Alle höheren Strukturen können also letztlich auf diese Dreiheiten reduziert werden. Doch was ist ethisch mit den drei Prinzipien konkret gewonnen? Lassen sich damit wirklich alle ethischen Probleme auf Emotivismus, natürliches Sittengesetz und Universalisierbarkeit reduzieren? Oder werden umgekehrt Probleme ausgeblendet? Und noch schärfer: Sind die drei Prinzipien überhaupt signifikant *ethisch* oder beschreiben sie nur eine allgemeine Wirklichkeitsstruktur, die auch in außerethischen Kontexten Anwendung findet? Dass Wirklichkeit mit dem anfänglichen Gefühl Neues in Erfahrung bringt, das sich in Gegenständen auswirkt und sich in Gesetzmäßigkeiten niederschlägt, ist ein Wesenszug der *Kosmologie* Deusers (und Peirce'). Lässt sich daraus ein ethisches Sollen in signifikanter Weise gewinnen?

Bei Peirce bedeutet tatsächlich Ethik nicht normatives Sollen, sondern hat mit williger Akzeptanz zu tun: Sie wird definiert als Antwort auf die Frage,

---

149 H. Deuser: Evolutionäre Metaphysik, 56, 59.
150 H. Deuser: Evolutionäre Metaphysik, 59.
151 Ch.S. Peirce: Religionsphilosophische Schriften, 121 f. H. Deuser: Gottesinstinkt, 27. Dass diese Vollständigkeit über den mathematischen Formalismus hinaus nicht gegeben ist, was aber am theologischen Charakter einer Kategorienlehre nichts ändert, ist meine These in: L. Ohly: Evolution und Basisvertrauen, 143.

welche Handlungen wir wohlüberlegt anzunehmen *willig* sind.[152] Zwar geht Deuser diese Einschränkung auf den Willen nicht mit, führt die Ethik aber auch aus einem normativen Korsett heraus. Für ihn ist Ethik ein „Erfahrungsbereich"[153] – einer unter mehreren. Dagegen habe ich den Begriff der „Norm" oder des „Normativen" in seinen Publikationen nicht gefunden. Anscheinend will Deuser damit auch den Gegensatz zwischen Sein und Sollen überwinden – nun aber nicht empiristisch oder naturalistisch oder ontologisch (wie andeutungsweise bei Härle oder Herms) – diesen Reduktionismus könnte man allenfalls am Realisierungsprinzip durchführen, da dort die Faktizität des Menschen einen „rohen Zwang" zur Realisierung enthält. Im Hinblick auf das Verallgemeinerungsprinzip dagegen wird die ethische Erfahrung durch den Lebensvollzug erzwungen und gerade nicht naturalistisch. Das Glaubensprinzip wiederum kann gar nicht erzwungen werden, weil es als unmittelbarer Mitvollzug unbestimmter Wirklichkeitsbildungen die erstheitliche Grundlage für jeglichen Zwang bildet. Hier besteht eine Verbindlichkeit ohne Bindung.

Zudem überwindet Deuser mit seinem Ansatz auch eine ethische Fixierung auf den Menschen. Indem der Mensch allgemein mit der Realisierung konfrontiert ist – und nicht nur mit menschlichen Handlungen –, gehört ebenfalls in den ethischen Erfahrungsbereich, auch nicht-menschliche Realisierungen gelten zu lassen.[154] Die Ethik hat nicht nur einen anthropologischen, sondern auch einen kosmologischen Zusammenhang.[155]

Das macht es aber trotzdem möglich, die Ethik auf menschliche Handlungsbereiche zu beziehen. In menschlichen Handlungskontexten wird Realisierung zur „Aufgabe" (36, 81). Der Ausdruck „Gebot" wird jedoch in seiner zweitheitlichen Verwendung erstheitlich ergänzt. Während Deuser meistens von der Gebots*erfüllung* (36, 39, 71, 131) spricht und damit den realisierenden Aspekt des Gebots hervorhebt, erweitert er den Gebotsbegriff durch den *Geschenkcharakter* der Gebotserfüllung, wie er sich erstheitlich kreativen Prozessen der Ermöglichung verdankt (64, 131, 142).[156] Die sog.

---

152 Ch.S. Peirce: Vorlesungen über Pragmatismus, 87.
153 H. Deuser: Gottesinstinkt, 163.
154 So auch Chr. Frey: Wege zu einer evangelischen Ethik, 95 f.
155 H. Deuser: Kleine Einführung in die Systematische Theologie, 138.
156 AaO, 158.

erste Tafel der Zehn Gebote (also bis zum Elterngebot) wird dann sogar zur hinreichenden Bedingung der Gebotserfüllung (39), weil sie mit dem unmittelbaren Vertrauensverhältnis in Gott durch das Glaubensprinzip anhebt (41). Moralisches Sollen bleibt damit in Deusers Ethik nicht einfach ans Sein angebunden, sondern zunächst an das unbestimmte Werden, das Menschen nur widerfahren kann. Demgegenüber wäre die ethische Gegenüberstellung des Sollens zum Sein zu abstrakt, weil das bloße Sein ohne seine Einbettung in kreative Prozesse die Zweiheit kosmologisch isolieren würde. Ethik lässt sich daher weder naturalistisch dekonstruieren noch idealistisch der Wirklichkeit entgegensetzen, weil sich beide in der *Offenheit* von Realisierungsprozessen schneiden.

Die kritische Frage, ob sich Deusers Ethik überhaupt signifikant von der Kosmologie abhebt, setzt dagegen den Gegensatz von Sein und Sollen voraus, den Deuser überwinden will. Ethik als „Erfahrungsbereich" ist vielmehr als Teilbereich in die Kosmologie eingebettet. Diese Einbettung ist ein Indiz für die kategoriale Vollständigkeit der ethischen Prinzipien.

Ob Deusers Ethik jedoch wirklich vollständig ist, lässt sich nicht von vornherein zeigen. Das liegt am Glaubensprinzip: Das unmittelbare Vertrauen des Glaubensprinzips ist uneinholbar. Deshalb ist es ohne Alternative.[157] Man kann nichts beweisen, ohne dieses Vertrauen zu haben. Das schließt einen Vollständigkeits*beweis* aus. Aber Vollständigkeit „besteht" ohnehin nie, sondern wird nur durch das uneinholbare Moment schöpferischer Prozesse *je und je* hergestellt.

Allerdings müsste sich die Vollständigkeit der ethischen Prinzipienlehre Deusers nahelegen lassen, indem man sie auf andere Ethik-Entwürfe anwendet: Dann müssten sich diese alternativen Entwürfe entweder auf die Prinzipienlehre reduzieren lassen oder selbst unvollständig sein. Deusers Ethik empfiehlt sich somit als ein methodisch-hermeneutisches Schleifmesser und hat dann ebenso metaethische Funktion wie lebensweltliche Orientierungsfunktion.[158] Diese Doppelfunktion spricht wiederum *prima facie* für die Vollständigkeit seiner Prinzipien.

---

157 AaO, 74.
158 Von der Metaethik möchte ich nicht die normative Ethik abgrenzen, weil in Deusers Ethik der Normbegriff eben fehlt.

10.5 Wie setzt sich die Prinzipienlehre anwendungsethisch um?

Die Anwendungsethik kann niemals vollständig sein, weil schon das Glaubensprinzip dagegen spricht: Denn Neues tritt in den Erfahrungsbereich des Ethischen ein (89, 91, 94). Deshalb kann ich hier nur einen exemplarischen Einblick geben, wie sich Deusers Prinzipienlehre konkret umsetzt. Die Beispiele, die Deuser wählt, sind die Zehn Gebote. Warum es nur die Zehn Gebote sind und ausgerechnet sie, die er wählt, erklärt sich nicht aus der Prinzipienlehre selbst.[159] Aber selbst wenn sich Deusers Auswahl aus seiner Prinzipienlehre ergibt, so hat sie keinen ausschließenden Sinn. Die Logik kann hier nur eine andere sein: *Wenn* die Zehn Gebote ethisch sind, so fügen sie sich der Prinzipienlehre. Das gilt aber für alle anderen anwendungsethischen Ansprüche auch. Deshalb sind die Zehn Gebote nur eine exemplarische Auswahl für die Prinzipienlehre.

An einem Beispiel der Zehn Gebote möchte ich zeigen, wie sich die Prinzipienlehre konkretisieren lässt, und zwar am Tötungsverbot, das etliche aktuelle Themen berührt, etwa die Fragen der Menschenrechte, der Friedensethik, aber vor allem der bioethischen Fragen der Manipulation an beiden Lebensgrenzen. Das Tötungsverbot begründet sich allein schon aus dem Leben als Bedingung des Realisierungsprinzips: Wenn zur Realität des Menschen der Zwang zur Realisierung gehört und wenn dieser Zwang vom Leben abhängt, so muss Leben geschützt werden. In Deusers Begründung des Tötungsverbots hat das Realisierungsprinzip allerdings nur implizite Bedeutung. Stattdessen hebt er das Glaubensprinzip hervor, weil Gottesoffenbarungen Lebensverhältnisse stiften (84). Deuser gibt der Achtung des Lebens einen emotivistischen Grundzug: Es ist der Eintritt des Neuen, der das Vertrauen ins Leben erweckt, das nämlich stets von qualitativen Neuheiten und Unbestimmtheiten sein Gepräge empfängt. Darin besteht der Offenbarungscharakter des Lebens. Und genau darin besteht der wechselseitige Zusammenhang des Glaubens- und Realisierungsprinzips: In der

---

159 Wenn Deuser zwar den Dekalog für Christen als unentbehrlich betrachtet, so gibt er dafür wieder eine dreifache Begründung, nämlich die drei reformatorischen Gebrauchsweisen des Gesetzes. (27) Man kann annehmen, dass diese Begründung seinen Prinzipien näher steht als der Reformation, fehlt doch weitgehend in Deusers Interpretation des usus elenchticus der gerichtstheologische Gedanke.

Realität des Menschen ist genau deshalb die Realisierung eingeschlossen, weil sich der Mensch aus Neuheit bildet.

Deshalb ist die Tötung des Menschen nicht einfach die Verletzung des natürlichen Sittengesetzes, sondern vor allem eine Verachtung des unmittelbaren Vertrauens in die göttliche Kreativität. Warum hält Deuser dann noch eine Universalisierung des Tötungsverbots für erforderlich, wenn doch Glaubens- und Realisierungsprinzip in ihrer Verschränkung bereits das Leben als unhintergehbare Bedingung der Ethik setzen? „Die Universalität des Tötungsverbots ist aber erst dann nachgewiesen, wenn seine Notwendigkeit im ethischen Urteil der Gegenwart nachvollzogen werden kann" (85). Der Grund, das Verallgemeinerungsprinzip zu ergänzen, liegt darin, dass sich zwar die Evidenz des Lebens für das *je eigene* Leben aus dem Glaubens- und Realisierungsprinzip ergibt, nicht aber auch für jedes menschliche Leben überhaupt. Es ist interessant, welche Begründungsfigur Deuser jetzt umsetzt, um das Universalisierungsprinzip anzuwenden, nämlich den performativen Widerspruch: Wer tötet, kann die Balance zwischen sich und anderen nicht aushalten (86). In der Konsequenz bedeutet das, dass der Mord ein performativer Widerspruch ist: Der Mörder bleibt auch vor sich selbst auf der Flucht (86). Dieser performative Widerspruch in der Prägung Kierkegaards[160] bestätigt meine obige Interpretation, dass das Verallgemeinerungsprinzip performativ (durch den Lebensvollzug) erzwungen wird.

Ausnahmen vom Tötungsverbot lässt Deuser nur zu, wenn sie sich über das Realisierungsprinzip begründen lassen (87 f.). Dann bleiben sie *als Ausnahmen* verallgemeinerbar, anstatt umgekehrt die Tötung zu verallgemeinern. Diese Vorordnung des Realisierungs- vor dem Verallgemeinerungsprinzips lässt sich kategorial rechtfertigen: keine Drittheit ohne Zweitheit! Deshalb rechtfertigt Deuser bestimmte Formen von Sterbehilfe und verbrauchender Embryonenforschung (93). Solche Ausnahmen sind allenfalls tolerierbar, weil sie „vernünftig umstritten"[161] sind. Es muss sich also am Verallgemeinerungsprinzip selbst zeigen – und damit an einem performativen Dilemma der zu beteiligenden Diskurspartner –, dass die

---

160 S. Kierkegaard: Die Krankheit zum Tode, 18 f.
161 R. Forst: Toleranz im Konflikt, 613.

Realisierung einer Ausnahme des Tötungsverbots verallgemeinerbar ist.[162] *Nicht die Tötung ist damit verallgemeinerbar, aber die Anwendung des Tötungsverbots auf die Ausnahme ist dann ebenso wenig verallgemeinerbar*, wenn keine der konkurrierenden Positionen im Diskurs eine verallgemeinerbare Position vorbringen kann.[163]

Ob sich mit diesem Verfahrensvorschlag auch komplexe friedensethische Probleme beheben lassen, um die Frage nach Krieg als *ultima ratio* zu beantworten, bedürfte einer näheren Untersuchung. Ein faktisches Dilemma streitender Parteien ist noch kein Dilemma performativer Widersprüche. Das Verallgemeinerungsprinzip schließt ein, dass Staaten sich internationale Gesetze geben, um dadurch Krieg nur als Ausnahme zuzulassen und zugleich diese Ausnahme zu beschränken. Allenfalls rechtlich gebändigte Kriege folgen aus dem Verallgemeinerungsprinzip.

10.6 Ein blinder Fleck der Prinzipienlehre?

Es spricht für Deusers Ansatz, dass er für die Frage der methodischen Vollständigkeit in der Ethik sensibilisiert, ohne dass er dabei Neuheiten oder Revisionen übergeht. Diese Frage darf man auch nicht in der Grundlegung der Ethik unterschlagen. Das wäre wissenschaftstheoretisch und ethisch unzulässig. Insofern ist Deusers Ansatz ein transparenter Versuch, die Vollständigkeit ethischer Prinzipien plausibel zu machen. Die drei ethischen Prinzipien ergeben sich zudem aus der Kategorienlehre Peirce', die formal

---

162 Deuser führt solche performativen Dilemmata auf Neuheiten und damit auf das Glaubensprinzip zurück (94). Damit ist hier das Verhältnis von Performativität und Ethik dynamischer gedacht als etwa in der Diskursethik bei Rainer Forst, der das kontingente Auftreten moralischer Konflikte an das bloße Faktum streitender Parteien bindet, die zwar gegensätzliche, aber nichtzurückweisbare Ansprüche vertreten (R. Forst: Toleranz im Konflikt, 594). Die Diskursethik denkt hier zweiteilig, Deuser ersteilig.

163 Deuser zeigt dieses praktische Dilemma im Konflikt der Menschenwürde auf, in dem die Forschungsfreiheit gegen das Lebensrecht des Embryos steht (93). Ich halte diese Gegenüberstellung zwar für verfehlt, weil das Lebensrecht über der Forschungsfreiheit steht. Um ein Dilemma aufzuspannen, hätte der Konflikt zum Status des Embryos besser Pate gestanden. Die Intention der Gegenüberstellung Deusers ist aber deutlich: Ausnahmen werden durch ein performatives Dilemma gerechtfertigt.

vollständig ist. Deshalb weist die ethische Methodenlehre Deusers selbst ihre formale Vollständigkeit aus.

Indem sich die ethische Prinzipienlehre eng an die kosmologische Kategorienlehre bei Peirce anlehnt, steht sie der Kosmologie näher als lebensweltlichen Kontexten. Prägnant gesagt: In dieser Ethik ist die Welt wichtiger als der Mensch. Wirken sich somit die ethischen Aussagen als abstrakte Fehlschlüsse aus? Ich hatte oben den Einwand diskutiert, inwieweit Deusers Ansatz überhaupt signifikant ethisch ist. Meine Antwort hat gelautet, dass sich seine Ethik nicht nur auf menschliches Handeln oder auf menschliche Realisierungen bezieht, sie allerdings durchaus einbezieht. Daraus lässt sich allerdings ein neues Problem formulieren, das neue Zweifel an der methodischen Vollständigkeit nährt. Ich formuliere es als Dilemma: Wenn sich Deusers Prinzipienlehre nicht nur auf Menschen erstreckt, fordert dann nicht das Verallgemeinerungsprinzip, Gleichheit zwischen Menschen und der nicht-menschlichen Kreatur zu in Geltung zu bringen? Müssen also nicht auch andere, etwa chemische Prozesse den Menschen gleichgestellt werden, die ebenso Neuheiten unterliegen und deren Realität darin besteht, sich zu realisieren? Warum setzt also Deuser beim Menschen an und spezifiziert den Anspruch auf Universalisierung im anthropologischen Zusammenhang?[164]

Man könnte klassisch darauf antworten, dass eine Reziprozität der Anerkennung zwischen Menschen und der nicht-menschlichen Kreatur nicht hergestellt werden kann. Deshalb wäre eine Anthropozentrierung ethisch angemessen. Aber fehlt dann nicht auf der Prinzipienebene eine solche Eingrenzung auf den Menschen, wenn doch das Realisierungsprinzip auch nicht-menschliche Realisierungen zulässt? Mir scheint, dass eine auf der Kosmologie aufruhende ethische Prinzipienlehre nicht anthropozentrisch sein kann.

Daher schlage ich vor, dass die vorgenommene anthropologische Eingrenzung keine prinzipielle ist, sondern allein auf dem besonderen Interesse am Menschen beruht.[165] Man könnte ebenso auch andere Interessen an der Ethik haben und mit derselben Prinzipienlehre etwa Güter kosmologisch bestimmen. Genauso könnte man den Horizont der Umweltethik abschätzen.

---

164 H. Deuser: Kleine Einführung in die Systematische Theologie, 138.
165 R. Hursthouse: Tugendethik und der Umgang mit Tieren, 325.

Solche interessegeleiteten thematischen Konkretisierungen verzerren nicht die ethischen Prinzipien.

Deusers Prinzipienlehre zeigt aber, dass die menschliche Ebene entgrenzt wird, selbst wenn sie zunächst eingenommen wird. Es ist also nicht ausgeschlossen, dass Deusers Ansatz unerwartete Neuheiten in der Tier- und Umweltethik in sich birgt. Zumindest hat sich das klassisch angeführte Reziprozitätskriterium, dass man mit Tieren keine Verträge schließen kann, der Prinzipienlehre unterzuordnen, nicht jedoch das Verallgemeinerungsprinzip dem Reziprozitätskriterium.

Zum Abschluss dieses Kapitels halte ich fest, dass ich keine Gründe gefunden habe, warum Deusers Ansatz nicht methodisch vollständig sein sollte. Aber selbst wenn er methodisch vollständig ist, so folgt daraus nicht, dass dieser Ansatz schon alternativlos zu gelten hat. Auch an vollständigen Systemen muss nur „etwas" dran sein.[166] Deshalb muss sich Deusers Ansatz daran messen lassen, inwieweit er anwendungsethische Probleme lösen hilft. Wer konkrete und neue anwendungsethische Probleme bearbeiten will, liest dieses kleine Bändchen mit Gewinn, weil man mit seinem Ansatz leicht Anwendungen selbst weiterentwickeln kann.

---

166 G. Heinemann: Zenons Pfeil und die Begründung der epochalen Zeittheorie, 98.

11 Klaas Huizing

K. Huizing: Scham und Ehre. Eine theologische Ethik; Gütersloh 2016

2016 erschien der Ethik-Entwurf des Würzburger Theologen und Literaturwissenschaftlers Klaas Huizing: „Scham und Ehre". Huizing will seine Grundlegung nicht als Lehrbuch verstanden wissen (24). Sie enthält zwar einen fundamentalethischen Teil und dann sieben anwendungsethische Übertragungen. Dennoch hält er seine Anwendungen offenbar aus ästhetischen Gründen nicht für lehrbuchtauglich (ebd.). Allerdings vermute ich, dass der essayistische Stil gerade begründungstypisch ist und damit seiner Grundlegung entspricht. Insofern halte ich diesen Entwurf durchaus sowohl für ein geglücktes Lehrbuch als auch für einen bemerkenswerten theologisch-ethischen Ansatz. Ich möchte nur einige Vorzüge herausgreifen:

1. Die fundamentalethische Grundlegung ist sparsam gehalten. Wir haben zwar bei Deuser gesehen, dass das Bemühen um Vollständigkeit einer ethischen Grundlegung selbst ethisch zwingend ist. Allerdings könnte man Huizings Ansatz genau so lesen, dass hier die entscheidenden Phänomene der Ethik beschrieben werden, aus denen alles andere folgt.
2. Das Buch hat eine rasante Dynamik. Es ist oft witzig, ehrlich; hier versteht jemand sein Handwerk als Buchautor, der zudem auch als Romanautor von sich hat reden lassen. Es ist auch didaktisch klar. Fachbegriffe werden schnell erklärt oder ansonsten vermieden. Allerdings schränke ich diese Beobachtung etwas ein: Huizing verwendet gelegentlich einen Sprachjargon von Künstlern, den nicht jeder gleich versteht.
3. Ich habe keinen anderen Autor gefunden, der andere Ansätze so fair diskutiert und mit seiner Ethik in Beziehung bringt, wie Huizing. Das ist der Anlass meines bisherigen Vorhabens, die gegenwärtigen theologischen Ethik-Ansätze nebeneinanderzustellen und ihre Ignoranz zu durchbrechen. Huizing zeichnet hier zwar nur grobe Linien, ist aber darin fair und profiliert. Man hat den Eindruck, dass sein Buch in Auseinandersetzung mit der ethischen Großwetterlage entstanden ist, die er auch – trotz seines essayistischen Stils – mit gewisser Präzision beschreibt.

4. Die Bibel bekommt hier einen markanten Ort als Quelle ethischer Urteilsbildung, ohne dabei peinlich oder fundamentalistisch zu wirken. Hier redet ein Ethiker, der zugleich Hermeneutiker und Literat ist und sich auf Ästhetik versteht. Der kommunikative Beitrag der Bibel für die Ethik wird dabei hervorgehoben.

In diesem Kapitel will ich zuerst die Grundlegung der Ethik rekonstruieren und zweitens im engeren Sinn auf die Funktion der Bibel eingehen. An Beispielen der Anwendungsethik untersuche ich, wie leistungsfähig die Grundlegung bei konkreten Problemen ist.

11.1 Scham

Der entscheidende Grundbegriff ist Scham – ein Phänomen, das von Huizing grundsätzlich positiv bestimmt wird: Scham trägt zur Motivationsverstärkung bei (21). Sie ist ein geteiltes Gefühl (23, 34). Damit füllt Huizing eine Lücke vieler Ethik-Begründungen aus, warum man eigentlich daran ein Interesse haben mag, das zu tun, was gefordert ist. Menschen schämen sich, weil sie ein Ethos einer Gemeinschaft verletzen (56, 361). Und um das zu vermeiden, handeln sie dem Ethos gemäß.

Was jedoch genau mit einem „geteiltem Gefühl" gemeint ist, ist nicht ganz klar: Heißt es, dass ich mich auch schäme, wenn sich jemand anderes vor mir schämt? Oder heißt es nur, dass die Scham das Gefühl ist, das auf geteilte Werte verweist? Auf dem ersten Blick scheint Huizing Letzteres zu meinen. Scham gehört deshalb zu den geteilten Gefühlen, „weil sie die Zugehörigkeit zu einer homogenen Gemeinschaft ausdrücken" (361). Diese Bestimmung provoziert aber Folgefragen:

1. Gibt es noch andere geteilte Gefühle, die für die Ethik deshalb von Belang sind, aber von Huizing übersehen werden? In diesem Fall wäre seine Ethik höchst lückenanfällig.
2. Ist es vielleicht gar nicht so sehr die Scham, sondern die Zugehörigkeit zur Gemeinschaft, die den ethischen Ausgangspunkt seiner Überlegungen bildet?
3. Huizing bezieht sich in seinem Buch hauptsächlich auf den Philosophen Hermann Schmitz: Er nennt ihn sogar den „Held" (15) seines Buches. Für Schmitz aber ist charakteristisch, dass Gefühle eine Autorität ausstrahlen,

weil sie gemeinsam empfunden werden. Gefühle sind Atmosphären, die als solche nicht nur von einer Person empfunden werden[167], sondern sich räumlich ergießen.[168] Das weiß auch Huizing (31). Deshalb ist eher zu vermuten, dass geteilte Gefühle nicht auf geteilten Werten beruhen, sondern umgekehrt Scham als geteiltes Gefühl die Zusammengehörigkeit überhaupt erst herstellt.

Allerdings ist Huizing an dieser Stelle nicht eindeutig. Aufgrund meiner genannten Einwände werde ich ihn aber so verstehen, dass Scham deshalb ein geteiltes Gefühl ist, weil wir uns gemeinsam schämen. Dennoch haben wir offenbar doch unterschiedliche Rollen dabei: Scham ist „leiblich zentripetal" (52), das heißt: Sie drückt sich in mein Inneres. „Man möchte am liebsten im Boden versinken und unsichtbar werden, macht sich klein" (52). Scham ist also eine erdrückende Selbst-Erfahrung: Ich erfahre, dass ich den Blicken eines Anderen ausgesetzt bin: „Der Blick des Anderen stammt von jemandem, der mir wichtig ist und dessen Normen und Wertungen ich teile" (52).

Wenn nun Scham ein geteiltes Gefühl ist, aber trotzdem Rollen dabei verschieden sind, was genau wird dann jedoch geteilt? Nehmen wir an, Sie entdecken auf meinem Hemd einen Fleck. Mir ist das peinlich. Was empfinden Sie? Vielleicht sind Sie belustigt – aber nicht weil ich mich schäme (sonst wäre die Belustigung erst eine Folge meiner Scham) und auch nicht weil ich einen Fleck auf dem Hemd habe (was soll daran lustig sein?). Vielleicht eher, weil ich mich *zu schämen habe*. Nicht der Fleck, aber Ihre Entdeckung des Flecks erzeugt eine Atmosphäre mit Autorität. Geteilt wird hier also die Wahrnehmung einer Autorität, die mit dem Blick überhaupt erst[169] entsteht.

Nehmen wir aber an, Sie entdecken an meinem Hemd ebenso belustigt, dass ich *keinen* Fleck darauf habe. Auch dann kann mir das unangenehm sein. Ich schäme mich dann aber nicht für eine Normverletzung, sondern dafür, dass ich Ihrem Blick gegenübergestellt werde. Auch hier fühlen wir zwar nicht denselben zentripetalen Effekt der Scham, wohl aber dieselbe Autorität: Ihre Belustigung ist nur die Kehrseite meiner Scham. Was wir

---

167 H. Schmitz: Der unerschöpfliche Gegenstand, 295 f.
168 AaO, 292.
169 Ansonsten wäre doch wieder nicht die Scham ein geteiltes Gefühl, sondern die Norm, die in ihr *via negationis* gespürt wird.

dabei teilen, ist die Wahrnehmung der Autorität des Blicks. Oder anders: Wir teilen das Gefühl der zentripetalen Wirkung der Scham.

Auch wenn nur ich es bin, der im Boden versinken will, nehmen Sie diese Erdanziehungskraft an mir wahr – also das, was mich nach unten zieht. Und Sie nehmen das nicht teilnahmslos wahr, weil Sie am Prozess dieser Beschämung wesentlich teilnehmen. Denn es ist ja Ihr Blick, der die Schamautorität erzeugt. Sie können natürlich einwenden, dass Sie das nicht gewollt haben. Aber meine Scham können Sie damit nicht wegreden. Die Autorität geht zwar vom Blick aus, entwickelt aber eine Atmosphäre, die über Sie hinausgeht: Sie ergreift sowohl Sie als auch mich.

So hätte Hermann Schmitz die Scham als zentripetale Kraft beschreiben können. Zumindest hat er daraus ihre normative Kraft geschöpft.[170] Darin liegt die Nötigung, das Verdammungsurteil des Gefühls mitzumachen.[171] Damit räumt Schmitz ein, dass nicht etwa Inhalte entscheiden und auch nicht ein Set von inhaltlichen Übereinstimmungen, sondern die Autorität des Blicks, der die Schamsituation erzeugt. Für Schmitz ergibt sich damit eine Antwort auf die Frage, was in der Scham geteilt wird. Diese Antwort ist einer Erklärung vorzuziehen, wonach Scham auf geteilten Werten beruht.

Huizing geht davon aus, dass mit seinem ethischen Ansatz eine universalistische Ethik möglich ist (40, 70 ff., 147). Scham erzeugt eben eine Atmosphäre mit Autorität: Wer sich schämt, dem rückt eine Norm zu Leibe. Und wer durch den Blick die Beschämung auslöst, spürt ebenso die Autorität der Norm. Wer schließlich dabei steht, blickt dann entweder selbst oder wird vom Fremdschämen erreicht (vgl. 56 f.). Deshalb trägt die Scham dazu bei, sich normgerecht zu verhalten. Als Ethik der Scham regt Huizing sogar Beschämungen an: mit dem pädagogischen Ziel zur Ethos-Bildung (75). Dabei unterscheidet er jedoch von einer liebevollen und einer demütigenden Beschämung (74). Die Ethik soll sich der liebevollen Beschämung „im Diesseits der Zweck-Mittel-Relation" bedienen (74 f.), nämlich „als erzieherische Gewalt" (75). Bildung einer Person ist Zweck in sich selbst (ebd.) – und scheint dabei im Personbegriff ihr einziges Kriterium zu finden. Gebildet werden Personen dann darin, dass und wie sie in sozialen Atmosphären eingebunden sind und wie sie sich dazu angemessen verhalten sollen.

---

170 H. Schmitz: Der unerschöpfliche Gegenstand, 328, 347.
171 AaO, 335.

Doch worin unterscheidet sich nun eine liebevolle Beschämung von einer Demütigung? Offenbar darin, dass sie nicht Menschen selbst Blicken aussetzt, sondern diese an der Atmosphäre der Scham beteiligt. Wir sind also Zuschauer von Schamprozessen. Weil eben Scham ein geteiltes Gefühl ist, können dann auch Zuschauer, wie ich Huizing interpretiere, dieses Gefühl haben und sich so einer Norm vergewissern. Schamprozesse können sogar neue Normen inszenieren. Hier vertraut Huizing auf die Kraft der Kunst: *„Idealer Ort ist die Lektüre- und Kunsterfahrung, weil ich als Leserin oder Leser in der spielerischen Identifizierung mit einer Person jeweils testen kann, ob eine wohlwollende Beschämung oder sogar Demütigung der Protagonisten vorliegt"* (75, Herv. K.H.). Darin ist die Beschämung liebevoll, dass wir Scham spüren können, ohne selbst in den Boden zu versinken. „Kunst ... ist ein idealer *Distanzfilter*" (19): Scham steht im Raum, ohne dass wir uns vor ihr fürchten müssen. Wir können „schamangstfrei" (ebd.) mit ihr umgehen.

Dementsprechend enthält das Buch Huizings etliche Passagen aus Romanen, längere Zitate der Literatur, Beschreibungen von Spielfilmen oder auch vereinzelt Bilder von beschämenden Szenen. Darin liegt auch für Huizing die Rolle der Bibel für die Ethik. Kunst kann auf diese Weise Schamprozesse initiieren, *als ob* Scham im Raum wäre, ohne dass man sich jedoch schämen muss. Liebevolle Scham steht somit im Zusammenhang mit einer Entschämungspraxis – darin liegt kein Widerspruch, Menschen zu entschämen und sie durch Scham zu bilden: Denn die Autorität der Scham kann auch von Personen empfunden werden, ohne sie zu ergreifen, so dass sie selbst zu Boden gezogen werden. Daher wird Jesus als „der große Entschämer" gefeiert (111). Beim ersten Lesen habe ich mich noch gefragt: Wann soll man sich denn schämen? Wann soll man sich lieber entschämen lassen? Gibt es dafür Kriterien, oder wählt Huizing jeweils willkürlich? Inzwischen aber scheint mir die Antwort in allen Fällen die gleiche zu sein:

1. Die Ethik hat Menschen *liebevoll* zu beschämen, um die Autorität von Normen spürbar zu machen. Dabei muss sie auch neue Normen initiieren – etwa bei der Tierethik angesichts von Massentierhaltung (379, 381). Darin liegt keine Willkür, weil die Autorität der Scham von allein anwachsen muss.
2. Zugleich sollen Menschen aber durch ethische Bildung auch entschämt werden: Sie sollen nicht selbst gedemütigt werden, sondern sich durch Erzählungen und Fiktionen in einen atmosphärischen Raum stellen lassen, um Normen daran zu testen, ob sie Scham auslösen würden.

Liebevolles Beschämen dient der Bildung der Person. Entschämen dient auch der Person: „Aufblicken, sich entschämen, kann man nur, wenn die Beziehung zu anderen ... nicht narzisstisch und neidisch, sondern personal organisiert ist" (101). Dieser Interpretation der biblischen Kain-und-Abel-Geschichte entsprechend soll die Autorität einer Norm in der Scham gespürt werden, ohne dass man selbst gedemütigt wird. Obwohl nur Personen sich schämen können und obwohl es für die persönliche Entwicklung wesentlich ist, sich schämen zu können, soll ein Beschämungsprozess von Demütigungen entkoppelt werden. Ethische Beschämung geht mit Entschämung einher – einfach weil Personen so gebildet und nicht niedergehalten werden sollen (vgl. 198).

Problematisch findet Huizing dagegen alle Versuche, Scham in Schuld zu transformieren. Auch so will man sich ja entschämen, indem man andere dafür verantwortlich macht. Diese problematische Transformation ist jedoch für die Betroffenen attraktiv, „weil der ‚Schuldige' in Krisensituationen einen aktiven Part spielen kann" (68). „*Wenn die Scham in Schuld umgewandelt wird, entkommt der Beschämte zwar der Passivität der Scham-Situation, aber nur zum Preis der Schuld: Er wird Täter*" (69, Herv. K.H.). Huizing nennt dafür Beispiele: Ein jugendlicher Mörder gibt als Motiv für seine Tat an: „Der hat mich so komisch angeguckt" (ebd.). Auch Kain und Abel interpretiert Huizing so, dass Kain seinen Bruder deshalb getötet hat, weil er die Passivität nicht ertragen hatte, mit der er in der Beziehung zu Gott steht (100 f.). Diese Transformation von Scham zu Schuld nennt Huizing „Falschschämen" (306).

Ich wittere in Huizings Ethik allerdings eine pauschale Verdächtigung des Schuldbegriffs – und mit ihm übrigens auch eine grundsätzliche Abwehr gegen den Sündenbegriff (93, 333, 421). Nun ist es allerdings eins, den Transformationsprozess von Scham zu Schuld zu kritisieren – und ein anderes, den Schuldbegriff für unbrauchbar zu halten. Ich habe jedoch bei Huizing keine einzige Stelle gefunden, in der der Schuldbegriff positiv oder auch nur erkenntniserhellend verwendet worden ist. Nimmt er etwa an, dass Schuld ausschließlich aus der Umwandlung der Scham entsteht? Nimmt er zudem etwa an, dass alle Personen, wenn sie aktiv werden, auch Täter werden, die sich schuldig machen? (In diesem Fall müsste ihm die reformatorisch radikale Rede vom Menschen als Sünder gefallen, die er jedoch zurückweist.) Nimmt er etwa weiter an, dass die Rede von Schuld und Sünde selbst bereits Schuld und Sünde ist?

Das Hauptproblem sehe ich jedoch darin, dass Huizings Ethik geltungslogisch nicht in der Scham gründet, sondern in der Autorität der Normen, die in der Scham gespürt wird. Wer aber Normen bricht, macht sich schuldig. In diesem basalen Sinn von Schuld müsste Huizings Ethik auch schuldsensibel sein – und zwar gerade, weil er nicht Scham frei an den bloßen Blick bindet,[172] sondern an einen Blick, der den Bruch von Normen entdeckt. Der Satz „Der Blick des Anderen stammt von jemandem, der mir wichtig ist und dessen Normen und Wertungen ich teile" setzt voraus, dass ich mich nicht vor einem Feind schämen kann – weil ich seine Normen und Wertungen nicht teile. Abgesehen davon, dass ich das anders sehe (vgl. übrigens auch 401), müsste Huizing in seiner Betonung geteilter Normen und Wertungen auch ein Wort für den Bruch dieser Normen und Wertungen zur Verfügung haben. In seiner Konzeption ist Scham immer Ausdruck eines entdeckten Normbruchs – dann hält er Scham für ethisch richtig. „Schuld" ist für Huizing dagegen immer nur ein Ausdruck für falsches Schämen (342, 396).

Nun geht es mir nicht darum, ein Wort zu retten – auch wenn ich den erkenntniserhellenden Wert des Schuldbegriffs gerne erhalten würde. Entscheidend ist vielmehr die Klärung darüber, warum diese Wortlücke bei Huizing besteht. Der Normbruch ist ausschließlich ethisch bedeutsam, weil er zur Scham führt. Ein nicht entdeckter Normbruch ist ethisch nicht relevant. Er muss überhaupt erst relevant werden – durch die Kunst, also durch produktionsästhetische Sensibilisierung (120, 126). Schamlosigkeit ist an sich kein ethisches Problem[173] – es sei denn, sie taucht in einem atmosphärischen Raum der Scham auf.

Nun könnte man meinen Einwand dadurch abschwächen, dass Huizing durchaus Falsches vom Richtigen und Böses vom Guten (290) trennen kann – ansonsten wäre seine Kritik am Schuldbegriff selbstwidersprüchlich. Was er dagegen zu kritisieren scheint, ist das Gefühlspotenzial der Schuld – sowohl bei der Person, die aus der Scham zur Schuld flüchtet, als auch bei Theologen oder Ethikern, die diesen Begriff verwenden. „Sünde oder Hybris ist ein grobschlächtiges Beschämungsdispositiv" (333). In diesem Fall allerdings hätte Huizing versäumt zu beschreiben, wie die Rede von

---

172 Anders J.-P. Sartre: Das Sein und das Nichts, 474, 516 u.ö.
173 So feiert Huizing an einigen Stellen einen schamlosen Sex (274, 277, 306) oder auch übersteigert entschämte Selbstinszenierungen via Selfie (227, 230).

Schuld, Bösem oder ethisch Falschem möglich ist, ohne dabei ethisch problematische Gefühle zu erzeugen. Wenn aber diese Gefühle unvermeidbar sind, dann darf man nicht von Schuld reden, wenn sie nicht erzeugt werden sollen. In diesem Fall führt Huizings Ablehnung der Rede von Schuld in den Selbstwiderspruch.

Das führt zu einem anderen Kritikpunkt: Nehmen wir an, Huizing kritisiert tatsächlich am Schuldbegriff die assoziierten Gefühle, während er die Gefühle der Scham ethisch nutzbar machen will. Woher gewinnt Huizing die Kriterien, hier unterschiedlich ethisch zu gewichten? Offenbar reicht für ethisch relevante Gefühle nicht aus, dass sie eine atmosphärische Autorität haben. Sie müssen vielmehr ihrerseits gewichtet werden. Das aber legt nahe, unter die Autorität der Gefühle andere Kriterien zugrunde zu legen, die über ihr ethisches Gewicht entscheiden. Warum also Scham ein Grundbegriff der Ethik sein soll, nicht aber der Schuldbegriff, obwohl beide mit Normverletzungen zu tun haben und obwohl der Schuldbegriff nicht auf die Verdrängung von Scham angewiesen ist, sondern vielmehr als gleichursprünglich gelten darf – das alles bleibt offen, es sei denn, man argumentiert zirkulär mit der vorausgesetzten Grundlage der Scham oder hat Kriterien zur Verfügung, die unabhängig von der Autorität der Gefühle bestehen.

Das führt zu einer weiteren, prinzipielleren Kritik: In Huizings Ethik wird nicht zwischen der Genese und Geltung moralischer Autorität unterschieden. Es mag ja sein, dass Scham eine Autorität erzeugt. Aber damit ist noch nicht gesagt, dass diese Autorität berechtigt besteht. Gerade Huizings Appell zu Entschämungsprozeduren lässt sich nicht allein aus dem Schamphänomen gewinnen. Dann aber ist „Scham" kein Grundbegriff, sondern allenfalls Grundsituation der Ethik, die mit ihren Kriterien darauf einzugehen hat.

Etwa habe ich nicht verstanden, warum das Gewissen ein anderes Phänomen sein soll als die Scham (55). Zumal, wenn Härle recht hat,[174] dass das schlechte Gewissen nur die Abweichung faktischer persönlicher Wertungen anzeigt, nicht aber über die moralische Richtigkeit dieser Wertungen entscheidet, könnte man dasselbe auch von der Scham sagen (so *via negationis* 421) – vor allem wenn man einen Unterschied zwischen Genese und Geltung

---

174 Sektion 6.3.

einräumt. Huizing führt als Unterschied an: „Das schlechte Gewissen orientiert sich nicht primär am Öffentlichkeitsbild" (55). Dem könnte ich noch zustimmen, weil das Gewissen die Integrität der Person tangiert. Wenn sich aber Schambildung an die Person als Zweck an sich selbst richtet (75), bestehen zumindest Resonanzen: Die Integrität einer Person ist dann ohne ihre Einbettung in öffentliche Atmosphären nicht denkbar. Umgekehrt kann die Bildung der Person nicht gelingen, wenn dabei nicht ihre Integrität geachtet wird. – Weder finde ich eine scharfe Unterscheidung noch eine ethische Begründung für die Vorordnung der Scham vor dem Gewissen.[175]

11.2 Die Bedeutung der Bibel für die Ethik

Huizings Kenntnis in die emotionale und moralbildende Funktion von Kunst und Literatur verleiht der Bibel eine prominente Rolle in seinem Ansatz – ohne dabei fundamentalistisch zu wirken. Die Bibel hat Einfluss auf die Ethik, weil ihre Texte eine starke Wirkung auf ihre Rezipienten ausüben – und weil Jesus der große Entschämer ist. Man hat bei Huizing sogar den Eindruck, Scham wäre quasi der Kanon im Kanon der biblischen Textsammlung: „Als Schamethik wähle ich die Weisheit ... Ich deute die Weisheit als *gesamtbiblisches Angebot* einer *wohlwollenden Lebensführungsschulung und als Kulpationsverhinderungsmanagement*" (90, Herv. K.H.). Die Bibel ist also Quelle der theologischen Ethik, weil ihre liebevolle Beschämung ethisch überzeugt. Sie ist ethische Grundlage, weil eine Schamethik das Ergebnis der Bibel-Rezeption ist. Schamethik und Bibel verweisen somit wechselseitig aufeinander: Die Bibel ist hermeneutischer Schlüssel und pädagogisches Exemplar einer produktionsästhetischen Schamethik der liebevollen Beschämung[176]; die Schamethik wiederum ist ethisches Wahrheitskriterium für die Bibel als Kanon.

Das setzt voraus, dass die Bibel *nicht* das ethische Wahrheitskriterium ist, sondern die Scham. Man ist ethisch auf die Bibel nicht angewiesen, es

---

175 Huizings Beispiel (55) suggeriert sogar eher das Gegenteil: Der Normverstoß macht sich auch in einer nicht-beschämten Person mit schlechtem Gewissen bemerkbar.
176 Schrifttheologisch folgt daraus also eine Suffizienz der Bibel, nicht aber auch ihre Alternativlosigkeit (vgl. 88).

„kommt das modelltheoretische Instrumentarium der Scham ohne diese Rückgriffe aus" (88). Andererseits scheint sich ein ethischer Umgang mit Scham ohne religiöse Hintergrundtheorien kaum füllen zu können (89). Anscheinend meint Huizing, dass religiöse Texte produktionsästhetisch effektvoller sind als säkulare Texte. Warum das so ist oder sogar so sein muss, erklärt er allerdings weder religionsphilosophisch noch religionswissenschaftlich. Es scheint ihm zu reichen, dass es faktisch so ist. Und das Kriterium dafür, dass es faktisch so ist, liegt darin, dass die biblischen Texte die Wahrnehmung schulen, indem sie die Rezipienten selbst zu Beteiligten fiktiver Schamerzählungen machen (81, 91, 120). Paradigmatisch sind für Huizing dabei die Gleichnisse Jesu: Sie sind „*Wahrnehmungsschulen par excellence*" (105, Herv. K.H.).

Huizings Schrifttheologie steht damit in einem dichten Zusammenhang mit der Christologie: Die Bibel hat einen hervorragenden Autor, nämlich Jesus: „der Vollender der weisheitlich-pädagogischen Tradition" (17). In einer eher assoziativen Theologiegeschichte weisheitlicher Literatur (98 ff.) wird Jesus zur „dritten Stufe im weisheitlichen Prozess" (105) und damit offenbar zum Abschluss dieses Prozesses erklärt. Man mag sich fragen, ob wirklich die Scham die Grundlage der Ethik bei Huizing ist oder nicht viel mehr Jesus: Gilt also Scham als Grundbezug, weil Jesus in Schamkonflikte einwirkt? Und wenn ja: Ist die Behauptung, dass Jesus ein produktionsästhetischer Vollender ist, hinreichend begründbar? Oder ist sie eher ein emphatischer Ausdruck?

Nach meinem Eindruck wiederholt sich bei Jesus der wechselseitige Verweis, wie ich ihn oben schon zwischen Bibel und Scham gefunden hatte: Jesus ist Vollender einer produktionsästhetischen Schamethik der liebevollen Beschämung; die Schamethik wiederum ist ethisches Wahrheitskriterium für die ethische Sonderstellung Jesu. Huizing beschreibt Jesus nicht nur als Autor von Scham-Geschichten, sondern auch als Heiler (107, 326 ff.) und schließlich auch als Gekreuzigten: Beim „Tod am Schandholz" handelt es sich um die „größtmögliche Beschämung" (447), die der historische Jesus offenbar sogar selbst gesucht hat (436). Wieder wird mit Superlativen gearbeitet. Die Begründung dafür, dass Jesus schamethisch der Vollender gewesen ist, scheint darin zu liegen, dass seine gesamte Existenz bis zum Tod Schamkonflikte provoziert und damit Falschschämen durch angemessenes Schämen ersetzt (111).

Nun will ich Huizings Ansatz einer bibelgemäßen theologischen Ethik nicht schmälern. Immerhin hat er Gründe vorgelegt, warum theologische Ethik biblisch gerechtfertigt sein kann: nämlich weil die Bibel Prozesse in Gang bringt, wie Menschen ihre Einstellungen und Verhaltensweisen über Scham selbst überprüfen können. Allerdings will ich auch die Reichweite dieses Ansatzes bestimmen: Die Bibel hat zwar recht, aber nicht weil sie Gottes Wort ist. Das Wahrheitskriterium liegt vielmehr in einem nicht-theologischen Ethik-Phänomen: Die Bibel passt zwar einerseits, andererseits allerdings auf die „‚religionsfreie' Phänomenologie der Scham" (107). Ob Huizing darüber hinaus den theologischen Charakter der Bibel christologisch absichern will, indem er Jesus in Superlativen beschreibt, ist mir nicht klar. Zumindest lässt seine Begründung genug Raum für kritische Rückfragen: Meint Huizing, dass *jeder* Mensch, wenn er nur mit seiner ganzen Existenz für Schamkonflikte einsteht, ein Sohn Gottes ist? Ist *jeder* Autor, der produktionsästhetisch auf Schamkonflikte einwirkt, ein Offenbarer gottgegebener Moral? Oder meint Huizing schließlich, dass man historisch nachweisen kann, dass Jesus, dieser Vollender der wahrnehmungsschulenden Weisheit, nicht übertroffen werden kann? Historische Rekonstruktion kann keine kategorischen Aussagen mit Superlativen treffen, sondern immer nur zeitlich bedingte. Damit meine ich: Selbst wenn Jesus historisch die größtmögliche Beschämung auf sich genommen hat, könnte es sein, dass ein anderer Mensch dieselbe Beschämung ebenso auf sich nehmen wird. Historisch wiederum ist die Aussage nicht gemeint, dass die Kreuzigung die „größtmögliche Beschämung" ist. Andere freiwillige Martyrien sind auf der Tagesordnung und könnten noch viel größer und viel erbärmlicher sein. Dass Huizing das Kreuz Jesu als größtmögliche Beschämung betrachtet, scheint also nicht historisch belegt zu sein. Vielmehr gibt es dafür selbst einen biblischen Bezug: „Christus aber hat uns erlöst von dem Fluch des Gesetzes, da er zum Fluch wurde für uns; denn es steht geschrieben (5. Mose 21,23): Verflucht ist jeder, der am Holz hängt" (Gal. 3, 13). Jesus als der Größte ist also letztendlich eine biblische Wertung. Dass man aber auf die biblischen Wertungen vertrauen darf, liegt wiederum darin, dass die Bibel durch ihre Produktionsästhetik und Wahrnehmungsschulung dem Maßstab einer Schamethik entspricht.

Der Kritikpunkt ist nur, dass der Superlativ „größtmöglich" nicht schamethisch gerechtfertigt ist, sondern ausschließlich (und auch allenfalls) biblisch. Ich vermute also, dass andere Menschen mit ihrem Martyrium freiwillig noch stärker einen Statusverzicht (111) erleiden oder zumindest erleiden könnten. In diesem Fall hätte Huizing über seine Schamethik noch eine theologische Wertungsskala gelegt, die religionsinterne Gründe hat. Oder aber: Mit starken Ausdrücken wie „Vollender" und „größtmöglich" äußert sich Huizing nur emphatisch, ohne damit ein Ranking der größten Schamethiker vorzulegen[177] oder gar die Absolutheit des Christentums superlativisch zu beweisen.

11.3 Die Schamethik in der Anwendung

Huizing hat zwei grundlegende Kapitel geschrieben und sie auf sieben[178] Bereichsethiken angewendet. Gleich zu Beginn seines Buches relativiert er den Anspruch dieser Anwendungen: Er habe offenbar nichts Definitives zu sagen, sondern verstehe seine Kapitel als Essays (24). Tatsächlich hebt Huizing etwa in der Wirtschaftsethik nur einen Aspekt hervor, nämlich den Zusammenhang von Verschiebung der Scham in Schuldkonflikte. Überhaupt hat man bei Huizings Essays den Eindruck, dass er Probleme nur anreißt und sich dabei auf ihren Schamaspekt konzentriert.

Das kann man aber auch als Stärke sehen, dass Huizing seiner Grundlegung treu bleibt und man beim Lesen die Pointen als folgerichtig mitvollziehen kann. An zwei Themen möchte ich das zeigen, zum einen am Thema der Medienethik – da sie der medientheoretischen Grundlegung produktionsästhetischer Beschämungsprozesse gut entspricht. Zum anderen möchte ich das an einem Thema darstellen, das etwas entfernter zur Grundlegung liegt, nämlich an der Medizinethik.

11.3.1 Medienethik

Wo treten Schamkonflikte in der Medienethik auf? Zum einen beim Journalismus, der „oft schamlos Beschuldigungen in die Welt" setzt (207). Ich entdecke

---

177 Es macht wenig Sinn, einen Mann für den größten Ethiker zu halten, der sich mit den ethischen Problemen der Gegenwart nicht beschäftigen konnte. Jesu Ethik kann dann nicht „die beste" sein, wenn sie zu viele Lücken enthält, um ein ethisches Problem der Gegenwart zu lösen. Besser wäre dann eine Ethik, die solche Lücken schließen kann.
178 Eigentlich neun, wenn man die Exkurse als eigene Kapitel mitrechnet!

hier die Wiederkehr einer Hauptthese Huizings vom Falschschämen: Scham wird in Schuld verschoben – nun allerdings nicht die Scham des Betroffenen; vielmehr wird der Beschuldigte zugleich den Blicken anderer ausgeliefert: Im Journalismus wird Beschämung und Beschuldigung in eins geschoben. Dagegen mahnt Huizing eine Professionsethik an für einen „Journalismus als Verschiebungsstopper von Kompetenzscham in Schuld" (211). (Gemeint ist offenbar: Da Journalisten oft nicht mehr genug Ressourcen zum Recherchieren haben oder weil sie in der Öffentlichkeit dämonisiert werden, fühlen sie eine „Kompetenzscham". Diese Scham verschieben sie in Beschuldigungen durch Enthüllungen. Genau diese Verschiebung muss gestoppt werden. Dazu mahnt Huizing häufiger eine Entdämonisierung der Medien an, für die er oft auch eine Theologie des Bilderverbots verantwortlich macht [211, vgl. 21, 196 f.].)

Zum anderen zeigt sich eine Bearbeitung mit Scham an der Selfie-Kultur: Menschen fotografieren sich in allen Situationen und Posen und setzen dabei ihre Hemmschwellen herab. Hier setzt „ein radikaler Prozess der Entschämung" ein, „der immer bereits mit einem verbalen Tiefschlag als Antwort rechnen muss" (230). Interessanterweise sieht Huizing hier den Begriff der Entschämung kritisch – wenn auch nicht nur: Er feiert Nudies, die ein Nackt-Selfie ins Netz stellen, als Befreiung (230). Allerdings rät er eine „medienpädagogisch gute Schulung der eigenen Empfindsamkeit" an (230): Wie fühlt es sich an, sich selbst nackt zu medialisieren? Huizing bezweifelt, dass wir uns gegen eine durchgängige Medialisierung unserer Lebenswelt noch wehren können. Deshalb zielt er auf eine Pädagogik der Scham. Es geht also darum, *wie* man sich inszeniert, damit man den Blicken anderer standhält.

Daneben enthalten die Essays zur Medienethik interessante phänomenologische Beschreibungen zum Foto (219 ff.), die aber ethisch kaum ausgewertet werden. Z.B. fände ich es bedeutsam, die Beobachtung, dass ein Foto immer einen Tod, ein unwiederbringliches Vergangenes anzeigt, mit der These zu verbinden, dass wir uns gegen eine Medialisierung unserer Lebenswelt nicht mehr schützen werden. Wird dann nicht das Unwiederbringliche in unsere Lebenswelt eingeschrieben, also das Vergangene in unsere Gegenwart? Der Gedanke, dass Scham-Pädagogik uns vor ungehemmter Selbstdarstellung schützt, impliziert dabei, dass es einen Standpunkt gibt, der vor der Kolonialisierung der Bilder geschützt ist. Ich halte diese Implikation aber nicht für selbstverständlich. Ich glaube eher, dass wir auch medienethisch eine „Ethik für Cyborgs"[179] brauchen, also für Subjekte, die bereits medienethisch andere Wesen geworden sind und keine autonome Vogelperspektive einnehmen können, von der aus sie Medien bewerten können.[180]

11.3.2 Medizinethik

Huizing attestiert unserer Gesellschaft eine unsolidarische Beschämung der Kranken – etwa in der Schuldzuweisung von fettleibigen, adipösen Menschen (313 ff., 316). Hier fordert er eine Entschämung der Krankheit. Indem Jesus Kranke heilte, sorgte er einerseits für eine Entschämung der Kranken (329). Das führt dazu, dass Huizing für einen offenen Umgang mit Enhancement-Maßnahmen plädieren kann, also mit Körper-Optimierungen durch medizintechnische Verfahren (264, 267, 328 f.). Zumindest kritisiert er die christliche Hochschätzung der Nicht-Perfektibilität des Menschen (264, 328). „Mir ist überhaupt nicht einsichtig, warum Optimierungswünsche ethisch bedenklich sein sollen" (267).

Wie geht das zusammen? Man könnte genau umgekehrt argumentieren: Wenn Krankheiten wie Adipositas kein Grund zum schämen sind, dann darf man sie doch auch haben. Der Wunsch nach Selbstoptimierung ist dann gerade eine Sehnsucht nach Verdrängung der Scham – für Huizing verknüpft mit der Verlagerung auf Schuldkonflikte. Huizings Begründung, *beides*, Entschämung von Kranken *und* die Selbstoptimierungen des Menschen in einem Atemzug gutzuheißen, liefert die Heilungspraxis Jesu. Indem Jesus heilt, reflektiert er keine Krankheitsursachen und wehrt damit Beschuldigungen für Krankheiten von vornherein ab (327, 329). Diese Logik ist aber ebenso eigenartig: Gerade wenn Jesus der große Entschämer von Krankheiten ist, hätte er Menschen nicht davon heilen müssen. Dann hätte der große Schampädagoge ihnen vielmehr Gelegenheit geben können, ihre Krankheit stolz zu tragen. Indem er sie heilte, hat er dagegen den Anlass dazu beseitigt. Huizing erneuert mit seiner Logik den Zusammenhang von Scham und Krankheit, den er beseitigen

---

179 L. Ohly/C. Wellhöfer: Ethik im Cyberspace, 305 ff.
180 Demgegenüber scheint mir Huizings würdigende Betrachtung des Cyborgs (267) auf die naive Unterstellung hinauszulaufen, es gebe einen solchen unangetasteten Autonomiebereich des Subjekts: „Auch der Cyborg macht einen Menschen nicht zur Maschine, vielmehr ergänzt und optimiert er den Menschen und entspricht somit der Offenheit seines Wesens" (ebd.).

will: Während er diesen Zusammenhang zurückweist, stellt er Entschämung auf eine Stufe mit Krankenheilung – und unterstreicht damit *via negationis* den Zusammenhang, den er zurückweist. Gerade wenn beides unabhängig voneinander ist, passt es nicht, wenn die Lösung des Schamproblems doch wieder ein Verhältnis aufbaut.

Unabhängig gedacht könnte man sagen, dass Jesus zwar von Krankheiten entschämt, aber außerdem „zufällig" auch heilt. Die Erfüllung des Wunsches nach Selbstoptimierung steht dann vielleicht im Zusammenhang mit Heilung, nicht aber im Zusammenhang mit Entschämung.

Demgegenüber finde ich einen anderen Gedanken Huizings viel einleuchtender, nämlich dass sich Menschen in bestimmten Situationen auch dafür schämen können, dass sie gesund sind, wenn sie einem kranken Menschen begegnen (337). Hier bekommt die Scham einen Appellcharakter, „die Leiden des Anderen zu mindern" (338). Das liegt aber natürlich nicht daran, dass die beschämte Person eine Norm verletzt hat. Eher könnte man hier wieder von einer liebevollen Beschämung sprechen, die neue Normen initiiert.

11.4 Der theologische und ethische Charakter der Schamethik

Abschließend möchte ich einige kritische Rückmeldungen geben, die sich durch meine Interpretation ergeben haben. Ich hatte gezeigt, dass der theologische Charakter der Ethik Huizings nicht darin liegt, dass er sich auf Jesus bezieht. Seine Ethik ist nämlich weniger christologisch als jesuanisch: Sie geht nicht darauf ein, dass Jesus der Sohn Gottes ist, sondern betont die ganzheitliche Begabung dieses Menschen Jesus, schamethisch auf andere einzuwirken.

Theologisch wird die Ethik dadurch, dass Scham einen zwingenden Charakter, eine normative Autorität, erzeugt. Diese Autorität geht zwar von menschlichen Blicken aus, denen wir ausgesetzt sind, aber nicht darin auf. Ich muss mich nicht schämen, wenn andere auf mich blicken. Andere Menschen können das Schamgefühl nicht bei mir erzwingen. Umgekehrt können sie auch nicht verhindern, dass ich mich vor ihnen schäme. Sie können mir noch so viel beteuern, dass sie mich für schön halten. Ich kann mich dennoch für zu dick halten und mich vor ihren Blicken schämen. Scham geht zwar von menschlichen Blicken aus, ist aber nicht von Menschen „gemacht". Man kann sie nicht an- und nicht abstellen.

Vielmehr kann Huizing die Autorität der Gefühle mit Hermann Schmitz (83) als Wirken des Heiligen Geistes betrachten (18, 91, 96). Er identifiziert den Heiligen Geist zugleich mit der Weisheit seiner Weisheitstheologie. An einer Stelle spricht er leicht differenzierend vom „Geist der Weisheit" (96): *„Weisheit ist eine dezidiert literarisch vermittelte Weltsicht"* (97, Herv. K.H.). Die literarische Fiktion erzeugt eine Appellstruktur: „Vielleicht weht der Geist, wo er will, aber er lässt sich in der Werkstatt der Texte auffinden" (91).

Hier wird bestätigt, dass zwar menschliche Autoren Texte schreiben können, die eine Wirkung auf das Verhalten der Rezipienten ausüben. Die Wirkung jedoch geht über Macht der Autoren hinaus. Oder anders: Menschliche Texte haben göttliche Wirkung. Huizing spricht in diesem Zusammenhang vom *„concursus divinus"* (98, 132, 177). Die theologische Lehre vom *Concursus* behauptet, dass Gottes primäres Wirken „zusammen" (lat.: concursum) mit sekundären Ursachen zusammen besteht. Bei Huizing: Kunst und Literatur bewirken produktionsästhetisch mehr, als was sie als menschliche Ursachen bewirken können. Rezeptionsästhetisch gewendet heißt das: Der Mensch ist bildungsfähig (132): Lesen erzeugt beim Rezipienten mehr, als was die Tätigkeit des Rezipierens verursachen kann.

Das alles trifft aber nur auf die liebevolle Beschämung zu. Theologisch gemeint ist Huizings Ethik also nicht umfassend als Theologie der Scham, sondern nur in der liebevollen Beschämung. Liebevolle Beschämung heißt ja: Ich schäme mich nicht wirklich. Aber ich kann mich in fiktive Rollen einer Erzählung hineinversetzen und in die Atmosphäre der Scham hineinfühlen – um daraus etwas zu lernen, normative Schlüsse zu ziehen und mich zu motivieren, mein Verhalten danach auszurichten. Scham dagegen scheint mir bei Huizing eher als dämonische Kraft dargestellt zu sein – ohne die lebensfreundliche Geste der Weisheit oder des Heiligen Geistes, liebevoll zu beschämen.

Phänomenologisch gibt es also Unterschiede zwischen Scham und liebevoller Beschämung. Dazu gehört nach meinem Eindruck auch, dass liebevolle Beschämung nur kurz andauert, nämlich nur so lange, wie man mit einer Geschichte konfrontiert wird. Das Gefühl der Beschämung kann sich dabei auch abnutzen, wenn man die Geschichte zum wiederholten Male hört. Gerade die Möglichkeit der spielerischen Identifizierung, die Huizing bei der liebevollen Beschämung nutzt, setzt eine gewisse Distanz voraus, der Situation auch wieder entkommen zu können.

Das ist aber anders bei der Scham. Scham kann wiederholt auftreten und ebenso massiv sein wie beim ersten Mal. Es ist interessant, dass Huizing aber auch von der Scham so spricht, dass sie ein relativ kurzes Gefühl sei (53, 431). Ganz anders beschreibt er die Scham, wenn er Erzählungen darbietet: „Ihm brannte das Gesicht. Er hielt die Scham kaum aus. Die Erinnerungen an die Niederlagen seines Lebens …" (86). Oder auch eine autobiografische Erzählung von einer Demütigung in der Schulzeit: „Aber diese Zahlen auf der Tafel in meiner Grundschule stehen noch immer feixend vor meinem geistigen Auge. Meine Augenlider können sie nicht auswischen" (451). Scham hält nämlich doch an! Zwar kann sie zwischendurch auch einmal verschwinden, und niemand wird vermuten, dass Huizing Tag und Nacht das Tafelbild seiner damaligen Niederlage vor sich hat. Aber Scham kann *immer* wiederkehren. Sie behält ihre Anwesenheit, auch wenn sie gerade verborgen ist.

Wir haben bereits an Fischer gesehen und an Deusers Drittheit Spuren davon entdeckt, dass die bleibende Anwesenheit auch eines fernen und zwischendurch vergessenen Ereignisses ein Phänomen des Heiligen Geistes ist. Diesen Aspekt hat Huizing hier auch nicht entfaltet, sondern sogar in Andeutungen eher verschüttet. Hätte er ihn deutlicher gesehen, hätte seine Schamethik noch differenzierter ausfallen können. Zum einen hätte er damit begründen können, warum Scham nicht nur kurzfristig Normen initiiert, sondern dauerhaft: Wer sich einmal geschämt hat, kann immer wieder von der Situation eingeholt werden, die ihn einmal und damit bleibend konditioniert hat.

Zum anderen hätte man aber stärker unterscheiden können zwischen einer Phänomenologie der Scham und einer Ethik der liebevollen Beschämung. Nach meinem Eindruck ist es ethisch problematisch, Menschen durch Beschämung konditionieren zu wollen, weil die Wunden der Scham eben nicht heilen; sie können immer wieder aufreißen. Zudem kann man sich auch für etwas schämen, was keine legitime Norm konstituiert. Das Kreuz hat Jesus aufs Äußerste gedemütigt. Zugleich ist die schamgefühlte Norm, sich der Macht der Machthabe seiner Schächer zu fügen, gerade ethisch nicht anzuerkennen. Wenn das aber so ist, müssen wir ethisch sehr sorgsam sein, damit wir Menschen nicht anhaltend beschämen. Gerade ethisch muss genug Raum bleiben zur Revision.

Ethisch ist daher nur liebevolle Beschämung legitim. Dann aber entwickelt Huizing weniger eine Grundlegung der Ethik als vielmehr eine ethisch abgesicherte Pädagogik. Sein Buch entwickelt sich zu einem globalen Erziehungsratgeber angesichts der problematischen Autorität der Scham. Ich hatte diesen

Befund am Anfang des Kapitels als Stärke beschrieben: Huizing nennt die Motivationsgründe, ethisch richtig zu handeln: nämlich die Scham bzw. die Vorsicht, sich nicht schämen zu müssen. Darin liegt aber auch eine Schwäche: Die Frage bleibt offen, wann es ethisch richtig ist, sich zu schämen. Huizings Erziehungsratgeber funktioniert, wenn diese Frage beantwortet ist. Aber sie ist nicht klar beantwortet – außer über die Methode der produktionsästhetischen Beschämung durch Fiktion. Methoden ersetzen aber keine Inhalte. An den beiden anwendungsethischen Beispielen der Medien- und der Medizinethik habe ich kurz angedeutet, wie ich mit dem Begriffsmaterial Huizings zu anderen Schlüssen gekommen bin als er selbst.

Nach meinem Eindruck liegt der theologische Charakter nicht in der Ethik Huizings, sondern in der Phänomenologie – übrigens auch bei Hermann Schmitz, der sich als ethischen Relativisten versteht[181], während Huizing eine universalistische Ethik entwickeln will. Der Heilige Geist gibt aber nicht die Geltungsgründe für eine ethisch richtige Beschämung ab, sondern erklärt nur, wie es zur Autorität der Scham kommt. Auch die theologische Theorie vom *concursus divinus* erklärt nur, warum Menschen bildungsfähig sind – aber nicht, warum sie sich auch bilden lassen sollten.

Die Funktion der Bibel für die Ethik, wie Huizing sie bestimmt, funktioniert wiederum nicht ohne eine ethische Anerkennung der Scham als Quelle der Ethik. Dasselbe trifft auf die Funktion Jesu zu. Man muss also von der Wahrnehmungsschule der Weisheit bereits erfasst sein, um sich nicht einfach nur von ihr leiten zu lassen, sondern ihre Leitfunktion auch ethisch anzuerkennen. Darin steckt ein Zirkel. Zudem kann man sich auch liebevolle Beschämungsmethoden vorstellen, die aber ethisch böse Geschichten erzählen, um ihre Rezipienten damit falsch zu konditionieren.

Huizings Ethik hat große Stärken in der Beschreibung von Phänomenen. Sie arbeitet sich konsequent an der normativen Kraft der Scham ab und behält dabei auch in der Anwendungsethik den roten Faden. In der Grundlegung der Ethik dagegen bleiben für mich Begründungslücken, die seinen Ansatz eher als ethischen Erziehungsratgeber denn als eine Ethik charakterisieren lassen.

---

181   H. Schmitz: Der unerschöpfliche Gegenstand, 350.

III Ethische Entwürfe anderer Konfessionen und Religionen

Im Folgenden möchte ich drei neuere theologisch-ethische Ansätze vorstellen, die außerhalb der evangelischen Theologie entstanden sind. Dabei handelt es sich um einen katholischen Entwurf, einen jüdischen und einen muslimischen. Während der jüdische Ansatz eine individuelle Prägung hat, dürften die beiden Ansätze relativ repräsentativ für ihre jeweilige Konfession und Religion gelten, auch wenn Mouhanad Khorchide für seinen Ansatz von etlichen Gläubigen seiner Religion hart attackiert wird und sogar Morddrohungen erhält. Dennoch dürften methodische Gründe dafür sprechen, dass er einen repräsentativen Ansatz vorgestellt hat. Ich werde in meiner Darstellung diese drei Ansätze daraufhin untersuchen, in welchem Verhältnis sie zu einer evangelischen Ethik stehen.

12 Klaus Demmer[182]

Klaus Demmer: Selbstaufklärung theologischer Ethik. Themen – Thesen – Perspektiven; Paderborn 2014

Vom 2014 verstorbenen katholischen Moraltheologen Klaus Demmer erschien im selben Jahr sein letztes Buch, das im Grunde seine Auffassungen zusammenfasst. Schon der Sprachstil erinnert mit seinen kurzen und unverschnörkelten Sätzen bisweilen an Erklärungen des Apostolischen Stuhls, zumal häufig die Begründungen für seine Aussagen fehlen. Dennoch macht Demmer mit seiner sachlichen Offenheit den evangelischen Theologen auf seine überraschend häufige Anschlussfähigkeit aufmerksam. Man kann das Buch einen theologisch-ethischen Ansatz nennen, wenngleich anwendungsethische Themen nur sehr reduziert vorkommen und allenfalls illustrative Funktion haben. Zudem hat Demmer seine Grundbegriffe bereits in seiner Methodenlehre von 1989 bestimmt.[183] Das Ziel des neuen Buches liegt dennoch in der methodischen Grundlegung moraltheologischen Denkens sowie in seiner Ermutigung, dieses Denken trotz des Gegenwindes der „Dissensgesellschaft" (121, 233) in Anschlag zu bringen. In seinen anwendungsethischen Themen reduziert sich Demmer fast ausschließlich auf die Statusfrage des Embryos (71 ff., 165 ff., 186 f., 213 ff.) sowie auf die Ethik von Paarbeziehungen und der Auflösung von Ehen (77 ff., 116 f., 152 f.).

Wirtschafts- und politisch-ethische Themen (97 f., 104 f., 127, 206) werden dagegen nur gestreift. Das könnte, vorsichtig ausgedrückt, konzeptionelle Gründe zu haben. Etwas schärfer gesagt: Möglicherweise hat Demmer ein Problem mit der offenen und liberalen Gesellschaft. Zwar bekennt sich Demmer zur Demokratie und umgekehrt zur Politik als Partnerin der Kirche (206). Aber er äußert zugleich Bedenken gegen einen auf Dauer gestellten Pluralismus (207, 212). Das Politikverständnis Demmers ist auf Konfrontation ausgerichtet. Politik scheint die katholische Moral eher zu stören: Das gesellschaftliche Teilsystem Politik ist nur Gegenüber von Kirche und Moraltheologie.

---

182 S. meine Rezension in ThLZ 141/2016, 108–110.
183 K. Demmer: Moraltheologische Methodenlehre.

Ein Beispiel ist der zunächst sympathisch klingende Satz: „Die Kirche ist Anwalt des Schwachen. Denn Freiheit und Toleranz allein können Härten nicht aus der Welt schaffen" (206). Politisch gewendet heißt das aber, dass die Politik offenbar kein Anwalt des Schwachen oder zumindest dafür nicht effektiv genug ist. Sie beschränkt sich nämlich anscheinend auf Freiheit und Toleranz – die wiederum möglicherweise Werte sind, die der Kirche entgegenstehen. „Der gegenwärtige Pluralismus vermischt – vielleicht ungewollt – Permissivität und Aggressivität miteinander. Wer hingegen eine klare Identität ausbildet, verfolgt zwangsläufig ein Kontrastprogramm" (150). Damit könnte auch gemeint sein, dass die katholische Kirche ein Problem mit politischen Freiheitsrechten und auch mit Toleranz hat: „Um Dissens zu verstehen und verständig mit ihm umzugehen, bedarf es einer kongenialen Kommunikationskultur. Man darf ihn nicht einfach stehen lassen, es wäre die Selbstaufgabe aller Kommunizierenden" (123). Zwar bekennt sich Demmer zur Toleranz; er nennt sie Epikie (124) – Nachsicht. Aber Nachsicht üben heißt auch, sich in der Position der Stärke zu positionieren und dem Anderen die Rolle des Schwachen zu geben. Epikie zielt auf den Kompromiss, also auf ein strategisches Austarieren unterschiedlicher Interessen. Das Ziel besteht dabei darin, möglichst viel Eigeninteressen in den Kompromiss hineinzulegen: „Der kompromisshaft Handelnde geht auf vorgegebene Grenzen ein und sucht, in dialektischer Gegenbewegung, aus ihnen herauszuführen" (124). Letztlich ist Demmers Toleranz nur eine Strategie, den Gegner möglichst weitgehend auf die eigene Seite zu ziehen. Epikie ist nur etwas Vorläufiges, nichts Prinzipielles: „Der Kompromiss ist, wie der waltende Pluralismus, aber kein Prinzip, sondern eine bittere Notwendigkeit" (212). Deshalb habe ich den Eindruck, dass es in Demmers Moraltheologie einen grundsätzlichen Vorbehalt gegen eine pluralistisch-demokratische Gesellschaft gibt – und auch gegen politische Verfahren überhaupt.

Man könnte immerhin auch umgekehrt argumentieren und wie etwa Eilert Herms[184] versuchen, Demokratie und Pluralität aus dem theologischen Denken heraus zu entwickeln. Ein solcher moraltheologischer Beitrag zur Demokratietheorie wird dagegen nicht versucht. Pluralität ist schon innerhalb der Theologie nicht vorgesehen.

---

184 E. Herms: Systematische Theologie Bd. 2, 1297, 2347.

Die Rolle der Kirche besteht eher darin, die Politik zu korrigieren: „Vornehmste Aufgabe kirchlicher Autorität ist es, dem einzelnen Politiker beizustehen" (206). Man bemerke: Das ist nicht einfach die Aufgabe der Kirche, sondern ihrer Autorität. Hier kollidiert das staatliche Machtmonopol mit kirchlicher Autorität. Zudem bleibt der Staat abhängig von „Überzeugungsgemeinschaften, darunter in vorderster Front von der Kirche" (127). Denn die Kirche gibt dem politischen Wettbewerb eine Verbindlichkeit, weil sie unaufgebbare Wahrheitsansprüche vertritt, die das demokratische Kompromissverfahren von sich aus nicht hat (212). Interessant ist, dass sich die Autorität der Kirche nur dem einzelnen Politiker zuwendet (206, 212). Der Staat scheint eher eine Konkurrenz zur Kirche zu sein, die misstrauisch beäugt wird.

Diese Staatsskepsis belegt den methodischen Weg Demmers: Er geht nämlich vom Individuum aus. Genauso wie nicht der Staat interessant ist, sondern der Politiker, sucht Demmer nach individuellen Maßstäben der Ethik. Die findet er im einzelnen Subjekt.

12.1 Innerlichkeit

In der methodischen Grundlegung verbindet Demmer eine philosophische „Wende zum Subjekt" (78) mit einer theologischen Mystik (43, 201, 238). Auch die Mystik ist im Subjekt des Menschen verortet – allerdings so, dass der Mensch in sich eine göttliche Kraft findet: „Theologie ist, so gesehen, Umwandlung aus dem Innen" (238). Demmer orientiert sich am einzelnen Menschen, um darin mehr zu sehen als nur ihn selbst – nämlich göttliche Inspiration.

Der Blick ins geistige Innen ist ein Widerspruch gegen die „schleichende Naturalisierung des Geistes" (70, 104). Damit meint Demmer die Hirnforschung (104), die den Menschen so sieht, dass das Ich gar nicht existiert, sondern nur eine Projektion von Gehirnleistungen ist. Wenn es kein Ich gibt, gibt es keine Innerlichkeit – und schließlich auch keine Mystik. Und wenn es kein Ich gibt, gibt es auch keine menschliche Autonomie. Denn der Mensch wird dann immer schon gesteuert von neurochemischen Prozessen. Deshalb hängt sich Demmer an das Subjektparadigma, um „die Autonomie des Geistes zu retten" (70). Als Gegenargument gegen die Hirnforschung findet er eine subjektive Unhintergehbarkeit vor: Erst die „unmittelbare

Selbstgewissheit" (17) eröffnet „den Zugang zur Welt empirischer Gegenständlichkeit" (ebd). Man kann überhaupt nur das Gehirn erforschen, weil man selbst ein Subjekt ist. Bevor ich mich zum Gegenstand meines Denkens mache – und dabei etwa mein Gehirn als Bedingung meines Denkens entdecke –, muss ich mir immer schon vorgegenständlich gegeben sein, eben „unmittelbar". Deshalb ist es ein kategorialer Widerspruch zu behaupten, dass es kein Ich gibt. Ein Ich, das es gibt, wäre ein Gegenstand. Aber das Ich, von dem alles ausgeht, ist vorgegenständlich. Man kann dann nicht sagen, dass es existiert oder nicht existiert, da es vielmehr die Bedingung aller Existenzfragen ist.

Der auf sein Innen gerichtete Geist entdeckt sich folglich als „autonome Transzendenz" (173): vorgegenständlich, daher auch nicht existent oder nicht-existent – und daher transzendent. Das Ich wird sich seiner gewahr, ohne auf sich selbst zurückspringen zu können. Es bleibt sogar seinem Erleben transzendent. Darin schneidet sich die Ich-Transzendenz mit dem „Übergegenständlichen" Gottes (157). Demmer entwickelt eine „Transzendentaltheologie" (30, 32, 157), die Bedingungen der Möglichkeit zur Erkenntnis rekonstruiert. Wenn nun das Ich die Bedingung der Möglichkeit zur Erkenntnis ist, dann kann es selbst nicht erkannt werden (es kann also nie zum Objekt der Erkenntnis werden), sondern begleitet, mit Kant gesprochen[185], alles Denken. In Demmers Worten: „Das Innen verspricht Gewissheit, das Außen verbleibt im Hell-Dunkel des Hypothetischen" (188). Demmer will nun die Transzendentalphilosophie zur Transzendentaltheologie transformieren, und zwar über den Zwischenschritt der Mystik.

„Innerlichkeit bezeichnet vielmehr jenen privilegierten hermeneutischen Ort, an dem Selbstbewusstsein und Gottesbewusstsein einander berühren und eine Vollzugssynthese herstellen" (61). Beide sind übergegenständlich und autonom. Nichts kann das Ich steuern, weil das Ich übergegenständlich ist und man nicht auf diese transzendentale Ebene des Übergegenständlichen springen kann. Genauso wenig ist Gott steuerbar aufgrund seiner Übergegenständlichkeit. Beides, Autonomie und Übergegenständlichkeit, sind für Demmer hinreichend, um Transzendentalphilosophie und mystische Theologie zu verbinden. Gleichgesetzt werden beide nicht, denn dabei würde

---

185 I. Kant: Kritik der reinen Vernunft B 399.

das Ich mit Gott *gegenständlich* identifiziert. Vielmehr gilt für beide gerade aufgrund ihrer Übergegenständlichkeit, dass darüber hinaus nicht mehr gedacht werden kann (vgl. 45). Dieser Ausdruck „über das hinaus nichts Größeres gedacht werden kann" von Anselm von Canterbury, den Anselm für Gott verwendet, um daraus einen Gottesbeweis zu entwickeln, wird von Demmer benutzt, um damit eine andere Kategorie einzuführen, nämlich die des Übergegenständlichen: Weil nichts darüber gedacht werden kann, sind das Ich und Gott überhaupt nichts Gegenständliches. Sie sind vielmehr die Bedingung dafür, gegenständlich zu denken. Demmer versteht die Innerlichkeit als „Dimension, die über einen verstehenden wollen Zugriff hinausreicht" (215).

Ich und Gott gehören also der Kategorie des Übergegenständlichen an. Aber sie sind dennoch nicht dasselbe. Wie kommt es nun von der Transzendentalphilosophie zur Transzendentaltheologie? Und wie können zwei Phänomene transzendentale Bedingungen, die zwar derselben Kategorie zugehören, aber nicht identisch sind, auch irgendwie in einen erlebten Zusammenhang gebracht werden? Wie lassen sich beide nun im Lebensvollzug verbinden? Eine solche Verbindung muss erreicht werden, damit sich Demmers theologische Methode der Innerlichkeit ethisch auswirken kann. Die Brücke dazu bildet die Christologie und vor allem die Inkarnationstheologie: Gott ist übergegenständlich. Aber seine Übergegenständlichkeit schlägt sich im Gegenständlichen nieder – nämlich im Menschen.

„Das Christentum gründet aber im Faktum einer Person, die in ihrer Existenz wie in ihrem Anspruch einmalig und unwiederholbar ist. Eben darum trifft es auch den einzelnen in seiner Einmaligkeit und Unwiederholbarkeit" (105). In der Inkarnationstheologie liegt das „einigende Band, das alle auseinander strebenden Kräfte umschlingt" (204). Interessant ist, dass für Demmer nicht einfach Christus die Brücke schlägt, sondern die „Lehre" von der Menschwerdung (204). Denn Demmer benutzt die Inkarnationstheologie, um das Übergegenständliche in allen Menschen zu verorten – nicht nur in Jesus. Jesus selbst spielt bei Demmer eine untergeordnete Rolle und wird nur sehr selten erwähnt. Entscheidend an der Christologie ist vielmehr ihr allgemeiner Charakter: Das Übergegenständliche zeigt sich unter gegenständlichen Bedingungen, nämlich im menschlichen Ich. Hier mutiert die Christologie zur Mystik. Wenn Gott im Menschen zu finden ist, so empfiehlt sich hierfür das Ich: jener „Innenbereich, der ein uneinholbares Voraus für sich beansprucht" (187).

12.2 Wie wird aus der Innerlichkeit eine Ethik?

Mit der Innerlichkeit hat Demmer einen autonomen Bereich vor der Verfügungsgewalt der säkularen Ethik gerettet. Aber er hat noch keine Ethik daraus gewonnen. Man kann ihm noch folgen, dass das Ich die ungegenständliche Voraussetzung allen Denkens ist. Und man kann ihm auch darin noch folgen, dass sich diese Ungegenständlichkeit im Menschen inkarniert. Aber daraus folgt nicht, dass wir schon ethisch wissen, was wir tun sollen. Denn Autonomie führt nicht zur Ethik, alles machen zu dürfen, was man will.

Autonomie heißt bei Demmer vielmehr: Es gibt diesen ungegenständlichen Bereich im Menschen, der den Menschen steuert, ohne dass der Mensch in diesen Bereich eingreifen kann. Autonom ist also die Ungegenständlichkeit, nicht der Mensch.

Gerade deshalb wird der Autonomiebegriff aber missverständlich eingesetzt. Er wird in der Ethik ansonsten in der Nachfolge Kants dazu gebraucht, dass der Mensch sich selbst sein Gesetz geben kann und damit nicht fremdbestimmt wird. Bei Demmer jedoch bedeutet Autonomie zunächst Ungegenständliches – und damit auch etwas Vormoralisches. Klassisch hat die katholische Moraltheologie das Vormoralische unter dem Stichwort „Naturrecht" oder „natürliches Sittengesetz" verhandelt: Das natürliche Sittengesetz ist selbst noch keine moralische Forderung, sondern die Bedingung dafür, dass der Mensch sich moralisch (oder unmoralisch) verhalten kann. Aber damit sich der Mensch moralisch verhalten kann, muss das natürliche Sittengesetz eingehalten werden. Ein Beispiel[186]: Damit ich moralische Entscheidungen treffen kann, muss ich leben. Also gehört das Lebensrecht zum natürlichen Sittengesetz. Zu leben, ist selbst noch keine moralische Entscheidung. Aber alle moralischen Entscheidungen basieren auf dieser vormoralischen Basis.

---

186 Zum Folgenden vgl. L. Honnefelder: Natur als Handlungsprinzip, 176. Ders.: Das Problem der Philosophischen Anthropologie, 14; U. Zelinka: Normativität der Natur – Natur der Normativität, 185. Vgl. auch eine evangelische Interpretation des Naturrechts bei K. Tanner: Der lange Schatten des Naturrechts, 231 f.

Es sieht nun so aus, als ob Demmer seine Idee der Ungegenständlichkeit im Menschen ethisch für das Naturgesetz nutzen möchte. Er zielt dafür auf eine Reformulierung des Naturgesetzes: Das Naturgesetz soll hermeneutisch zirkulär entwickelt werden (63): „Was von der sittlichen Vernunft als normativ aus der Natur herausgelesen wird, wurde schon vorgängig in sie hineingelesen" (51). Diesen Prozess nennt Demmer einen „schöpferischen Zirkelschluss" (ebd., zum Verhältnis dieser Form des Naturgesetzes zur Kunst s. 51, 62; ähnliche zirkuläre Darstellungen zeigen sich in 64, 185). Es scheint mir nun, dass die Ungegenständlichkeit des Mystischen genau diese Rolle für die Ethik spielt: Das Mystische ist zwar nicht selbst ethisch. Aber wer es ignoriert, muss den Menschen missverstehen und verfehlt daher das Moralische. Deshalb muss das Mystische geachtet werden. Mindestens eine Veto-Funktion muss es haben.

Sobald es ethisch wird, betont Demmer aber weniger die Inkarnationstheologie, vermutlich deshalb, weil das Naturrecht eben nur Bedingung der Moral ist, aber die Moral nicht vollständig bestimmen kann. Vielmehr betont Demmer bei den normativ-ethischen Aussagen das kreuzestheologische Element (45 f., 101 f., 192 f.). Zwar lässt sich die Kreuzestheologie „nicht direkt und unmittelbar normethisch umsetzen" (45). Allerdings erzeugt sie „anthropologische Implikationen" (45): und zwar „Verletzlichkeit" und Solidarität mit den Leidenden (192). Beides wird so verknüpft, dass der Mensch für die Leidenden mitleidet. Die Kreuzestheologie legt den Christen darauf fest, „seinen hohen Selbstanspruch über Verzichte und Opfer einzulösen" (46). „Opfer bedeutet Teilhabe an Leid und Tod des Herrn" (102).

Ein evangelischer Theologe kann das so kaum formulieren, weil für ihn das Leiden Christi zum einen unvergleichbar ist und zum anderen erfüllt ist: Es fehlt dem Leiden Christi nichts, was wir Christen noch zu vervollständigen hätten. In der katholischen Lehre ist dagegen die (katholische) Kirche die Fortexistenz Christi. Und daher leidet kein anderer, wenn Christen heute Opfer erbringen, als Christus. Die Kreuzestheologie verzahnt damit nicht nur die Christologie mit der Ekklesiologie, sondern auch mit der Ethik. Ethik ist Bereitschaft des Einzelnen, Opfer zu erbringen. Interessanterweise wird wieder der Einzelne in den Mittelpunkt gerückt, nicht die Kirche, obwohl ja der Opfergedanke eigentlich nur in seiner kirchlichen Einbettung die Fortsetzung der Christologie darstellt.

Zum Erbringen von Opfern gehört auch wieder Epikie. Auch hier wird Epikie wieder strategisch eingesetzt: Der Christ zahlt etwas dafür, um seine hohen Ansprüche einzulösen. Er verzichtet also gerade nicht auf seine Ansprüche, sondern er setzt sie auf diese Weise durch.

Ein anwendungsethisches Beispiel, das Demmer benutzt, ist der katholische Umgang mit Ehescheidungen. Nach katholischem Kirchenrecht ist die Scheidung unmöglich; und wer sich scheiden lässt, ist von der Eucharistie ausgeschlossen – und damit von der vollgültigen kirchlichen Gemeinschaft. Denn er bricht das Sakrament der Ehe. Kirchenrechtlich möglich dagegen ist es, die Ehe annullieren zu lassen. Die Annullierung ist dann möglich, wenn sich nachweisen lässt, dass einer der Ehepartner zum Zeitpunkt der Eheschließung wusste, dass er keine Kinder zeugen kann – und diese Unfähigkeit verschwiegen hat. (Auch deshalb wird bei der Vorbereitung auf die katholische Trauung ein sog. Brautprotokoll geführt, das solche Themen abfragt.) (80 f.)

Die Annulierung einer Ehe nennt man einen Dispens (bei Demmer „die" Dispens). Demmer unterstreicht diese Einrichtung des Dispenses, weil er sich aus seinem Verständnis von Epikie ergibt – und damit aus dem christlichen Opfer. Opfer erbringen ist aber nun für ihn eine Strategie, christliche Ansprüche durchzusetzen und dabei dafür eigene Kosten zu erbringen. Wie zeigt sich nun diese Strategie im Umgang mit geschiedenen Ehepartnern? Der Dispens darf nicht zum Standard gemacht werden: „Mit der reinen Dispensgewährung ist nichts in Ordnung" (82, ähnlich 116). Epikie darf das „Gemeinwohl der Kirche nicht aus dem Auge verlieren" (81). Andererseits: Die Kirche „ist von Rechts wegen verpflichtet, Barmherzigkeit zu üben" (81, ähnlich 116). Demmer scheint in diesem Zitat das Kirchenrecht zu meinen. Interessanterweise ist die Kreuzestheologie nicht etwa die Durchbrechung des Rechts, sondern die Einbettung der Gnade ins Recht.

Der Dispens kann bei Demmer dann erteilt werden, wenn die betroffenen Paare sich zur seelsorgerischen Begleitung *verpflichten*. Das klingt zunächst wie ein Angebot: „Patenschaften mit Risikopaaren könnten geschlossen werden" (117). Aber es geht um den Anspruch der Kirche, der durch den Dispens strategisch umgesetzt werden soll. Verpflichtende Aussagen richten sich daher an die Kirche: „Qualifizierte und erfahrene Ehepaare müssten einer Ehe zur Seite stehen" (80). Die Trauzeugen sind auch „als kompetente Paten" (82) zu beauftragen. Der Anspruch qua Dispens wird seelsorgerisch eingelöst. Seelsorge mutiert hier zu einer Art rechtlicher Zwang: „Dispens ergänzt Recht, setzt sich aber nicht an seine Stelle" (81). Dispens verlangt, „dass alle Karten auf den Tisch gelegt" werden (81). Mir ist unklar, ob Demmer wirklich meint, dass die Ehepartner alle ihre Gründe offenlegen müssen, um Dispens gewährt zu bekommen – oder ob er nur meint, dass die Kriterien für Dispens in ihren Gründen offengelegt werden müssen. In jedem Fall aber ist sein Versuch, Epikie in der Praxis zu erreichen, eine Form der Kirchenzucht: Christen werden sowohl mit dem katholischen Kirchenrecht diszipliniert als auch auf katholische (Seelsorge-)Praktiken festgelegt, wollen sie als Katholiken der Kirche Barmherzigkeit abtrotzen, sobald sie sich scheiden lassen.

Ich lasse in meiner Kritik weitgehend beiseite, ob ein solches Patensystem aus seelsorgerischen Gründen wirklich Erfolg haben kann. (Was würde es mir helfen, wenn ich in meiner konfliktreichen Ehe mit scheinbaren Edel-Ehen konfrontiert werde, die sich anhaltend in unser Leben einmischen? Was hilft es mir, wenn mein Trauzeuge sich dauernd mit der Trauzeugin meiner Frau zankt, wie wir unsere Ehe leben sollen?) Der entscheidende Punkt meiner Kritik liegt darin, dass die Kreuzestheologie hier unkenntlich wird: Epikie ist nicht das Opfer Christi, das uns in seiner Anspruchslosigkeit in den Bann zieht. Vielmehr ist Epikie ein ideologischer Trick: Es scheint nur so, als gäbe man Ansprüche auf, aber in Wirklichkeit zwingt man anderen damit eigene Ansprüche auf. Es werden gerade keine Ansprüche geopfert, sondern nur ein scheinbares Opfer geleistet. Rechtlicher Zwang wird so kaschiert.

Vor allem aber sehe ich nicht, wie die Kreuzestheologie die Inkarnationstheologie des naturrechtlichen Denkens Demmers weiterführt. Wo liegt die Brücke zwischen der Übergegenständlichkeit des menschlichen Ich, mit der sich die Übergegenständlichkeit Gottes schneidet (Inkarnation), und der Kreuzestheologie und insbesondere der Epikie? Oder auch: Wo liegt die Brücke zwischen (vormoralischem) Naturrecht und Ethik? Verbindungsstück ist auch hier wieder Anselm von Canterbury: „Darüber hinaus kann nicht mehr gedacht werden" (45). Jetzt aber ist nicht einfach Gott gemeint, über den hinaus nicht gedacht werden, sondern die „Lehre von Kreuz und Auferstehung" (ebd.). Interessanterweise auch hier wieder die „Lehre": Nicht Kreuz und Auferstehung sind so groß, dass darüber hinaus nicht gedacht werden kann, sondern die Lehre darüber. „Dramatischer kann menschliche Konfliktgeschichte nicht mehr gedacht werden, aber auch nicht trostvoller" (ebd.).

Mein Verdacht ist nun, dass die Lehre von Kreuz und Auferstehung deshalb der Übergegenständlichkeit der Inkarnationslehre entspricht, weil beide Prozesse sind: Das Ich ist nur im Selbstvollzug, ebenso wie Kreuz und Auferstehung nur als Geschichtsvollzug gegeben sind. Demmer scheint hier eine narrative Theologie zu vertreten: „Der Gott Denkende ... erzählt sein Leben nach" (179). Im Erzählen wird das Übergegenständliche gewahrt aufgrund seines Prozesscharakters (vgl. 229). Somit bildet sich in der narrativen Kreuzestheologie das nach, was sich inkarnationstheologisch in einer mystischen Begegnung zeigt.

Die (narrative) Lehre von Kreuz und Auferstehung bezieht den Menschen mit ein, der sie lehrt. Der Mensch redet also von sich, indem er vom gekreuzigten Gott redet. Damit manifestiert er genau diese Übergegenständlichkeit seiner selbst, nun aber lebensgeschichtlich und kreuzestheologisch: „Die lastenden Verwerfungen, Verstrickungen und Teufelskreise sind von innen her aufgebrochen" (45). Von innen her: also vom Ich her. Das Kreuzesgeschehen ereignet sich im glaubenden Menschen.

Mir scheinen bei Demmer die moraltheologischen Konsequenzen eher assoziativ an die Kreuzestheologie angebunden zu werden. Wenn Christen moralisch handeln, sind sie verletzbar (46), befinden sich auf einer „gemeinsame[n] Pilgerschaft mit allen Menschen guten Willens" (46). Sie haben teil am Leiden Christi, sind also zu Opfern fähig (102). Kreuzestheologie schließlich ist kasuistisch (193). Für Demmer ist Kasuistik eine „Moralpädagogik der kleinen Schritte" und „schützt vor unbarmherziger Überforderung" (ebd.). Warum aber die Kasuistik aus dem Kreuz Christi folgen soll, erschließt sich mir nicht. Demmers Gedanken sind für mich hier mehr assoziativ als logisch stringent.

Aber wer Geschichten erzählt, assoziiert ja auch. Die Verbindungen werden narrativ *gesetzt*, sie *bestehen* nicht einfach. Eine narrative Moraltheologie im Zeichen des Kreuzes stellt sich lebensgeschichtlich in *irgendeinen* Zusammenhang mit der Geschichte Jesu. Wie genau dieser Zusammenhang gesetzt wird, kann allerdings dann nach meinem Eindruck sehr viel offener sein als bei Demmer. Dann kann es eben nicht mehr das katholische Lehramt sein, das die entscheidende Geschichte erzählt, sondern der Ich-Vollzug des gläubigen einzelnen Christen. Bei der Kirche als Institution wären narrative Setzungen ja nicht die Setzungen eines Ich, sondern eines Wir der Priestergemeinschaft. Wenn also Ethik narrativ ist, dann ist sie eben nicht zwingend eine katholische Geschichte. Dann entsteht aber ein völlig neues Problem, nämlich welche Verbindlichkeit eine Ethik beanspruchen kann, die ich-orientiert ist. Meine Geschichte, die ich vom Kreuz her erzählen kann, kann dann eine völlig andere sein als die, die andere erzählen. Daraus folgen völlig verschiedene ethische Verhaltensweisen.

12.3 Zusammenfassung

Es ist ein Anliegen des Ansatzes von Klaus Demmer, naturrechtliche und moraltheologische Aussagen zu dynamisieren und revisionsfähig zu machen. Er spricht dann etwa von „Nachbesserung" der Naturrechtslehre (63). Er weist damit zurück, dass die katholische Morallehre ein festes System ist: „Ein unverrechenbarer Überschuss blieb und bleibt immer" (24). Das klingt fast schon evangelisch. Was moralisch richtig ist, muss immer wieder neu austariert werden. Demmer setzt hierzu auf offene Diskurse und lässt so doch wieder Pluralismus aufschimmern („Verfahrensethiken", 24).

Bei dieser Dynamisierung hilft Demmers hermeneutischer Ansatz, den er mit historischer Kritik verbindet: Schrift und Tradition gelten nicht deshalb, weil sie da sind, sondern sie müssen auch erst hermeneutisch verortet werden (27, 100): Sie müssen „in ihrer Aussagekraft für die Gegenwart" erst aufgeschlossen werden (27). Hier bewährt sich Demmers Ansatz, vom prozesshaften Übergegenständlichen auszugehen, was gerade dadurch, dass es Prozess ist, eben noch nicht vollständig gedacht werden kann. Und was nicht vollständig gedacht wird, über das hinaus kann dann bei Demmer auch nicht gedacht werden. Das Gottesphänomen ist übergegenständlich. Also müssen theologisch-ethische Normen auch in Bewegung sein.

Anwendungsethisch wirkt sich das in etlichen liberalen Beurteilungen aus, die man von einem katholischen Moraltheologen nicht gleich erwarten würde: Demmer betrachtet Homosexualität differenziert (142), er scheint sie zwar prinzipiell abzulehnen, aber gewisse Ausnahmen für richtig zu halten: „Der Kenner weiß, wie sehr schnelle Verurteilungen der Homosexualität sich verbieten" (ebd.).

Überraschend wenig katholisch klingen auch Demmers Aussagen zum Status eines Embryos. Ist der Embryo schon ein Mensch, dann darf er nicht abgetrieben werden – das ist katholische Lehre. Demmer argumentiert hier vorsichtiger, indem er die Statusfrage des Embryos selbst dynamisiert: „Der sogenannte harte Kern erweist sich in der Tat als weicher Kern" (186). Zwar hält er die Statuszuschreibung des Embryos als Mensch noch für die „konsequenteste" (ebd.), fügt aber hinzu: „Sie ist nicht zwingend, wohl aber naheliegend und damit einladend" (ebd.). Der Status des Embryos scheint damit eher narrativ als mit harten biologischen oder ontologischen Fakten belegt werden zu können. „Was mit dem frühen Embryo beginnt, setzt sich über die Gesamtspanne des Lebens fort" (230). Für Demmer bedeutet das, dass „ein überzeitlich-ungeschichtliches Verständnis von Wesen" „dynamisiert" wird (ebd.): Was der Embryo *ist*, entscheidet eine *Geschichte*: nämlich was er gewesen sein wird.

Ich habe auch kurz gestreift, dass Demmer eine liberalere Einstellung zur Neuverheiratung von Menschen nach einer gescheiterten Ehe hat (116). All diese anwendungsethischen Aufbrüche scheinen auf Demmers narrativem Verständnis der Kreuzestheologie zu beruhen. Das macht seinen Ansatz für eine evangelische Ethik anschlussfähig. Allerdings habe ich kein ganz scharfes Bild erhalten in der Frage, wie sich beides jeweils zueinander verhält: Transzendentaltheologie und hermeneutische Theologie, Inkarnationstheologie und Kreuzestheologie. Nach meinem Eindruck wäre Demmer konsequenter gewesen, wenn seine narrative Kreuzestheologie noch freier in den Anwendungen gewesen wäre. Konsequenter würde hier heißen: lockerer oder gar nicht mehr ans katholische Lehramt gebunden. Das Anschlussproblem folgt allerdings dann sofort: Wie wird aus einer freien und assoziativen Moraltheologie eine verbindliche Ethik für alle Menschen? Mir scheint, dass die meisten evangelischen Ethik-Entwürfe hier pluralismusfähiger sind, ohne in Gefahr zu geraten, einem Relativismus zu verfallen.

13 Mouhanad Khorchide

M. Khorchide: Scharia – der missverstandene Gott. Der Weg einer modernen islamischen Ethik; Freiburg 2014²

Das Buch des Münsteraner Professors für Islamische Theologie, Mouhanad Khorchide, ist keine fertige ethische Grundlegung. Das Problem, mit dem sich Khorchide beschäftigen muss, ist, dass islamische Ethik zu vielen Vorurteilen ausgesetzt ist. Deshalb besteht das Hauptziel des Buches darin, diese Vorurteile auszuräumen. Das eine Vorurteil kommt aus den westlichen Gesellschaften, wonach Islam Rigorismus bedeute, die Scharia, das muslimische Recht, nicht mit der Menschenwürde vereinbar sei und Frauen unterdrücke.[187] Das andere Vorurteil kommt von Muslimen selbst, nämlich dass es darauf ankomme, Gesetze und Vorschriften äußerlich einzuhalten und dass der Islam das ganze Leben mit juristischen Formeln regelt (10 ff., 75, 80 u. ö.). Gegen beide Vorurteile richtet sich Khorchides Buch.

Daraus entsteht eine Skizze muslimischer Ethik. Khorchide informiert zunächst; sein Buch ist eine Einführung in den Islam und in die muslimischen Quellen der ethischen Lebensführung. Darüber hinaus setzt sich Khorchide aber auch von bestimmten muslimischen Traditionen ab und verfolgt ein eigenes Konzept. Es ist leicht geschrieben und richtet sich an interessierte Laien.

Ich werde in meiner Darstellung Khorchides Einführung nur insoweit wiederholen, wie sie für seine ethische Grundlegung von Bedeutung ist. Dabei werde ich weitgehend die Frage beiseite lassen, wie sich Koran zur mündlichen Überlieferung von Mohammeds Aussprüchen oder Handlungen (Sunna) und weitere Quellen verhalten. Mir geht es vielmehr auch hier darum, Khorchides Ethik-Konzeption herauszuarbeiten. Meine These ist dabei, dass seine Ethik weitgehend individualethisch aufgebaut ist und dabei sozialethische Lücken hat. Das hat m. E. damit zu tun, dass Khorchide ein juristisches Verständnis der muslimischen Normen zurückdrängen möchte. Ich möchte allerdings untersuchen, ob seine individualethische Sicht zum grundsätzlichen normethischen Umgang passt, nämlich dass Normen da-

---

187 Mit diesem Vorurteil setzt sich Khorchide nur implizit auseinander (22, 85).

durch Geltung verdienen, dass sie den muslimischen Quellen entnommen werden (und damit einer Hermeneutik bedarf, die einer bestimmten sozialen Lebensform entstammt). Wie also verhalten sich der Islam als soziale Lebensform, die individualethische Ausrichtung bei Khorchide und der Mangel an Sozialethik zueinander?

13.1 Die Ablehnung eines juristischen Verständnisses von Islam

Khorchide wendet sich vor allem in seinem Buch gegen eine muslimische Doppelmoral. Diese Doppelmoral besteht für ihn darin, äußerliche Rituale und Sitten einzuhalten, aber sich nicht um sein Inneres zu kümmern: „Niemand würde auf die Idee kommen, einen Muslimen, der zwar regelmäßig betet und fastet, jedoch üble Nachrede betreibt, als nichtpraktizierend zu bezeichnen" (12). „Muslime sollen sich an erster Stelle Sorgen über ihre innere Vollkommenheit machen" (17). Seine inner-islamische Kritik hat dabei einige Parallelen zu Martin Luthers innerkirchlicher Kritik im 16. Jahrhundert: Ebenso wie Luther die befreiende Botschaft des Evangeliums gegen ein System der Angst gesetzt hat, empfindet Khorchide unsere Beziehung zu Gott gestört, wenn wir sie über die Kategorie Angst definieren (8). Khorchide wendet sich entschieden dagegen, Menschen den Glauben abzusprechen, weil man sich inhaltlich unterscheidet. Auch nach Luther soll Kirche lediglich im Namen Gottes sprechen, wenn sie Vergebung zusagt.[188] Ansonsten verbirgt sich Gott vor dem menschlichen Urteil.[189] Ebenso kritisiert Khorchide das „Ausmaß der Anmaßung, für Gott zu sprechen und über Menschen zu urteilen und gewissermaßen für Gott Entscheidungen zu sprechen" (46, ähnlich 167, 223).

Weitere Ähnlichkeiten mit einer evangelischen Ethik:

1. Aus der Ablehnung, andere Muslime zu verurteilen, folgt quasi eine Variante der „ecclesia invisibilis": Muslime haben sich im Urteil zu enthalten, ob andere Muslime gläubig sind. Daraus folgt, jeden Muslim, der sich zum Islam bekennt, als solchen anzuerkennen (26, 47, 210 f.).
2. Anstelle einer fundamentalistischen, wortwörtlichen Bibelhermeneutik setzt Khorchide auf den Geist des Korans (33 f., 82).

---

188 M. Luther: Die 95 Thesen, Th. 26.
189 M. Luther: Vom unfreien Willen, 148.

3. Khorchide argumentiert für eine Selbstbescheidung der Ethik (137). Das folgt reformatorisch aus dem Vorrang des Evangeliums vor dem Gesetz. Wilfried Härle und Johannes Fischer haben jüngst ähnlich argumentiert.
4. Ebenso wie Jesus betont, dass nicht der Mensch für den Sabbat, sondern der Sabbat für den Menschen da ist (Mk. 2,27), argumentiert Khorchide: „dass Religionen da sind, um dem Menschen zu dienen und nicht umgekehrt" (154).
5. Eine wichtige reformatorische Einsicht besteht darin, dass es keinen neutralen Punkt gibt, von dem aus Menschen ethische Entscheidungen treffen. Menschen haben immer schon durch ihre jeweiligen Situationen und Handlungskontexte eine Neigung, eher das eine zu tun als das andere. Luther hat diese Einsicht so auf die Spitze getrieben, dass der Mensch ein Reittier sei, das entweder vom Teufel oder von Gott geritten werde – aber nie ohne Reiter ist! Ähnliches zeigt sich nun bei Khorchide: „Solange der Mensch seinen herkömmlichen Denktraditionen und -strukturen verhaftet bleibt, ist er anfällig für Verblendung" (54).[190]
6. Das führt schließlich auch zu einigen Andeutungen, wonach ethisches Verhalten abhängig von Emotionen ist, die Menschen widerfahren und die sie nicht frei erzeugen können: „Religiosität ist an erster Stelle eine emotionale Angelegenheit" (214). Das spitzt Khorchide offenbarungstheologisch zu – zumindest könnte man ihn so verstehen: „Religiosität beginnt mit der religiösen Erfahrung" (212). Dies scheint sich daraus zu ergeben, dass Menschen religiöse Erfahrungen nicht frei erzeugen können, sondern dass sie sich bei ihnen einstellen. Bei Johannes Fischer und Christofer Frey ist dieser Aspekt des Widerfahrens von Emotionen deutlich; Härle zumindest konnte ihn nicht ganz vermeiden. Die Emotionsforschung bestätigt diesen Sachverhalt.

Folgt aus diesen stattlichen Parallelen zwischen einer evangelischen Ethik und Khorchides Ansatz, dass seine muslimische Ethik nichts anderes als eine christliche Ethik ist – was man ihm innerhalb des Islam ja auch vorgeworfen hat (vgl. 159)? Meine These ist, dass diese Nachbarschaft zumindest noch nicht voll ausgereift ist und dass sie deshalb bei Khorchide zu einer Ent-

---

190 Ähnlich äußert sich Khorchide, wenn es um die Abhängigkeit der menschlichen Innerlichkeit von rituellen Äußerlichkeiten geht (70).

gegensetzung von Individualethik und Sozialethik führt. Dagegen hat eine evangelische Ethik Ressourcen, um hier Brücken zu bauen. Beides will ich nun demonstrieren.

Eine evangelische Ethik ist sich schnell einig mit Khorchides Kritik an der juristischen Engführung von Moral. Khorchides Argumentation entspricht hier der evangelischen Kritik an der Kasuistik und auch an einer evangelischen Gesetzeskritik überhaupt. „Nicht der juristische Weg bringt uns Menschen in die Gottesgemeinschaft, sondern der ethische und spirituelle" (74 f.). Indem aber Khorchide das Juristische dem Spirituellen entgegensetzt, verschließt er sich auch vor einer Sozialethik. Sozialethik hat es z. B. mit der Ethik von Institutionen zu tun oder mit der Verlässlichkeit gesellschaftlicher Strukturen. Und zweifellos spielt das Recht hierbei eine Schlüsselposition, weil es diese Verlässlichkeit gewährleistet.

Der evangelischen Ethik gelingt trotz ihrer Gesetzeskritik dieser Schritt durch die Unterscheidung von Gesetz und Evangelium: Gottes Wort ist *beides in einem*: Zuspruch und Anspruch. Indem Gott sich dem Menschen zuwendet, ergibt sich daraus eine Begegnung mit verbindlichem Charakter. Der Zuspruch Gottes wäre unverbindlich, wenn er nicht auch mit einem Anspruch verbunden wäre, die Begegnung gelten zu lassen, auf der der Zuspruch gründet. Die evangelische Gesetzeskritik richtet sich darauf, dass die Achtung der Verbindlichkeit nicht garantieren kann, dass der Mensch in seinem Handeln der Begegnung entspricht. Gesetze können sich auch verselbstständigen und nur oberflächlich eingehalten werden, ohne dass sie mit der Lebenshaltung aufgefasst werden, den Zuspruch Gottes zu achten. Darin entspricht die evangelische Gesetzeskritik ganz der Kritik Khorchides am juristischen Verständnis muslimischer Regeln. Die evangelische Unterscheidung von Gesetz und Evangelium aber führt dazu, dass juristische, institutionelle Verlässlichkeiten mit dem Zuspruch verbunden sind.

Vor allem in der lutherischen Ethik hat das zur Ausformulierung sog. „Schöpfungsordnungen" geführt, in der katholischen Moraltheologie zur Achtung des natürlichen Sittengesetzes und in der reformierten Tradition etwa zum Zusammenhang von Christengemeinde und Bürgergemeinde (bei Karl Barth[191]) oder zur staatlichen Kirchenzucht bei Calvin. Problematisch

---

191 K. Barth: Christengemeinde und Bürgergemeinde, 63 ff.

ist an der lutherischen und an der katholischen Variante, dass sie suggeriert, es gebe eine Verbindlichkeit „vor" dem Zuspruch Gottes. Um dieses Missverständnis zu vermeiden, hat etwa der Lutheraner Bonhoeffer von „Mandaten"[192] gesprochen, die sich aus der konkreten Gottesbegegnung des Christusgeschehens ergeben. Die Mandate werden gerade durch den Zuspruch Gottes fundiert. Ich halte Bonhoeffers Weg für tragfähiger als eine rigoristische Kirchenzucht reformierter Couleur zur Zeit Zwinglis und Calvins, bei welcher der Zuspruchcharakter unsichtbar wurde. Ähnliche Vorzüge wie bei Bonhoeffer sehe ich bei Barths Verhältnissetzung von Christengemeinde und Bürgergemeinde: Der Anspruch ist streng rückbezogen auf den befreienden Zuspruch der Gottesoffenbarung und kann daher auch nicht verselbstständigt werden.

Bei Khorchide dagegen wird die Lösung ethischer Konflikte dem Individuum aufgebürdet. „Der Koran stellt den Auftrag an den Menschen, sich selbst zu läutern" (75). Aus evangelischer Sicht besteht hier eine theologische blinde Stelle: Der Versuch, sich selbst zu läutern, ist der Versuch, ohne Gottes Hilfe geläutert zu werden. Dieser Versuch entspricht der Vorstellung, es gäbe ein Gesetz ohne Evangelium, natürliche Ansprüche ohne personelle Gottesbegegnung.

Institutionelle Regelungen dürfen für Khorchide kein „Selbstzweck" sein (75). Obwohl ich ihm hier zustimme, könnten sie immerhin einen Zweck haben. Es gibt eine Stelle in seinem Buch, wo er beides, das Institutionelle und das Persönliche, in einen Zusammenhang bringen will (80). Aber wie der Zusammenhang genau ist, wird da nicht klar: Khorchide spricht von einem „Wechselspiel", weist hingegen zurück, dass sich beides wechselseitig voraussetzt. Wie könnte dieses Wechselspiel dann aber funktionieren? Khorchide zitiert zwei Stellen aus dem Koran, die *entweder* institutionelle Verlässlichkeit *oder* individuelle Selbstveränderung als Voraussetzung beschreiben. Khorchide kommt aber zu keinem Schluss. Wenn nämlich sowohl das eine als auch das andere die Voraussetzung für das jeweils Zweite bildet, dann handelt es sich um eine Interdependenz. Eine solche aber weist Khorchide zurück. Seine beiden Zitate scheinen eher darauf hinzuweisen, dass entweder das eine oder das andere die Voraussetzung bildet – und das

---

192 D. Bonhoeffer: Ethik, 392–412.

könnte heißen, dass das fallabhängig ist, wie die Richtung jeweils verläuft: Manchmal sind persönliche Läuterungen Voraussetzung für institutionelle Verlässlichkeiten, und manchmal helfen institutionelle Verlässlichkeiten, dass sich Menschen läutern. Dann wäre Khorchides Pointe an seiner Kritik an der juristischen Auslegung muslimischer Regeln: dass es *nur so einseitig* gesehen wird, während es ja *auch* umgekehrt verlaufen kann.

In beiden Fällen fehlt aber eine direkte Beziehung zu Gott. Zum einen erfolgt die tugendethische Selbstläuterung nicht „*coram Deo*", sondern vor sich selbst. Zum anderen hält Khorchide – zu Recht zwar, aber theologisch unzureichend begründet – rechtliche Regelungen für dynamisch (83, 142). Nach welchen ethischen Kriterien sich das Recht aber entwickelt hat, dafür gibt Khorchide keine Kriterien außer kulturelle Evolution an: „Das islamische Recht hat sich sukzessive im Laufe mehrerer Jahrhunderte in verschiedenen islamischen Ländern entwickelt und zwar nicht ohne Einfluss der vorherrschenden Kulturen und Verwaltungsstrukturen dieser Länder" (83). Gerade einmal 80 der 6234 Koranverse seien juristische Aussagen zu Gesellschaftsfragen (83). Zu diesem evolutionären Denken gehört die Beachtung der Menschenwürde: Die Menschenwürde ist „inzwischen" „selbstverständliche Grundlage" geworden (148). Hier wird Geltung mit Genese vermischt: Die Achtung der Menschenwürde gilt, weil sie sich so entwickelt hat. Ethik entsteht aus „Erfahrungen, aus denen geschöpft werden soll" (228). Und da Erfahrungen verschieden sind, soll jede Gesellschaft auch ihre eigenen Ordnungen herstellen (228). Hier entwickelt Khorchide eine Ethik des Faktischen: Weil er den Koran nicht juristisch verengen will, wird das Juristische beliebig. Es muss zwar Ordnungen geben, aber wie sie sind, ergibt sich schon.

13.2 Evolutionäre Ethik

Um die Menschenwürde als muslimische Maxime zu begründen, zitiert Khorchide den Koran (Sure 17:70): „Wir [Gott] haben den Kindern Adams Würde verliehen." In der Ahmadiyya-Übersetzung klingt dieser Vers (dort Sure 17:71) etwas anders: „Wir haben doch wahrlich die Kinder Adams geehrt und sie über Land und Meer getragen und sie versorgt mit guten Dingen und sie ausgezeichnet, eine Auszeichnung vor jenen vielen, die Wir geschaffen haben." Ich sehe durch diesen Textbefund allerdings keinen direkten Begründungszusammenhang zur Menschenwürde:

1. Die Menschenwürde ist eine Minimalwürde: Sie verleiht Menschenrechte und verlangt, dass Menschen so behandelt werden, dass sie nicht unter einen bestimmten Level des zwischenmenschlichen Umgangs fallen. Hier aber ist unter „Würde" „Ehre" gemeint: eine besondere „Auszeichnung".
2. Menschenwürde fordert Achtung von anderen Menschen. Hier aber geht es um das Verhältnis des Menschen zu anderen Kreaturen (Tiere oder andere Kreaturen). Zudem wird diese besondere Würde des Menschen im Verhältnis zu anderen Kreaturen *von Gott* geachtet, während Menschenwürde eine bestimmte Behandlung des Menschen *durch Menschen* fordert.

An Khorchides Behandlung des Menschenwürdebegriffs zeigt sich sein gesamtes sozialethisches Verfahren – bzw. ihre blinde Stelle: Er hat eine Sozialethik des Faktischen. Das zeigt sich etwa an einer Erläuterung, wie die Goldene Regel („Was du nicht willst, was man dir tu, das füg auch keinem anderen zu") zu konkretisieren ist: „Mir geht es hier nicht um diese juristischen Details, die eigentlich Aufgabe der jeweiligen Volkswirtschaft und Finanzsituationen sind …, damit eine Gesellschaft gut funktioniert" (50). Die Konkretisierung *tugend*ethischer Prinzipien führt bei Khorchide generell zu einer juristischen Verkürzung. Dass es ein Zwischenglied zwischen Individualethik und positivem Recht gibt (nämlich die Sozialethik), kommt dagegen nicht in Blick. Auch das Recht erfährt dadurch eine funktionalistische Verkürzung: Es ist nur dazu da, dass eine Gesellschaft „gut funktioniert". Was aber „gut" ist, lässt sich gerade nicht tugendethisch beschreiben, weil Khorchides Tugendbegriff allein an der Selbstläuterung orientiert ist. Es lässt sich aber auch nicht ohne logischen Zirkelschluss juristisch beschreiben: Ein Rechtssystem funktioniert gut, wenn es überhaupt funktioniert – weil das einzige Kriterium, ob es gut ist, dann am Rechtssystem selbst liegt. Das lehnt aber Khorchide wiederum ab: „Eine Gesellschaftsordnung basierend auf Gerechtigkeit, Gleichheit, Freiheit, Bewahrung der Menschenwürde und sozialer Verantwortlichkeit ist kein Selbstzweck" (20). Wenn man jedoch das Gute einer Gesellschaftsordnung nicht am Rechtssystem selbst ermessen will, bedarf es gerade einer Sozialethik. So wie Khorchide aber hier formuliert, könnte man allerdings auch den Eindruck bekommen, dass er die Menschenwürde nicht unbedingt gelten lässt. Bekanntlich hat Immanuel Kant Menschenwürde als Selbstzweck beschrieben.[193] Die Achtung der Menschenwürde dient demgegenüber bei Khorchide dazu, „den Weg des Menschen zu Gott" (20, ähnlich 229) zu gehen. Menschenwürde hat also instrumentellen Wert und ist daher kein Prinzip, sondern die ethische Ableitung eines religiösen Ziels. Zwar räumt Khorchide ein, dass Menschen anderer Religionen Menschenwürde verdienen (148, 229), aber wenn sie auf ihrem Weg zu Gott keine Fortschritte machen, schwächt sich die Geltung der Menschenwürde ab, wenn man keine Sozialethik zufügt.

Was die Sozialethik ersetzt, ist die Evolution der Ethik, nämlich eine allgemeine Entwicklung, die über die individualethische Perspektive hinausgeht: Die „Maximen der islamischen Normlehre ... sind jedoch nicht statisch, sie sind auch nicht gottgegeben, sondern basieren auf den Bemühungen der Gelehrten" (142). An dieser Stelle kritisiert Khorchide sogar die Gelehrten und verlangt eine Weiterführung zu Gerechtigkeit und Menschenwürde. Welche Legitimität hat aber seine Forderung? Ist sie auch nur durch seine gelehrten „Bemühungen" gerechtfertigt? Oder sind zwar nicht die Maximen gottgegeben, aber die geschichtliche Norm*entwicklung*? Wodurch würde sich dann aber die Entwicklung als gottgegeben ausweisen und von Fehlentwicklungen unterscheiden?

Ich entdecke hier in Khorchides Ethik-Begründung eine analoge Figur, wie sie in der evangelischen Ethik vorkommt, nämlich zwischen ethischen Quellen und der eigenen Urteilskraft. Sie beruht auf dem hermeneutischen Zirkel zwischen den religiösen Quellen und evangelischer Freiheit. Khorchide zeigt auch – wenn auch eher implizit einen entsprechenden hermeneutischen Zirkel. Einerseits schreibt er: „Die Dynamik der Scharia bedeutet keineswegs Beliebigkeit ... Scharia [steht] für allgemeine Prinzipien, deren Gültigkeit kontextunabhängig bleiben muss" (229). Andererseits betont Khorchide immer die Autonomie des Einzelnen, die ja aus seinem individualethischen Ansatz und seiner Autoritätenkritik folgt. Islam ist für Khorchide ein „Wechselspiel zwischen Text, Auslegung und menschlicher Erfahrung" (127). Als notwendige Voraussetzung dieses Wechselspiels gilt „an erster Stelle der freie menschliche Geist" (127). Die menschliche Freiheit besteht in der eigenen Möglichkeit zur freiwilligen Selbstbindung an Gott (226).

---

193 Immanuel Kant: Grundlegung zur Metaphysik der Sitten, 52, 54, 60.

Wenn der Mensch in diesen Prozess einsteigt, beginnt die Normentwicklung, in der die Genese ethischer Normen mit ihrer Geltung identisch wird. Das schließt eben ein, dass es eine Vielfalt an ethischen Ordnungen gibt. Auf sozialethischer Ebene lässt sich somit nicht entscheiden, welche Ordnung legitim ist, weil allein der Entwicklungsprozess zur Ordnung darüber entscheidet. Das Recht ist nur „gut", wenn es Spiegel dieses Entwicklungsprozesses ist (144). Khorchide also beantwortet das Problem, welche ethischen Normen aus den muslimischen Quellen gewonnen werden können, durch einen hermeneutischen Prozess, der mit der individualethischen Entscheidung eines Menschen beginnt, sich an Gott zu binden.

Damit immunisiert Khorchide allerdings die Ordnungen muslimischer Gesellschaften vor der westlichen Kritik an menschenverachtenden Strafen oder an der Diskriminierung von Frauen. Weitgehend historisiert er diese Praktiken: Frauen müssen das Kopftuch tragen, weil sich das in bestimmten historischen Situationen so entwickelt hat (93, 96).[194] Aus evangelischer Perspektive könnte man zudem zurückfragen, ob es diesen Anfangspunkt wirklich gibt, dass sich der Mensch frei entscheiden kann, diese Selbstbindung einzugehen. Ist es nicht vielmehr so, dass bereits die Entscheidung zur Selbstbindung auf einer Entwicklung beruht, die der Mensch nicht selbst auslösen kann?[195] Khorchides Konzept, dass Gott mit einem bereits freien Menschen in Dialog tritt, beruht demgegenüber auf einem humanistischen Menschenbild, wonach der Mensch von Natur aus frei ist (27, 63, 67, 127, 226).

Evangelisch würde man also entgegensetzen, dass bereits die Entscheidung, mit Gott in Kontakt zu treten, in einer Entwicklung steht, die von Gott ausgeht: Der Mensch bindet sich freiwillig an Gott, weil Gott ihn zuvor zu dieser Entscheidungsfreiheit befreit hat (Gal. 5,1). Der Mensch ist also nicht aus Natur frei, sondern aus Gnade. Nun will ich Khorchide nicht darin kritisieren, dass er diese evangelische Position nicht teilt. Konzeptionell aber ist zurückzufragen, ob die Entscheidung, in einen ethischen Entwicklungsprozess einzutreten, bereits ein Element dieses Prozesses ist oder er außerhalb dieses Prozesses steht. Wenn er außerhalb steht, ist er auch nicht

---

194 Folgerichtig kann er diese Entwicklungen kritisieren, indem er dabei auf Alternativentwicklungen verweist (121, 177).
195 Zu Luthers Lehre vom unfreien Willen s. Sektion 7.1.1.

ethisch legitimiert, weil die ethische Legitimation von Normen sich erst diesem Entwicklungsprozess verdankt. Steht er dagegen im Prozess, so hat der Mensch sich nie anfänglich entschieden, sondern seine Entscheidung ist bereits eine Reaktion auf einen anderen Anfang (Gottes Befreiung) oder zumindest auf einen Rahmen (die Entwicklung selbst), der nicht von dieser Entscheidung konstituiert wird.

13.3 Zusammenfassung und Weiterführung

Bei Khorchide zeigen sich ähnliche Themen der Ethik-Begründung wie in einer evangelischen Ethik. Dazu gehört die Frage, wie die religiösen Quellen die ethische Urteilsbildung bestimmen und nach welchen Kriterien ethische Urteile überhaupt getroffen werden können. Dabei wehrt er sich gegen ein rein juristisches Verständnis der Scharia. Das ist für evangelisches Verständnis anschlussfähig, weil sich die Legitimität des Gesetzes anders ausweisen lassen muss als über das Gesetz selbst – nämlich über ethische Kriterien. Ethik bedeutet für Khorchide allerdings fast ausschließlich Individualethik: Der Mensch muss sich selbst läutern und er kann sich auch selbst läutern, weil er von Natur aus mit Freiheit begabt ist. Die göttliche Offenbarung ist nur auf inhaltlicher Ebene ein Angebot, wie er diesen individualethischen Lebensweg beschreiten kann. Gott ist Ratgeber, nicht auch bestimmender Vollzug dieses Lebenswegs. Der Mensch vollzieht diesen Weg letztlich allein.

Dadurch hat Khorchides Ethik zwei Leerstellen: zum einen die Sozialethik, nämlich die theologische Begründung der Ethik, die die Legitimität sozialer Normen entwickelt; und damit zum anderen Normen des Umgangs miteinander und der wechselseitigen Achtung der Freiheit aller Menschen. Man könnte Khorchides Versuch einer evolutionären Normentwicklung so verstehen, dass sie auf beide Leerstellen reagiert. Die Legitimität der Normen *besteht* in diesem Entwicklungsprozess. Der Vorschlag müsste dann implizieren, dass der Entwicklungsprozess von Gott angetrieben und nicht nur inhaltlich von ihm vorgegeben ist. Entfaltet man diesen Gedanken weiter, so hat der Entwicklungsprozess nicht nur für eine einzelne Person Geltung, sondern bestimmt zugleich ihr Zusammenleben mit anderen. Freiheit muss dann natürlich die Freiheit des Anderen mit meinen, weil ansonsten der Entwicklungsprozess unterbrochen wird. Daraus ergeben sich auch sozialethische Konsequenzen, die über die historische Beliebigkeit von kontingenten Entwicklungsprozessen hinausgeht. In diesem Fall würde das ethische Kriterium einer theologisch richtigen Entwicklung darin bestehen, allen Menschen umfassende Freiheit zu gewähren, damit sich diese Entwicklung organisch fortsetzt. Theologisch würde das aber auch bedeuten, dass sich die ethische Entwicklung der Welt sich erst noch bestimmen muss: Wie sich die Gottesbeziehung ethisch ausgestaltet, ist dann zurzeit noch offen, weil sie erst am Ziel der Entwicklung bestimmt sein wird.

Diese Weiterführung über Khorchide hinaus hat einige Ähnlichkeit zur Ethik Deusers, Freys und Fischers. Ob Khorchide seine Ethik in diese Richtung entwickelt, muss abgewartet werden. Bis dahin kann ich sein Buch vor allem als Lehrbuch empfehlen, wenn man wissen will, auf welche Quellen muslimisch-ethische Entscheidungen zugreifen und wie sie gewichtet werden. Bislang ist muslimische Ethik Auslegung der Quellen. Dabei wird stillschweigend vorausgesetzt, dass Auslegung das ethisch richtige Verfahren ist. Meine skizzierte Weiterführung greift Khorchides Andeutungen auf, Ethik als evolutionären Prozess zu verstehen. Dann erzeugt die Gottesoffenbarung einen zwingenden Charakter, der beim Menschen zur Forderung führt, sich selbst läutern zu wollen. Dazu muss seine eigene Freiheit unterstellt und die Freiheit aller anderen Menschen sozialethisch eingeräumt werden. Die Gottesoffenbarung führt dann in eine sozialethische Entwicklung der Auslegung und Vermittlung der Quellen der Offenbarung mit menschlichen Erfahrungen und persönlicher Freiheit. Die Scharia kann dann nur der Ausgangspunkt dieser Entwicklung sein und nicht ihr Endpunkt. Ohne diesen Ausgangspunkt würde die Entwicklung zwar nicht als Entwicklung der Gottesoffenbarung ausgewiesen. Aber ethisch wird der Prozess erst, wenn er über die Scharia hinausgeht.

14 Emanuel Levinas[196]

E. Levinas:
Totalität und Unendlichkeit. Versuch über Exteriorität; Freiburg/München 1987 *(TU)*
Wenn Gott ins Denken einfällt. Diskurse über Betroffenheit von Transzendenz; Freiburg, München 1988[2] *(GD)*
Die Spur des Anderen. Untersuchungen zur Phänomenologie und Sozialphilosophie; Freiburg, München 1999[4] *(SpA)*
Humanismus des anderen Menschen; Hamburg 1989 *(HU)*

Zwar ist der nun darzustellende Entwurf des 1995 verstorbenen Emanuel Levinas schon älter, ist aber für eine evangelische Ethik stark anschlussfähig und derart prominent, dass ich ihn hier nicht aussparen will. Obwohl Levinas kein Theologe war, sondern Philosoph, ist seine Philosophie stark geprägt von biblischer und talmudischer Theologie.[197] Deshalb stelle ich ihn zum Abschluss meiner Darstellungen als Repräsentanten jüdisch-theologischer Ethik vor. Ähnlich wie Bonhoeffer entfaltet Levinas eine religiöse Phänomenologie der Begegnung mit dem Anderen. Seine philosophische Ethik der Alterität weist direkte Zugänge zwischen Ethik und jüdischer Theologie bzw. Religionsphilosophie auf, die mit dem jüdischen Glauben kohärent ist. M.E. lässt sich aber zeigen, dass Levinas konsequent weitergeführt christliche Konvergenzen aufweist. Daher halte ich seinen Ansatz für anschlussfähig, sowohl um eine evangelische Ethik zu konzipieren als auch die Universalisierbarkeit religiöser Ethik zu erweisen.

Dabei werde ich zunächst die messianische Figur des Anderen rekonstruieren, für den wir ethisch verantwortlich sind, bevor ich die christologische Anschlussfähigkeit in dieser Konzeption aufzeige.[198]

14.1 Was der Andere für mich ist

Wir wissen schon von Bonhoeffer, dass der Andere mir transzendent ist: Ich kann ihn mir nicht zum Du machen, und er kann sich auch nicht mir

---

196 L. Ohly: Der reale Andere und die Realität Gottes.
197 D. Plüss: Das Messianische.
198 L. Ohly: was Jesus mit uns verbindet, 144–147.

zum Du machen. Deshalb steckt in der Begegnung mit dem Anderen etwas Geheimnisvolles. Es ist diese Art Geheimnis, die Levinas für seinen neuen Humanismus nutzt.

Ausgehend von den kollektiven und seinen persönlichen Erfahrungen des Holocaust möchte Levinas den geistesgeschichtlichen Wurzeln auf den Grund gehen, warum der alte europäische Humanismus das Grauen des Nazi-Terrors nicht verhindert hatte und wie man einen neuen Humanismus begründen kann. Der alte Humanismus hat versagt, weil er als Ausgangspunkt für die Begründung der Würde des Menschen das menschliche Ich gewählt hat. Das menschliche Ich hat Würde aufgrund seiner besonderen geistigen Fähigkeiten. Der alte Humanismus überträgt diese Würde anschließend auf alle anderen Menschen. Diese Ausweitung ist aber eine Durchbrechung des Ansatzes und wird deshalb auch nicht generell geleistet.

Deshalb hat der alte Humanismus versagt, weil er untauglich ist, die Würde des Anderen anzuerkennen. Und er ist laut Levinas untauglich dafür, weil er den Anderen immer nur vom Ich aus denkt und nie umgekehrt (GD 58 f.). Indem die eigene Würde auf den Anderen *nachträglich* übertragen wird, ist es letztendlich das Ich, das die Würde des Anderen *bildet*. Damit ist eine ethische Suprematie des Ich über dem Anderen präformiert. – Eine ähnliche Kritik an diesem Verfahren hatte Bonhoeffer vorgenommen: Dort aber führte der Ausgangspunkt beim Ich zur Gleichförmigkeit, die keine Alterität denkbar macht. Für Levinas folgt dagegen eine unhintergehbare Herrschaftsstruktur des Ich über den Anderen.

Deshalb versucht er genau den umgekehrten Weg zu gehen. Er will einen *Primat des Anderen* denken (GD 39 f.). Ich verdanke *meine* Würde dem Anderen: Bedeutung wird durch den Anderen gesetzt (GD 74 f.). Sein „Antlitz" verleiht mir Bedeutung (GD 209). Ohne das Gesicht des Anderen gäbe es nichts Bedeutungsvolles (TU 101). Sobald ich aber das Gesicht des Anderen sehe, sehe ich, was Bedeutung hat. Im Gesicht des Anderen erwache ich zu einem geistigen Wesen. Es erwacht dadurch meine Erkenntnis, was Bedeutung und Würde hat.

Solche Erfahrungen werden besonders eindrücklich, wenn man verliebt ist oder wenn ein geliebter Mensch verloren geht. Man sieht die Welt danach anders. Plötzlich lässt sich deutlich unterscheiden, was Bedeutung hat und was nicht, wofür es sich lohnt, seine Zeit zu verwenden, und wann man seine wertvolle Zeit verschwendet. Das lässt sich aber nur unterscheiden durch das Antlitz des Anderen, das wir nicht nur betrachten, sondern das der Andere *ist*, auch wenn er abwesend ist. Das Antlitz ist also für Levinas kein anatomisch bestimmbares Etwas, sondern eine Offenbarung. Levinas versucht zu zeigen, dass alle Bedeutungen von dieser Offenbarung des Anderen abhängig sind. Unsere Sprache, das Reservoir von Bedeutung, kann es erst geben, nachdem im Gesicht des Anderen uns Bedeutungsvolles entgegenströmt. Das Denken, das Reden, das Bezeichnen, das Symbolisieren, sogar meine Wahrnehmung und schließlich auch alle Werte, meine Würde – alles hängt davon ab, dass mir zuvor Bedeutungsvolles entgegengeströmt ist – und zwar vom Anderen her. Der Andere ist das Unendliche für mich (GD 18 f., TU 26 f.).

Das Gesicht des Anderen ist nämlich nackt (GD 101). Es ist mir ausgeliefert, verletzbar und gefährdet. Warum finden wir es unanständig, jemanden längere Zeit anzusehen? Weil wir seine Intimität dabei nicht respektieren und seine Nacktheit nicht achten. Bedeutungsvolles strömt uns dann entgegen und wird zugleich in seiner Quelle des Bedeutsamen gefährdet. Wir sehen also beides im Gesicht des Anderen: Wir spüren, dass hier Bedeutungsvolles uns entgegenströmt. Und wir spüren, dass es zugleich nackt und verletzbar ist (GD 76). Nur deshalb trauen wir uns nicht, es länger anzusehen. Wäre es nicht bedeutungsvoll, wollten wir es nicht betrachten. Und wäre es nicht nackt, würden wir uns nicht scheuen, es zu betrachten.

Im Antlitz offenbart sich das Tötungsverbot: „Du wirst nicht morden" (TU 441) – du wirst es nicht, weil die Bedeutung vom Anderen herströmt, die du vielleicht dir zunutze machen könntest, um morden zu wollen. Du würdest dir im Mord die Bedingung abschneiden, die dich zum Morden überhaupt erst motivieren würde. Und dieses Dilemma des Mordens erkennst du im Dilemma des Antlitzes des Anderen, dass das Ur-Bedeutsame zugleich nackt und verletzbar ist.

Nun wird aber in dieser Welt zahllos gemordet. Wie kann das sein? Von Levinas aus gedacht kann es nur sein als ein performatives Missverständnis: Wer einen Menschen tötet, um ihn zu beseitigen, wird ihm nämlich nicht entkommen. „Die Stimme des Blutes deines Bruders schreit zu mir von der Erde" (Gn. 4,10). Kains Schicksal besteht von da an darin, dass er „unstet und flüchtig" auf der Erde sein wird (Gn. 4,10.12). Dahinter steht die phänomenologische Einsicht, dass das Antlitz des Anderen nichts visuell Wahrnehmbares ist – dann nämlich würde ich meine Wahrnehmungsfähigkeit wieder zur Bedingung des Anderen machen. Vielmehr weckt der Andere in mir die Fähigkeit, Bedeutungsvolles wahrzunehmen. Also ist das Gesicht des Anderen auch kein optisch wahrnehmbarer Gegenstand[199], sondern die Bedingung für optische Bedeutsamkeiten.

Obwohl zahllos gemordet wird, kann der Mörder seinem Opfer nicht entkommen. Es gibt einen moralischen Widerstand des Antlitzes gegen die Gewalt des Mordens (TU 327). Das Antlitz des Anderen zerrt mich vor Gericht, noch bevor ich den Mord begehe (GD 212 f.). Es zieht mich zur Verantwortung (TU 359). Sein Tod geht mich etwas an, noch bevor der Andere ihn selbst erleidet. „Die Wehrlosigkeit des Anderen starrt mich an, als ob ich was dafür könnte" (GD 213). Ebenso wie der Andere mir alles Bedeutungsvolles offenbart, offenbart er mir auch die Bedeutung des Todes (vgl. GD 227). Deshalb kann ich dem Anderen auch nicht entgehen, wenn ich ihn getötet habe. Und deshalb werde ich vor dem Antlitz des Anderen auch fast immer erkennen, dass ich nicht morden werde.

Bei Levinas zeigt sich eine Variante der Gebotsethik – oder eine Legitimation des Tötungsverbotes. Und wie bei Bonhoeffer wird sie damit begründet, dass Begegnungen einen zwingenden Charakter haben. Als unendliche Bedingung meines Seins ist der Andere auch die unendliche Bedingung meiner ethischen Handlungsfähigkeit. Darin besteht der *neue* Humanismus, der vom Primat des Anderen her denkt.

Aber ist er auch überzeugend? Wie kann er über poetische Aussagen hinaus Überzeugungskraft gewinnen?

14.2 Der ontologische Beweis

Levinas begründet den Primat des Anderen mit dem Verfahren des ontologischen Beweises. Seine Herleitung des neuen Humanismus beruht also nicht auf einer romantisierenden Interpretation von Alterität, sondern auf einem scharfsinnigen logischen Kalkül – und zwar auch, obwohl die logische Fehlerfreiheit des ontologischen Beweisverfahrens bis heute umstritten ist. Es handelt sich dabei um den Beweis, dass das Unendliche zwingend existiert, damit ich es überhaupt denken kann. Angewendet auf Levinas,

---

199 Es ist in seiner Ausgesetztheit der Sterblichkeit nicht auf sichtbare Phänomene beschränkt (GD 212).

erfahre ich also die unendliche Würde des Menschlichen gerade nicht durch die Selbstliebe oder das unmittelbare Selbstbewusstsein. Vielmehr kann ich mich umgekehrt überhaupt nur hoch schätzen, weil ich vom Anderen Unendlichkeit erfahre.

Formal sagt der ontologische Beweis, dass Existenz eine Eigenschaft ist, die man unmöglich dazuerfinden kann, wenn man sich ein unendliches Wesen vorstellt. Seine Existenz folgt allein aus seinem Gedachtwerden. Das heißt gerade nicht, dass das Denken Gott erschafft, sondern dass schon das reine Denken eine Seinsbeziehung zu Gott erfasst, die es sich nicht einbilden kann. Der ontologische Beweis ist also kein Existenzgrund, sondern ein Erkenntnisgrund für die Existenz des Unendlichen. Er denkt, was der Fall sein muss, weil es nur so gedacht werden kann.

Nach der vernichtenden Kritik Kants, wonach Existenz kein Prädikat ist[200], ist das ontologische Beweisverfahren erst wieder mit der phänomenologischen Methode aufgelebt – etwa bei Sartre.[201] Indem sie den Subjekt-Objekt-Dualismus überwindet, überwindet sie auch den einfachen Gegensatz von „nur eingebildet" und „wirklich da". Die Phänomenologie behält somit eine sichere Zwischenstellung zwischen Idealismus und Realismus. Damit kann auch das ontologische Beweisverfahren wie selbstverständlich wieder wirken. Ebenso wie der Gedanke „Ich denke, also bin ich" absolut evident ist, *indem* er gedacht wird, erhält etwas eine Evidenz, die sich nicht nur darauf erstreckt, *dass* es gedacht wird. Eine Zwischenposition zwischen Realismus und Idealismus wird vielmehr eingenommen.

Es wird auf diesem Weg zu zeigen versucht, dass ich beim Denken auf etwas stoße, worauf ich nur stoßen kann, weil es mir *nicht nur* im Denken begegnet. Im Denken selbst wird der Bereich des Geistigen überschritten auf Existenz. Schon das reine Denken erfasst eine Beziehung zum Sein, die es sich nicht einbilden kann. Also wird das Sein zu etwas, was unabhängig vom Denken besteht.

Nun betont Levinas beharrlich, dass sein Anliegen ein ethisches ist und dass die ontologische Frage demgegenüber zweitrangig ist. Dennoch entwickelt er seine Argumentationsfigur vom Primat des Anderen mit dem ontologischen Beweis.

---

200   I. Kant: Kritik der reinen Vernunft, B 626 f.
201   J.-P. Sartre: Das Sein und Das Nichts, 33 ff.

Wie bereits erwähnt, ist für Levinas der Andere das Unendliche, weil er die unendliche Bedingung für alles erfüllt. Um das zu zeigen, geht Levinas den Weg über den ontologischen Beweis und fragt nach den Bedingungen, die gegeben sein müssen, damit wir etwas Unendliches denken können.

Das Unendliche kann man nicht denken, es sei denn, das Denken empfängt dabei die Unendlichkeit (TU 28, 110, 131, 345 f., 394). Damit ist zum einen bewiesen, dass das Subjekt einen Unendlichkeitsbezug hat, den es zum anderen nur haben kann, wenn das Unendliche selbst eine Beziehung zum Subjekt setzt. Mit diesem Transzendenzbeweis kann Levinas' phänomenologische Methode Aussagen über die Transzendenz machen, die das Denkbare überschreitet. Das Subjekt ist nicht nur exzentrisch, sondern auch allozentrisch[202], aber gleichsam so, dass die Beziehung zum Anderen die Beziehung zur göttlichen Sphäre in sich schließt (TU 108, GD 146 f., 219, 222).

Das Unendliche ist mir gegenüber also transzendent. Es verdankt sich nicht meinem Denken von ihm. Unendlichkeit ist schlechthin nicht denkbar, wenn das Denken es nicht empfängt. Mit einem solchen Gedanken wird man nie fertig. Man könnte immer nur auf endliche Weise das Unendliche denken. Dann aber kann man nie sicher sein, dass man wirklich das Unendliche denkt. Das Denken ist auf Unendlichkeit also nicht eingerichtet. Selbst wenn man die Unendlichkeit dadurch denken will, dass man die Endlichkeit negiert, muss die Immanenz des subjektiven Denkens zuerst die Alteritätserfahrung gemacht haben, um Alterität denken zu können, also mehr als das Ich.[203] Daraus folgt für Levinas, dass auch der Gedanke der Unendlichkeit mit der Alterität mitgegeben ist, zumal sich jegliche Bedeutung, die über die Immanenz hinausgeht, aus der Alterität ergibt. Das bedeutet, dass die immanente Selbstbegrenzung erst durch die Alterität aufgehoben wird und damit auch die Idee der Unendlichkeit überhaupt erst denkbar wird. Wer immer nur endlich denken kann, könnte gar nicht die Idee eines Unendlichen entwickeln. Sonst würde man diese Idee mit endlichen Gedanken auf etwas überschreiten, was jenseits des endlichen Gedankens wäre. Dazu fehlt die phänomenologische Rechtfertigung (Epoché). Unendlichkeit kann deshalb nur gedacht werden, weil Unendlichkeit dem Denken begegnet.

---

202 D. Plüss: Das Messianische, 330.
203 J.-P. Sartre: Das Sein und Das Nichts, 33 ff.

„Das Ereignis des unendlichen Wesens kann nicht getrennt werden von der Idee des Unendlichen. Sonst würde man phänomenologisch unzulässig die Idee des Unendlichen auf das Unendliche hin überschreiten, dessen Idee sie ist" (TU 28).

Mit seinem ontologischen Beweis gelangt Levinas in eine Region, in die die Phänomenologie Husserls nicht gelangen wollte: nämlich in die Region des religiösen Denkens. Indem das Unendliche phänomenologisch verhandelbar wird, wird auch das religiöse Unendliche verhandelbar, weil es das Unendliche ist, das mein Denken überhaupt erst ermöglicht und damit schöpferisch tätig ist. Die Beziehung zum Anderen schließt daher die Beziehung zur göttlichen Sphäre in sich (TU 108, GD 146 f., 219, 222).

Obwohl Levinas seinen ontologischen Beweis des Unendlichen nicht als ontologischen Beweis für die Existenz Gottes versteht (TU 222), wendet das er das ontologische Beweisverfahren an, korrigiert es allerdings an einem entscheidenden Punkt: Nicht das eigene Denken ist jetzt das letzte Unbezweifelbare oder das letzte „Positive" (GD 166), worauf sich das Ich zurückziehen kann. Vielmehr gilt ja für Levinas umgekehrt, dass die Unendlichkeit überhaupt erst die Endlichkeit setzt. Darin besteht die entscheidende Korrektur: Die Idee der Unendlichkeit ist gerade deshalb evident, weil sie sich nicht in ein endliches Maß bringen lässt, und kann deshalb auch nicht aus dem endlichen Subjekt folgen. Allerdings zeigt sich eben trotzdem im endlichen Subjekt die Idee der Unendlichkeit. Also muss die Unendlichkeit selbst die Endlichkeit des Subjekts überschreiten. Dabei dreht sich die Erklärungsrichtung um: Beweisbedürftig ist jetzt nicht mehr die Unendlichkeit, sondern *die eigene* Endlichkeit.

14.3 Das Problem der Freiheit

Die Evidenz der Unendlichkeit ist so erdrückend, dass sie das Endliche zu erschlagen droht: Ich bin kein selbstständiges Gefüge gegenüber dem Unendlichen. Wie kann ich aus der Idee der Unendlichkeit überhaupt entstehen? Wie lässt mir die Unendlichkeit noch einen Raum frei, sodass ich einen selbstständigen Standpunkt *gegenüber* dem Unendlichen einnehme? Zumindest kann ich mich jetzt nicht mehr gegen das Unendliche selbstbehaupten, weil es für mich keinen unabhängigen Standpunkt gegenüber dem Unendlichen gibt.

Trotzdem muss ich aber auch im neuen Humanismus als Endliches dem Unendlichen gegenüberstehen können. Denn sonst gäbe es mich nicht dauerhaft, sondern ich würde wie in ein schwarzes Loch in den Anderen fallen. Levinas hat also die Frage der Selbstständigkeit des Eigenen im Gegenüber zum Anderen zu klären: Selbst wenn ich dem Anderen *alles* schulde, muss ich sein Gegenüber sein (GD 104).

Um dieses Problem zu lösen, setzt Levinas damit ein, dass die Idee der Unendlichkeit für mich *begehrenswert* ist. Begehren schafft Abstand und eine Differenz zwischen mir und dem Anderen. Das Phänomen des Begehrens wird gebraucht, damit die Idee der Unendlichkeit mir überhaupt bedeutsam werden kann[204] und ich mich als Subjekt überhaupt erst daraus konstituieren kann. Das Unendliche wird mir bedeutsam, weil ich es begehrenswert finde. Damit entsteht zugleich ein Abstand zwischen mir, der das Unendliche begehrt, und dem begehrenswerten Unendlichen. Nicht meine Selbstbehauptung sichert mir meinen Platz als Gegenüber des Unendlichen. Sondern das Begehren macht das Unendliche mir zu meinem Gegenüber.

Das Phänomen des Begehrens wird außerdem dafür genutzt, um die ethische Verantwortung gegenüber dem Anderen zu etablieren. Nicht weil ich ein freies Wesen bin, bin ich für den Anderen verantwortlich. Eine Ethik dagegen, die auf der Freiheit des Subjekts aufbaut, beginnt wieder mit dem Subjekt und verliert dann die Würde des Anderen leicht aus dem Blick. Levinas etabliert also eine ethische Verantwortung, ohne mit der Freiheit zu beginnen. Ich bin zwar nicht frei, aber trotzdem für den Anderen verantwortlich. Das Begehren baut eine Gegenüberstellung zwischen mir und dem Anderen auf, zwischen dem Endlichen und dem Unendlichen. Es besteht eine „Geiselschaft" des Subjekts vom Anderen (SpA 328, GD 73).

Der Abstand des Begehrens ist allerdings nicht ausreichend qualifiziert, um mein Verhältnis zum Anderen als Verantwortungsverhältnis zu beschreiben. Denn Begehren schafft noch nicht zwingend ein Verantwortungsverhältnis. Begehren kann auch ein mechanisches oder instinktives Verhältnis

---

204 Von der Begegnung mit dem unendlichen Anderen konstituiert sich überhaupt erst die menschliche Sprachlichkeit (TU 297 f., 427, GD 143). Sprache kann also nicht als gemeinsame transzendentale Bedingung des Denkens begriffen werden, weil sie asymmetrisch fundiert ist. Sie beginnt mit dem Anruf des Anderen.

in Gang setzen. Was zeichnet das menschliche Begehren aus, wenn Levinas die qualitative Differenz zwischen Mensch und instinktiv reagierenden Lebewesen gestrichen hat, die im alten Humanismus die entscheidende Rolle spielte: nämlich die menschliche Freiheit? Was bleibt übrig an unserer Verantwortungsfähigkeit, wenn wir keine konstitutive Freiheit haben?

Deshalb entwickelt Levinas über das Begehren eine zweite Argumentationsfigur, die eine Analogie zur freien Selbstbehauptung schafft: Auch wenn das Ich keine konstitutive Freiheit besitzt, wird es frei, und zwar wiederum durch eine Begegnung. Es ist der „Dritte", ein anderer Anderer, der meine Freiheit setzt (GD 101 f.). Der Dritte setzt meine Freiheit, indem er den Zwang zur Abwägung setzt. Wer es immer nur mit dem Anderen zu tun hätte, würde ihm alles schulden (GD 104). Ein „Widerstand" (GD 104) dagegen ergibt sich erst über den Dritten.

Es ist etwas anderes, ob ich *einem* Menschen gegenüberstehe, der mir seine Hilflosigkeit offenbart, oder *zwei* hilflosen Menschen. Hätte ich es nur mit dem hilflosen Anderen zu tun, schulde ich ihm alles und bin restlos verantwortlich für ihn. Sobald ich aber zugleich dem hilflosen Dritten gegenüberstehe, muss ich wählen, um meine Verantwortung auf beide aufzuteilen. Es handelt sich um einen Zwang zur verantwortungsvollen Abwägung.

Dabei betritt der Dritte nicht zufällig die Bühne. Die Begegnung mit dem Dritten hat sich bereits ereignet in der Begegnung mit dem Anderen. Das Gesicht des Anderen repräsentiert nämlich zugleich die ganze Menschheit (TU 309). Auch hier bleibt sich Levinas treu, meine Verantwortung zu begründen, ohne mir eine konstitutive Freiheit zuzuschreiben. Nicht weil *ich* einen Zwang zur Abwägung habe, verhalte ich mich solidarisch gegenüber allen Menschen, sondern weil der *Andere* mit allen Dritten dieser Welt solidarisch ist, bin ich im Angesicht des Anderen zur Solidarität mit allen Menschen gezwungen (TU 308, 409). Der Zwang zur Abwägung geht daher ebenso vom Anderen aus und niemals von meiner Freiheit (SpA 328).

Somit ist die Frage der Entstehung des Subjekts beantwortet, und das ohne Selbstbehauptung. Der Zwang zur Abwägung angesichts der Kluft zwischen dem Anruf des Anderen und dem Anruf des Dritten erzeugt einen Spielraum, aus dem meine Freiheit erwächst.

Die Differenz zwischen Ich und Anderem ist in meinem Begehren mitgesetzt. Sie ist zugleich der Abstand zwischen dem Endlichen und dem Unendlichen: Denn der Andere ist für mich der Unendliche, von dem ich (als endliches Wesen) nie eine Idee entwickeln könnte, es sei denn er offenbart sich mir. Da ich nun das Unendliche begehre, werde ich laut Levinas nicht vom Anderen begrenzt, sondern gerade für die Unendlichkeit (GD 143) geöffnet. Das ist ein dauerhafter, unüberbrückbarer Abstand, der nie überwunden werden kann (GD 142). So wird die unendliche Würde des Anderen konstituiert.

Nun kann man rückfragen, ob hinter der Idee des Begehrens des Unendlichen nicht ein logisch vitiöser Zirkel steht, weil der Abstand, der darin gefunden wird, bereits vorausgesetzt wird. Warum ich den Anderen und das Unendliche begehre, wenn es mir begegnet, scheint für Levinas keine Frage zu sein. Dass Levinas diese Implikation fraglos hinnimmt, könnte auf der phänomenologischen Regel der Epoché beruhen, weil wir sonst nach der Entstehung von etwas fragen würden, was wir phänomenologisch nie wahrnehmen können, nämlich die Entstehung des Subjekts: Sie liegt außerhalb seiner Selbstbeobachtung. Es kann und muss dazu Stellung nehmen, aber immer nur im Nachhinein. Es kann seine Entstehung nie in flagranti erwischen.

Die Bedingung des Subjekts ist der Andere. Der Andere ist also dem Subjekt immer voraus. Bernhard Waldenfels benutzt hier die Metapher von der „Vor-Vergangenheit", um Levinas hier zu interpretieren.[205] Mit Levinas gesprochen, zieht sich der Andere in die Vergangenheit zurück; seine Spur ist immer vergangen (SpA 233). Diese Vergangenheit ist „Vorgeschichte", „Diachronie". Die Bedingung für mich kann nicht vergegenwärtigt werden (GD 126 f.).

Man kann damit die Frage nicht beantworten, wie bei mir das Begehren entsteht. Denn wenn das Subjekt die Idee der Unendlichkeit vom Anderen als eine Idee empfängt, die selbst unendlich ist, dann ist es für das Subjekt unendlich unbegreiflich, wie es diese Unendlichkeit empfängt, weil die Begegnung mit dem Anderen kein gemeinsames Maß hat (TU 283). Eben das drückt sich in Begriffen wie „Vorgeschichte" und „Diachronie" aus. Das Begehren ist nicht irgendwie entstanden. Allenfalls wäre es vorgeschichtlich entstanden. Gegenwärtig ist es einfach da, sobald die Idee der Unendlichkeit da ist.

---

205 B. Waldenfels: Das leibliche Selbst, 360.

Unzureichend bleibt allerdings, dass Levinas den logischen Zirkel in der Position, dass die Idee der Unendlichkeit ihr Begehren mit sich setzt, mit einem hermeneutischen Zirkel kaschieren will. Durch die Vorgeschichte immunisiert er sich phänomenologisch vor Rückfragen, wenn er Implikationen der Unendlichkeit in die Diachronie unterbringt. Anstelle des Begehrens des Unendlichen hätte man in diese zirkuläre Struktur auch andere Affekte unterbringen können, z. B. Angst. Wichtiger als das Begehren für eine ethische Grundlegung scheint mir daher der Dritte zu sein.

14.4 Der Andere und der Dritte

Mit dem Zwang zur Abwägung lässt Levinas nicht nur die Freiheit entstehen, sondern gibt auch eine Antwort auf das Gerechtigkeitsproblem: Sobald ich nicht mehr dem Anderen alles schulde, sondern in ihm auch den Dritten sehe, der mich zur Abwägung zwingt, gewinne ich nicht nur Freiheit gegenüber dem Anderen, sondern werde auch verantwortlich für Gerechtigkeit.

Der Dritte wird mir im Gesicht des Anderen ebenso vor Augen geführt. Wenn nun der Andere für mich unendlich ist und der Andere vor mir zugleich den Dritten repräsentiert, dann kann der Dritte nicht unendlich sein. Wie steht es dann aber mit der Würde des Dritten?

Der Dritte kann dann nicht unendlich sein, sonst nämlich wäre die Unendlichkeit gespalten. Dann gäbe es nicht eine Unendlichkeit, sondern ebenso viele Unendlichkeiten, wie es Menschen gibt. Dann aber kann ich Unendlichkeit auch niemals denken; ich könnte immer nur Unendlichkeiten im Plural denken, die nebeneinander existieren und sich gegenseitig in ihrer Unendlichkeit *begrenzen*. Das führte zu einer Konkurrenzbeziehung zwischen dem unendlichen Anderen und dem unendlichen Dritten auf der Ebene der Unendlichkeit selbst. Das würde nichts anderes bedeuten, als das der Begriff der Unendlichkeit widersprüchlich ist. Wir könnten ihn niemals denken, weil jeder Andere, der vor mir als Unendlicher auftritt, immer nur ein *unendlich begrenzter* Unendlicher wäre. Hier droht ein Dilemma, dass entweder jeder Dritte ebenso unendlich wie der Andere ist. Dann besteht ein Widerspruch im Unendlichkeitsbegriff, weil die wechselseitigen Begrenzungen der Unendlichkeiten alle Unendlichkeiten aufheben. Oder der Dritte ist nicht unendlich wie der Andere.

Die Lösung aus diesem Dilemma kann m.E. so aussehen: Der Dritte ist diejenige Figur, die den Unendlichkeitskonflikt in die irdische Begrenztheit trägt. Der Konflikt führt nicht zur widersprüchlichen Idee (das wäre die eine Seite des Dilemmas). Er wird aber auch nicht zugunsten des Anderen entschieden und gegen den Dritten (das wäre die andere Seite des Dilemmas). Vielmehr zwingt der Dritte das Unvergleichliche, das unendlich und damit unfassbar ist, zu einem Vergleich unter irdischen und begrenzten Bedingungen. Dieser Vergleich ist unvermeidbar, weil er auf Erden geführt wird, wo uns das Unendliche entgeht. Christologisch ausgedrückt: Der Dritte ist die Kondeszendenz der Unendlichkeit. Was im Philipperhymnus von der Kenosis Gottes dargestellt ist (Phil. 2), könnte das Dilemma Levinas' lösen: Christus ist weder ein zweiter Gott (eine zweite Unendlichkeit, die dann in Konkurrenz zu Gott treten würde: Dadurch würden beide ihre Unendlichkeit verlieren); Christus ist aber nach christlichem Bekenntnis auch nicht eine subordinierte Person unterhalb des Vaters. Sondern Christus bricht die Verhältnisbestimmung zwischen Gott-Vater und -Sohn auf die Erde herunter. Christus macht das Thema so verhandelbar, dass der endliche Mensch zur Freiheit und zur Gerechtigkeit bestimmt wird.

Bei allen Unterschieden zwischen Levinas und dem christlichen Freiheits- und Gerechtigkeitsbegriff liegt hier m.E. nicht nur eine äußerliche Ähnlichkeit vor. Levinas braucht vielmehr eine *trinitarische* Bestimmung der Unendlichkeit, um das Dilemma zu lösen, wie sich der Andere und der Dritte zueinander verhalten. Darauf reagiert mein Vorschlag, eine trinitarische Struktur für die Begegnung zwischen Menschen zu rekonstruieren.

Dadurch, dass mir im Gesicht des Anderen immer auch der Dritte erscheint, bin ich immer schon auf das Gerechtigkeitsthema verpflichtet. Der Zwang zur Abwägung ist immer auch ein Zwang zur gerechten Abwägung. Gerechtigkeit ist also nicht sekundär, sondern ergibt sich aus dem Primat des Anderen.

Das heißt aber m.E.: Ich begehre nicht nur die Unendlichkeit. Sondern ich begehre auch die Gerechtigkeit. Auch Gerechtigkeit kann ich nicht denken, es sei denn, sie wird mir vom Anderen geschenkt, in dessen Gesicht sich der Dritte zeigt. Ohne Kondeszendenz entsteht aber dann ein Problem, das Gerechtigkeit unmöglich macht aufgrund des obigen Dilemmas *mehrerer zueinander inkommensurabler Ideen* von Unendlichkeit oder der Unterordnung der Dritten unter den Anderen.

Um das Dilemma aufzulösen, muss sich das Unendliche *selbst* am anderen Unendlichen begrenzen. Die Unendlichkeit des Anderen begrenzt sich in der Unendlichkeit des Dritten. Jedenfalls ergibt sich dieser Schluss folgerichtig, wenn auch Gerechtigkeit aus der Vorvergangenheit entstanden ist. Die Selbstbegrenzung des Unendlichen am anderen Unendlichen führt dann aber in eine Kondeszendenz der Transzendenz. Man könnte sagen: Der Dritte ist die Kondeszendenz *am* Anderen. Er ist nicht die Kondeszendenz *des* Anderen, denn dieser inkarniert sich nicht (TU 108). Der Dritte aber muss sich inkarnieren und die Erniedrigung am Anderen sein, indem er das Unvergleichliche in einen Vergleich zwingt. Am Anderen wird also damit eine *trinitarische Struktur* offenbar: *In der Begegnung mit ihm ist die Idee der Unendlichkeit einheitlich gedacht (1. trinitarische Position), pluralisiert sich aber in allen Anderen (3. trinitarische Position) angesichts der Inkarnation des Dritten (2. trinitarische Person).*

Im Vergleich zur Trinitätstheologie: Die Idee der Unendlichkeit ist die Idee von Gott-Vater. Die Erniedrigung (oder Menschwerdung) des Dritten ist die Menschwerdung Christi (2. trinitarische Position). Zugleich erscheint der Dritte nur im Plural. Denn er umfasst ja nach Levinas „alle Dritten" dieser Welt: die ganze Menschheit. Der Dritte im Plural ist trinitätstheologisch die Gemeinschaft der Heiligen, der Heilige Geist.

Die Trinität ist natürlich eine problematische Struktur für einen jüdischen Religionsphilosophen. Vermutlich verhält sich Levinas auch deshalb unentschieden bei der Frage, ob der Andere selber Gott ist oder nicht. Levinas drückt es komplizierter aus, damit er keinen Menschen mit Gott identifizieren muss. Der Andere sei nicht Gott, und Gott sei auch kein großer Anderer (GD 147). Vielmehr ist der Andere die Manifestation der Höhe, in der sich Gott offenbart (TU 108, 120). Levinas bezieht sich hierbei auf Jes. 57,15[206]: „Denn so spricht der Hohe und Erhabene, der ewig wohnt, dessen Name heilig ist: Ich wohne in der Höhe und im Heiligtum und bei denen, die zerschlagen und demütigen Geistes sind, auf daß ich erquicke den Geist der Gedemütigten und das Herz der Zerschlagenen." Mit der Höhe ist also Gott gemeint, der zwar nicht selbst die Höhe ist, aber in der Höhe wohnt und zugleich bei denen, die

---

206 Im Anschluss an Jes. 57,15 scheint Levinas den Begriff der Höhe auf das Göttliche zu beziehen (Th. Freyer: Emmanuel Levinas' Vorstellung vom Gott-Menschen, 56).

zerschlagen sind. Angewandt auf Levinas wohnt Gott also im Anderen und im Dritten. Der Andere ist der Ort Gottes, aber nicht selber Gott.

M.E. kann diese Höhe nichts anderes sein als die Unendlichkeit. Unendlichkeit wird trinitätstheologisch unter der 1. trinitarischen Position einheitlich gedacht. Der Andere (1.) ist danach die Unendlichkeit (Höhe), der diesen Bezug jedoch nur manifestiert bei gleichzeitiger Beziehung zum Dritten (3.) und der daraus folgenden Selbstbegrenzung (2.).

Levinas will jedoch Gott nur als den transzendenten denken, ohne daraus eine Kondeszendenz Gottes folgern zu müssen. Auch wenn sich der Andere erniedrigt und am Dritten begrenzt, bleibt Gott schlechthin transzendent. Das widerspricht aber Levinas' Interesse, die Gerechtigkeit ebenso wie die Freiheit aus der Transzendenz des Anderen zu gewinnen: Der Zwang zur Abwägung verdankt sich allein der Offenbarung des unendlich Anderen. Ansonsten liefe die Position Levinas' auf einen Polytheismus hinaus. Die Unendlichkeit Gottes (seine „Höhe") hat dann nämlich nicht nur im Anderen seinen Ort, sondern auch im Dritten und in allen Dritten der Menschheit. Die Unendlichkeit Gottes würde nicht nur in der Höhe wohnen, sondern in mehreren Höhen aller Dritten und Anderen zusammen. Eine solche plurale Unendlichkeit wäre entweder polytheistisch. Oder aber man denkt die Kondeszendenz der Transzendenz und die Erniedrigung an der Unendlichkeit selbst. Dann kann man den Polytheismus vermeiden und denkt *trinitätstheologisch*.

Daher schlage ich über Levinas hinaus vor: Zwar *ist* der Andere nicht Gott, und der Andere *ist* auch nicht die trinitarische Struktur Gottes. Aber Gott kann mit dieser trinitarischen Struktur identifiziert werden, die sich am Anderen zeigt: Die Höhe, in der sich Gott offenbart, ist nur fassbar aufgrund der Kondeszendenz, die sich an ihr selber zeigt. Es ist Gott selbst, der sich erniedrigt, um Gerechtigkeit widerfahren zu lassen.

14.5 Eine neue Lösung des Freiheitsproblems

Sobald wir die Erniedrigung Gottes zulassen, ist auch das Freiheitsproblem m. E. befriedigender lösbar als bei Levinas. Denn der Zwang zur Abwägung begründet noch nicht hinreichend die Freiheit. Aus der Kluft zwischen Anderen und Dritten, aus der für mich der Zwang folgt, wählen zu müssen, folgt noch keine Freiheit. Konkurrierende Ansprüche zwischen dem Anderen und dem Dritten können vielmehr auch meine Ohnmacht verstärken. Sobald wir aber die Erniedrigung Gottes zulassen, können wir unsere Freiheit wirklich denken: Wir empfangen nämlich dann die Freiheit des sich selbst erniedrigenden Gottes. Freiheit ist dann nicht das Resultat des Zwangs zur Abwägung, sondern wird ein Geschenk Gottes.

Beim Freiheitsproblem geht es ja genauer um die Frage, wie ich für den Anderen Verantwortung übernehmen kann, ohne mich selbst in den Anderen aufzulösen. Verantwortung für einen unendlichen Anderen könnte ich gar nicht übernehmen, weil die Begegnung mit dem Anderen immer schon vorvergangen ist und ich folglich immer zu spät käme. Erst durch die Kondeszendenz am Anderen durch den Dritten kann ich Verantwortung ausüben und dabei handlungsfähig bleiben. Das ist nur dort möglich, wo ich mich auch gegen die unendlichen Ansprüche des Anderen behaupte. Die Möglichkeit dazu wird nun eröffnet aufgrund der im Dritten vermittelten und verendlichten Unendlichkeit des Anderen als Gleichheit der Ungleichen.

Ich verdanke meine Freiheit dennoch nicht unmittelbar mir selbst, auch wenn Freiheit hier als Selbstbehauptung charakterisiert ist. Vielmehr verdanke ich meine Freiheit der Selbstvermittlung Gottes: der Vermittlung des Unvermittelten, der Begrenzung des Unendlichen, der Erniedrigung der Höhe Gottes. Wir können zusammenfassen: Das *Handlungssubjekt* (also wir) ist eine Schöpfung Gottes aufgrund der Begegnung mit dem Anderen. Die *Freiheit* des Subjekts ist eine Schöpfung Gottes aufgrund seiner Selbstbegrenzung durch seine trinitarische Struktur.

Diese Freiheit ist ambivalent. Das zeigt sich nach christlichem Glauben in der Spannung zwischen Selbstbehauptung und Sünde. Selbstbehauptung ist schöpferisch gewollt, kann aber auch zur Sünde führen. Nicht zufällig wird dies gerade in den biblischen Zeugnissen am Prozess Jesu offenbar. Denn dieser Prozess wird einerseits durch die Unterstellung ausgetragen, hier bestehe eine Gleichheit unter allen Beteiligten: Alle haben ein Rederecht, auch Jesus; er darf sich verteidigen, und Pilatus wundert sich, dass er es nicht tut (Mk. 15,5). – Andererseits zeigt sich gerade in diesem Prozess die Sünde des Menschen angesichts der Höhe des Anderen, der man auch nicht entkommt, wenn der Prozess entschieden ist und der Angeklagte hingerichtet ist.[207] Die Ankläger fürchten die Macht des Leichnams und wollen ihn des-

---

207 B. Waldenfels: Das leibliche Selbst, 392.

halb bewachen lassen (Mt. 27, 64–66). Schließlich ist die Auferstehung Jesu auch ein Ausdruck dafür, dass man der Schuld gegenüber dem Gekreuzigten nicht entgehen kann. Darin besteht die Ambivalenz der Gleichheit der Ungleichen: im Prozess formell gleich, in der Schändung seines Leibes seinem unendlichen Antlitz zugleich ausgeliefert: „Dies ist der König der Juden" (Mk. 15,26).

14.6 Ergebnis

Was ist das Theologische an der Ethik? Levinas' Antwort: Es ist die Begegnung mit dem Anderen. Der Andere gibt mir etwas zu erkennen, was ich von mir aus nie erkennen könnte, nämlich die Idee der Unendlichkeit. Der Andere gibt mir den Ort zu erkennen, an dem ich Gott finden kann.

Sobald der Andere der monokausale Grund einer theologischen Ethik wird, muss er zugleich in sich unterscheidbar werden: Er muss sich als Anderer vom Dritten unterscheiden, den er zugleich in sich repräsentiert. Zugleich muss er sich als Anderer von Gott unterscheiden, den er zugleich als dessen Höhe verortet. Es muss also eine Unterscheidung im Anderen selbst vorgenommen werden. Allein darin zeigen sich Parallelen mit der Trinitätstheologie: Denselben in sich unterschieden zu denken.

M.E. hätte sich Levinas auf eine trinitätstheologische Interpretation des Anderen einlassen dürfen, ohne seinen jüdischen Glauben zu verraten. Denn wenn Levinas recht hat mit seiner Charakterisierung des Anderen, der derselbe und dennoch in sich unterschieden ist, dann ist ein trinitarisches Modell grundlegend für die *Anthropologie*. Der *Mensch* hat dann trinitarische Struktur, und zwar deshalb, weil er in Beziehung zu Gott steht. Jeder Mensch hat trinitarische Struktur. Das heißt noch nicht, dass jeder Mensch eine christologische Bedeutung hat. Als Jude muss man also die trinitarische Struktur des Menschlichen nicht zurückweisen, wenn man den Anspruch Jesu Christi zurückweist, Gottes Sohn zu sein. Wenn aber die jüdische Theologie die Selbstunterscheidung des Göttlichen im Menschlichen akzeptiert – und von Levinas her hat sie gute Gründe dazu –, dann hätten wir mit der Trinitätstheologie eine neue gemeinsame Basis gefunden für einen jüdisch-christlichen Dialog.

Levinas hat öfter vom messianischen Charakter des Anderen gesprochen. Jeder Andere ist der Messias. Das heißt nicht, dass jeder Andere Christus ist. Wenn man hier aber unterscheidet, dann kann die Trinitätstheologie dabei helfen: Das Trinitarische ist das Messianische. Das Besondere Jesu Christi ist darin aber noch nicht hinreichend erfasst und kann daher auch von Juden bestritten werden, auch wenn sie die trinitarische Struktur des Messianischen akzeptieren.

Meine weiterführende Interpretation setzt also mit der trinitarischen Struktur Gottes an, um erst von da aus auf die Christologie zu gelangen: Jesus Christus hat exklusiven Offenbarungscharakter, allerdings auch nur deshalb, weil er als Dritter in universaler Gemeinschaft mit allen steht. Das freilich gilt auch von allen anderen Anderen, die auch jeweils exklusiv sind. Aber auch im Antlitz eines anderen Anderen ist die Exklusivität Jesu Christi unmittelbar respektiert, weil ja jeder Andere in Gemeinschaft mit allen Anderen steht. Das entspricht dem Kirchengedanken Bonhoeffers: „Christus als Gemeinde existierend".[208] Grundlage dafür ist die trinitarische Struktur jedes Anderen: Die unmittelbare trinitarische Struktur Gottes, die sich in jedem Anderen zeigt, enthält die Kondeszendenz am Anderen durch den Dritten, der die ganze Menschheit repräsentiert.

Die besondere Geschichte Jesu Christi ist damit noch nicht erfasst. Seine Exklusivität in Versöhnung und Erlösung verdankt sich einer anderen Geschichte, welche mehr enthält als die unmittelbare Begegnung mit einem Anderen. Man könnte sagen: Die trinitarische Struktur Gottes ist bereits Referenzpunkt des christlichen Schöpfungsglaubens, der die Imago Dei auf alle Menschen erstrecken lässt. Die Versöhnung und Erlösung in Jesus Christus hebt diese Universalität nicht auf, spitzt sie aber auf eine Lebensgeschichte zu, nämlich auf die Geschichte Jesu von Nazareth. Die Messianität jedes Menschen schließt diese Zuspitzung dann nicht aus, vor allem dann nicht, wenn man wie Levinas jeden einzelnen Menschen in seiner Konkretheit erfassen will. Jesus Christus unterscheidet sich von uns nicht in seiner allgemeinen messianischen Struktur, sondern durch seine individuelle Geschichte.

---

208 Sektion 3.3.

IV Ertrag

15 Konvergenzen der ethischen Ansätze

Zum Abschluss der Durchsicht durch die unterschiedlichen ethischen Ansätze möchte ich einige Potenziale aufrufen, die in ihnen stecken, um eine theologisch-ethische Grundlegung zu skizzieren, bei der die Ansätze möglichst viel voneinander profitieren. Wie bereits erwähnt, lernen die neuen Ansätze kaum voneinander. Es wird aufgefallen sein, dass sich bestimmte Motive wiederholen. Das ist ein Indiz dafür, dass es einen gemeinsamen Referenten gibt, auf den sie sich gleichermaßen beziehen. Man kann Ethik zwar unterschiedlich beschreiben, aber sie beziehen doch dieselben Phänomene ein, was sich doch in den Beschreibungen widerspiegelt.

Ich möchte zunächst einige solcher typischen Motive aufzählen, die in mehreren Ansätzen wiederkehren. In einem abschließenden Schritt skizziere ich dann ein ethisches Grundmodell, auf das sich die vorgestellten Ansätze anwenden lassen und das die phänomenologische Grundlage einer theologischen Ethik bilden könnte.

15.1 Begegnungen mit einem zwingenden Charakter

Theologische Ethik zeichnet sich dadurch aus, dass Gott sich offenbart hat. Würde sich Gott nicht offenbaren, sich nicht irgendwie in Erfahrung gebracht haben, so könnte es keine theologische Ethik geben. Dabei gibt es verschiedene Quellen der Offenbarung. Auffällig ist etwa, dass die Bibel nur in drei Ansätzen eine prominente Rolle spielt (Barth, Frey, Huizing) und in anderen Ansätzen nur exemplarisch herangeführt wird. Gott hat sich dabei nicht einfach in der Bibel offenbart, sondern muss sich gegenwärtig offenbaren, damit theologische Ethik möglich ist.

Offenbarung ist eine Begegnung mit dem Menschen. Weil Gott ihm begegnet, wird der Mensch in seinem Verhalten ausgerichtet. Was Barth und Bonhoeffer begonnen haben, nämlich den zwingenden Charakter von Begegnungen herauszustellen, das hat sich in den neuen Ethik-Entwürfen fortgesetzt: Härle spricht von einem „Zuteilwerden" und meint das so dynamisch wie eine Begegnung. Bei Frey steht das „Christusereignis" im Vordergrund, und Fischer betont das Widerfahrensmoment der Geistpräsenz. Deuser bezieht sich dabei auf Peirce' Erstheit, und Hübner beschreibt die menschliche Freiheit als affektives Betroffensein. Huizing wiederum orientiert sich an Begegnungen, die Scham auslösen. Überall wird ein dynamischer Aspekt hervorgehoben, der sich in Begegnungen zeigt.

15.2 Texthermeneutik

Die Bibel ist von sich aus stumm. Man muss sie in Begegnung erfahren, damit sie spricht und ihren ethischen Charakter entfaltet. Hermann Deuser geht explizit von einer Gottesbegegnung eines Bibelwortes aus, nämlich vom ersten Gebot: „Ich bin der HERR, dein Gott": Diese Selbstvorstellung markiert die Gottesbegegnung. Sie ist aber für Deuser eine unbestimmte Erfahrung: Sie erzwingt zwar einen Prozess, aber da dieser Prozess erst mit ihr beginnt, ist sie unbestimmt. Was heißt das für die Rolle der Bibel? Deuser selbst entfaltet keine bibelhermeneutischen Überlegungen für die Ethik. Vielmehr benutzt er einfach einen biblischen Text – die Zehn Gebote – zur Illustration, wie die Bibel auf die Ethik einwirkt: Ein biblischer Text erzeugt eine Begegnung, die zwar einen zwingenden Charakter hat, aber zugleich unbestimmt wirkt. Er spricht nicht gültig aus, was zu tun ist, sondern richtet die menschliche Aufmerksamkeit aus – darauf, wie sich menschliches Tun aus der Unbestimmtheit in eine Bestimmtheit entwickelt.

Ein solches Entwicklungsdenken, eine evolutionäre Ethik, habe ich ansatzweise bei Mouhanad Khorchide wiederentdeckt. Bei Christofer Frey wiederum war sie ausdrücklich in seiner Bibelhermeneutik dargestellt worden: Die Bibel ist Begegnung, indem sie das Christusereignis vergegenwärtigt. Was Khorchide im Hinblick auf den Koran nur andeutet (und vielleicht nicht so meint) und was Deuser ohne explizite Bibelhermeneutik am ersten Gebot durchführt, wird bei Frey ausdrücklich hermeneutisch verhandelt. Es handelt sich nicht um einen beliebigen Umgang mit der Bibel, sondern der Umgang wird an die Christusbegegnung gebunden. Der dynamische, evolutionäre Charakter der Begegnung, wie er sich in den neueren Entwürfen zeigt, schlägt sich somit auch in der Texthermeneutik nieder. Am ausdrücklichsten zeigt sich dieser Umgang der Bibel bei Klaas Huizing: Die Bibel regt zum Mitspielen an; sie will Menschen verändern – und verändert dabei auch jeweils ihren Sinn.

15.3 Sein und Sollen

Bei Härle und Herms zeigt sich eine Bindung des Sollens an das Sein. Nur weil es etwas gibt, kann es auch ein Sollen geben – also moralische Verpflichtungen. Ähnliches zeigt sich auch bei Fischer: Er spricht von sozialen Tatsachen, die Menschen ethisch orientieren. Diese sozialen Tatsachen sind allerdings nicht einfach da, sondern werden in Lebensformen gebildet. Auch bei Härle gehört die Bildung von Wirklichkeit zum Sein dazu. Ähnlich hat auch Deuser seine Ethik an den drei ontologischen Kategorien bei Peirce entwickelt, und Frey macht den Ereignisbegriff zum Zentrum seiner Ethik. Ethik verdankt sich also in allen Fällen einer dynamischen Ontologie.

15.4 Skizze einer theologischen Ethik

Aus diesen Konvergenzen möchte ich nun abschließend eine Skizze entwerfen, woran sich eine theologische Ethik ausweisen kann. Diese Skizze nimmt dabei die genannten Annäherungen der ethischen Entwürfe auf. Ich werde diese Skizze trinitarisch strukturieren:

1. Die *Bildung von Wirklichkeit*, also das Entstehen von Neuem, kann nicht auf gegenständlich Wirkliches oder Neues zurückgeführt werden. Die Entstehung von Neuem ist nicht selbst das Neue, was entsteht. Dieser Unterschied ist kategorial irreduzibel. Deuser hat diese Kategorie der Bildung von Neuem „Erstheit" genannt und mit Gott dem Schöpfer identifiziert. Vorbildungen dieser Entdeckungen zeigen sich in Bonhoeffers Bildung des Du in der Begegnung. Auch Härle und Fischer sprechen vom Widerfahrnischarakter, Huizing von Widerfahrnis oder Begegnung. Aufgrund der irreduziblen Differenz zur Gegenständlichkeit wird das Bilden von Wirklichkeit auch nicht von gegenständlich Wirklichem ermöglicht, sondern bildet seine Möglichkeiten „grundlos"[209].
2. Ich vertiefe noch einmal die Idee Härles und Herms', dass das Sein Bedingung für das Sollen ist. Das Sein ist nämlich nicht Dasselbe wie Seiendes. Gegenstände sind, was sie sind, durch ihre Gegenständlichkeit. Gegenständlichkeit ist aber kein Gegenstand. Dementsprechend unterscheide ich zwischen Tatsachen und ihrer Tatsächlichkeit: Das ist also eine zweite Kategorie, die sich also von der der Tatsachen abhebt: die *Tatsächlichkeit von Tatsachen*.[210] Tatsachen können nicht für sich selbst bürgen, dass sie

---

209 M. Heidegger: Das Ereignis, 121.
210 L. Ohly: Schöpfungstheologie und Schöpfungsethik im biotechnologischen Zeitalter, 282.

sind, was sie sind. Denn wäre diese Tautologie eine Tatsache, so wäre sie ein logischer Zirkelschluss, weil sie voraussetzt, was sie begründen will. Dass also Tatsachen sind, was sie sind, muss daher der Welt transzendent begründet sein. Diese Begründung gehört selbst nicht zu diesem Zusammenhang.

3. Die Neubildung von Wirklichem sowie ihre Tatsächlichkeit wirken sich bleibend aus, sodass beides in menschlichen Erlebnissen „wiederkehren" kann, obwohl es schon seit längerer Zeit vergangen ist oder sich an einem anderen Ort ereignet hat. Dieser bleibende Charakter verweist auf eine dritte Kategorie, nämlich der *Anwesenheit*. Dabei unterscheidet sich Anwesenheit von gegenständlich Anwesendem: Auch Abwesendes kann eben seine Anwesenheit manifestieren. – Der Anwesenheits- bzw. Präsenzbegriff hat bei Fischer eine zentrale Rolle gespielt.

Neubildung von Wirklichem, Tatsächlichkeit und Anwesenheit bilden damit eine strukturelle Bedingung der Wirklichkeit. Sie sind eine trinitarische Bedingung, weil alle drei Kategorien der jeweils anderen beiden bedürfen.

Man muss kein Christ sein, um diese wirklichkeitsbildende Struktur zu erkennen. Und man muss als Christ nicht unterstellen, dass diese drei Kategorien die einzigen sind, die aus einer Religion gewonnen werden können, um die Wirklichkeit angemessen zu beschreiben. Wirklichkeitsbeschreibungen sind nicht exklusive Wahrheitsansprüche, sonst würden sie nicht die Wirklichkeit beschreiben, sondern einen esoterischen Bereich. Vielmehr halten sich Wirklichkeitsbeschreibungen offen für religiöse Vielfalt. Deshalb müsste es möglich sein, diese Struktur auch in Ethik-Entwürfen anderer Konfessionen oder Religionen zu rekonstruieren oder umgekehrt zu implantieren, ohne sie dabei zu verfremden.

Bei Khorchide habe ich aus islamischer Perspektive eine evolutionäre Ethik gefunden, die sich zu einer Ethik des Faktischen entwickelt hat. Das kann man kritisieren, aber ein solcher Entwurf braucht ebenso die Tatsächlichkeit und bleibende Geltungen, die auch bei allen neuen Entwicklungen gültig bleiben. Bei Levinas wird aus jüdischer Perspektive der Begegnungsaspekt hervorgehoben und daraus eine Verlässlichkeit abgeleitet, die über die konkrete Begegnung hinaus hält („Anwesenheit" in meiner Terminologie). Und bei Klaus Demmer zeigt sich aus katholischer Perspektive auch eine Verbindung aus bleibendem Naturrecht und seiner Dynamisierung.

Diese drei Kategorien wirken sich moralisch aus, sodass eine Ethik nicht auf sie verzichten kann. Ethik reflektiert nicht nur neue Entwicklungen, sondern auch das Werden neuer Entwicklungen. Denn indem sich Neues grundlos bildet, werden auch eingeschliffene moralische Kodizes infrage gestellt. Bekannte moralische Konventionen werden durch Neues real erschüttert.

Diese Erschütterung ist aber nur dann moralisch bearbeitbar, wenn auch sie ist, was sie ist. Hinter allen Orientierungsverlusten steht eine Grundzuverlässigkeit, nämlich dass alles ist, was es ist – sogar das Werden von Neuem. Die Tatsächlichkeit von Tatsachen ist daher eine notwendige Grundbedingung der Wiedergewinnung moralischer Orientierung.

Die hinreichende Bedingung, dass sich Menschen in veränderten Situationen orientieren können, liegt in der Bindungskraft der Anwesenheit: Auch was verschwunden ist, behält seine Bindungskraft: Es ist zwar dann nicht mehr da, aber doch „bei uns" (Mt. 28,20). Dadurch wird Treue, nämlich das Gebundensein in Anwesenheit, zu einer Grundorientierung ethischen Verhaltens. Anwesenheit macht die Ethik normativ.

Dass auch eine säkulare Ethik auf solche „religionsphilosophischen" oder „theologischen" Kategorien nicht verzichten kann, liegt an der prinzipiellen Unvollständigkeit der Ethik. Hier zeigt sich ein Grunddilemma der Ethik: Die Ethik ist als wissenschaftliche Disziplin ein Abgleich von Hypothesenbildungen und damit prinzipiell fallibel. Ethik darf aber nicht prinzipiell fallibel sein, denn sonst würden sich Menschen an Regeln orientieren, die sich prinzipiell als fehlbar herausstellen. Eine Ethik, die sich selbst ihrer Vorläufigkeit überführt, ist ethisch nicht vertrauenswürdig. Dieses Dilemma belegt noch einmal die prinzipielle Unvollständigkeit der Ethik. Es lässt sich nur auflösen, wenn Ethik zumindest in ihren Prinzipien vollständig ist, sodass man alles, was ethisch richtig ist, aus ihnen ableiten können muss. Fehlt dagegen die prinzipielle Vollständigkeit, so kann nicht einmal sicher ermittelt werden, ob die bislang verfügbaren Prinzipien ethisch richtig sind, weil ein weiteres Prinzip sie alle relativieren oder umkehren könnte. Es ist der wichtige Beitrag Hermann Deusers gewesen, darauf hinzuweisen.

Die prinzipielle Vollständigkeit der Ethik darf nicht dogmatisch gesetzt werden, weil eine solche Setzung keine wissenschaftliche Berechtigung hätte. Daher muss sich eine solche prinzipielle Vollständigkeit an der Ethik selbst zeigen. Zeigt sie sich, so ist damit der wissenschaftliche Prozess an dieser

Stelle abgeschlossen. Ethik muss also aus Wissenschaft hervorgehen, um aber zugleich aus ihr herauszuwachsen. Wer noch auf der Suche nach dem moralisch Richtigen ist, ist damit noch ans moralisch Falsche gebunden.

Es ist zweifelhaft, ob sich eine solche Vollständigkeit ethischer Prinzipien an der Ethik selbst ausweisen lässt, da Menschen als leibliche Wesen immer nur unvollständiges Wissen generieren können.[211] Das Dilemma um ethische Vollständigkeit wirkt sich existenziell so aus, dass einerseits der Mensch nur ethisch gerechtfertigt lebt, wenn er keine Gründe für sein Verhalten vernachlässigt. Andererseits kann er aufgrund seines unvollständigen Wissens nie wissen, ob er alles ethisch Relevante weiß, um sich zu rechtfertigen. Folglich wäre eine Selbstrechtfertigung ethisch nicht zu rechtfertigen. Dieses existenzielle Dilemma lässt sich nicht theoretisch auflösen, sondern nur in Hoffnung auf eine allwissende Instanz aufheben: „Erforsche mich, Gott, und erkenne mein Herz; prüfe mich und erkenne, wie ich's meine. Und sieh, ob ich auf bösem Wege bin und leite mich auf ewigem Wege" (Ps 139,23 f.).

Die Frage, ob ethische Prinzipien vollständig beschreibbar sind, sollte die Ethik künftig wieder stärker beschäftigen. Auch wenn Letztbegründungen verdächtig vorkommen, ist die Ethik nicht nur als wissenschaftliche Disziplin, sondern vor allem als ethische Disziplin einer Lückenlosigkeit auf der Prinzipienebene verpflichtet. Die gegenwärtige Scheu vor Lückenlosigkeit innerhalb der Moralphilosophie könnte dadurch motiviert sein, dass man die Aufnahme theologischer Kategorien in die Ethik wittert. Tatsächlich scheinen beide, Ethik und der Impuls der Religionen für eine adäquate Wirklichkeitsbeschreibung gemeinsam darauf zuzulaufen, dass theologische Kategorien für den menschlichen Erkenntnisfortschritt aufzunehmen sind.

---

211 L. Ohly: Warum Menschen von Gott reden. Modelle der Gotteserfahrung, 95 ff.

Literaturverzeichnis

Die Angaben der Quelltexte befinden sich jeweils am Anfang eines neuen Kapitels

K. O. Apel: Das Apriori der Kommunikationsgemeinschaft und die Grundlagen der Ethik. Zum Problem einer rationalen Begründung der Ethik im Zeitalter der Wissenschaft; in: Ders.: Transformation der Philosophie Bd. 2, 358–435

K. O. Apel: Transformation der Philosophie: Das Apriori der Kommunikationsgemeinschaft Bd. 2; Frankfurt a. M. 1976

K. Barth: Kirchliche Dogmatik I,2; Zollikon 1948[4]

K. Barth: Kirchliche Dogmatik II/2, Zollikon 1948[3]

K. Barth: Das Geschenk der Freiheit; in: Theologische Studien 39/1953

K. Barth: Christengemeinde und Bürgergemeinde; in: Ders.: Rechtfertigung und Recht, 63 ff.

K. Barth: Rechtfertigung und Recht; Zürich 1998

U. Bittner/E. Gebhardt: Zur Beurteilung von moralischen Intuitionen im (medizin-)ethischen Kontext; ZEE 56/2012, 207–211

S. Bobert-Stützel: „Kirche für andere" oder „Spielraum d. Freiheit"? Kritische Grundsatzüberlegungen zu einem Leitbild von missionarisch-diakonischem Gemeindeaufbau; EvTh 55/1995, 534–557

D. Bonhoeffer: Akt und Sein. Transzendentalphilosophie und Ontologie in der systematischen Theologie (DBW 2); München 1988

D. Bonhoeffer: Ethik (DBW 6); München 1998[2]

D. Bonhoeffer: Widerstand und Ergebung. Briefe und Aufzeichnungen aus der Haft (DBW 8); München 1998

D. Bonhoeffer: Vorlesung „Christologie" (Nachschrift); in: DBW 12, 279–348

D. Bonhoeffer: Berlin 1932–1933 (DBW 12); Gütersloh 1997

D. Bonhoeffer: Die Frage nach der Kirchengemeinschaft; in: DBW 14/1, 655–680

D. Bonhoeffer: Illegale Theologen-Ausbildung: Finkenwalde 1935–1937 (DBW 14/1); Gütersloh 1996

S. Brandt: „Christus als Gemeinde existierend"? Überlegungen zur ekklesiologischen Rede von „Kollektivperson" im Anschluß an und in Auseinandersetzung mit Dietrich Bonhoeffer; in: S. Brandt/B. Oberdorfer: Resonanzen, 161–180

S. Brandt/B. Oberdorfer: Resonanzen. Theologische Beiträge [FS M. Welker], Wuppertal 1997

I. U. Dalferth: Kombinatorische Theologie. Probleme theologischer Rationalität; Freiburg, Basel, Wien 1991

K. Demmer: Moraltheologische Methodenlehre; Freiburg i. Br./Freiburg i. Ue. 1989

H. Deuser: Kleine Einführung in die Systematische Theologie; Stuttgart 1999

H. Deuser: Evolutionäre Metaphysik als Theorie des menschlichen Selbst. Beiträge zum Begriff religiöser Erfahrung; MJTh XVI/2004, 45–78

H. Deuser: Gottesinstinkt. Semiotische Religionstheorie und Pragmatismus; Tübingen 2004

H. Deuser: Religion: Kosmologie und Evolution; Tübingen 2014

M. Düwell: Rationalisten sind auch Menschen. Über hartnäckige Vorurteile am Beispiel eines Beitrags von Johannes Fischer; ZEE 55/2011, 205–213

J. Fischer: Glaube als Erkenntnis. Studien zum Erkenntnisproblem des christlichen Glaubens; München 1989

J. Fischer: Behaupten oder Bezeugen? Zum Modus des Wahrheitsanspruchs christlicher Rede von Gott; ZTHK 87/1990, 224–244

J. Fischer: Wie wird Geschichte als Handeln Gottes offenbar? Zur Bedeutung der Anwesenheit Gottes im Offenbarungsgeschehen; ZTHK 88/1991, 211–231

J. Fischer: Pluralismus, Wahrheit und die Krise der Dogmatik; ZTHK 91/1994, 487–539

J. Fischer: Schuld und Sühne. Über theologische, ethische und strafrechtliche Aspekte; ZEE 39/1995, 188–205

J. Fischer: Theologische Ethik und Christologie; ZTHK 92/1995, 481–516

J. Fischer: Aktive und passive Sterbehilfe; ZEE 40/1996, 110–127

J. Fischer: Über moralische und andere Gründe. Protestantische Einwürfe zu einer philosophischen Debatte; ZTHK 95/1998, 118–157

J. Fischer: Organtransplantation und Hirntodkriterium aus der Sicht eines protestantischen Theologen; Dialog der Religionen 8/1–1998, 22–32

J. Fischer: Evangelische Ethik und Kasuistik. Erwiderung auf Peter Wicks Beitrag; ZEE 53/2009, 46–58

J. Fischer: Ethik als rationale Begründung der Moral? ZEE 55/2011, 192–204

J. Fischer: Die Bedeutung der Bibel für die Theologische Ethik; ZEE 55/2011, 262–273

J. Fischer: Rezension zu W. Härle: Ethik; ZEE 55/2011, 305–310

J. Fischer: Das moralisch Richtige und das moralisch Gutes. Über zwei gegensätzliche Auffassungen von Moral; ZEE 61/2017, 9–25

R. Forst: Toleranz im Konflikt. Geschichte, Gehalt und Gegenwart eines umstrittenen Begriffs; Frankfurt 2003

Th. Freyer: Emmanuel Levinas' Vorstellung vom Gott-Menschen – eine Herausforderung für die Christologie? ThQ 179/1999

J. Habermas: Faktizität und Geltung. Beiträge zur Diskurstheorie des Rechts und des demokratischen Rechtsstaats; Frankfurt a. M. 1992

M. Heidegger: Sein und Zeit; Tübingen 1986[16]

M. Heidegger: Das Ereignis; Frankfurt 2009

G. Heinemann: Zenons Pfeil und die Begründung der epochalen Zeittheorie; in: H. Holzhey/A. Rust/R. Wiehl: Natur, Subjektivität, Gott. Natur, Subjektivität, Gott, 92–122

H. Holzhey/A. Rust/R. Wiehl: Natur, Subjektivität, Gott. Natur, Subjektivität, Gott. Zur Prozeßphilosophie Alfred N. Whiteheads; Frankfurt a.M 1990

L. Honnefelder: Natur als Handlungsprinzip. Die Relevanz der Natur für die Ethik; in: Ders. (Hg.): Natur als Gegenstand der Wissenschaften, 151–183

L. Honnefelder (Hg.): Natur als Gegenstand der Wissenschaften; Freiburg/München 1992

L. Honnefelder: Das Problem der Philosophischen Anthropologie: Die Frage nach der Einheit des Menschen; in: Ders. (Hg.): Die Einheit des Menschen: zur Grundfrage der philosophischen Anthropologie, 9–24

L. Honnefelder (Hg.): Die Einheit des Menschen: zur Grundfrage der philosophischen Anthropologie; Paderborn u. a. 1994

W. Huber: Zur „Systematischen Theologie" von Eilert Herms; ZEE 61/2017, 288–296

D. Hume: Dialoge über natürliche Religion. Über Selbstmord und Unsterblichkeit der Seele; Leipzig 1905³

R. Hursthouse: Tugendethik und der Umgang mit Tieren; in: F. Schmitz (Hg.): Tierethik, 321–348

E. Illouz: Warum Liebe weh tut. Eine soziologische Erklärung; Frankfurt 2012

H. Joas: Braucht der Mensch Religion? Über Erfahrungen der Selbsttranszendenz; Freiburg 2004²

E. Jüngel: Gottes Sein ist im Werden; Tübingen 1965

E. Jüngel: Das Verhältnis von „ökonomischer" und „immanenter" Trinität. Erwägungen über eine biblische Begründung der Trinitätslehre – im Anschluß an und in Auseinandersetzung mit Karl Rahners Lehre vom dreifachen Gott als transzendentem Urgrund der Heilsgeschichte; in: Ders.: Entsprechungen, 265–275

E. Jüngel: Entsprechungen: Gott – Wahrheit – Mensch. Theologische Erörterungen; München, Chr. Kaiser, 1986²

I. Kant: Kritik der reinen Vernunft

I. Kant: Kritik der praktischen Vernunft. Grundlegung zur Metaphysik der Sitten (Hg. W. Weischedel, Bd. VII); Frankfurt a. M. 1974

Immanuel Kant: Grundlegung zur Metaphysik der Sitten; Leipzig, Meiner, 1947³

A. Kenny: Wittgenstein; Frankfurt 1989⁴

S. Kierkegaard: Die Krankheit zum Tode (hg. v. L. Richter); o. O. 1962

U. H. J. Körtner: Rezension zu J. Fischer: Sittlichkeit und Rationalität. Zur Kritik der desengagierten Vernunft; Stuttgart 2010; ZEE 56/2012, 58–60

M. Luther: Sermon von den guten Werken, in: WA 6, 204–276

M. Luther: Die 95 Thesen (Dispitatio pro declaratione virtutis indulgentiarum); WA 1, 233–238

M. Luther: Vom unfreien Willen (hg. F. Gogarten); München 1924

Th. McCarthy: Ideale und Illusionen. Dekonstruktion und Rekonstruktion in der kritischen Theorie; Frankfurt 1993

L. Ohly: Sterbehilfe: Menschenwürde zwischen Himmel und Erde; Stuttgart 2002

L. Ohly: Wie heilt die Zeit Wunden? Zur Phänomenologie des Trauerns im fortgeschrittenen Stadium; Wege zum Menschen 56/2004, 134–150

L. Ohly: Der reale Andere und die Realität Gottes. Sartre und Levinas; NZSTh 48/2006, 184–199

L. Ohly: Kindertaufe und Kirchenzugehörigkeit. Bonhoeffers Mahnung; Theologische Zeitschrift 65/2009, 166–183

L. Ohly: Der dreieinige Gott zwischen Ich und Du. Eine Untersuchung von Dietrich Bonhoeffers „Sanctorum Communio"; Dietrich Bonhoeffer Jahrbuch 4/2009/10, 55–79

L. Ohly: Warum Menschen von Gott reden. Modelle der Gotteserfahrung; Stuttgart 2011

L. Ohly: was Jesus mit uns verbindet. Eine Christologie; Leipzig 2013

L. Ohly: Gestörter Frieden mit den Religionen. Vorlesungen über Toleranz; Frankfurt 2013

L. Ohly: „Playing God". Zur virtuellen Dimension einer bioethischen Metapher; in: Ders.: (Hg.): Virtuelle Bioethik, 75–99

L. Ohly (Hg.): Virtuelle Bioethik. Ein reales Problem? Frankfurt, Peter Lang, 2014

L. Ohly: Rezension zu J. Hübner: Ethik der Freiheit; ZEE 58/2014, 64–66

L. Ohly: Anwesenheit und Anerkennung. Eine Theologie des Heiligen Geistes; Göttingen 2015

L. Ohly: Schöpfungstheologie und Schöpfungsethik im biotechnologischen Zeitalter; Berlin 2015

L. Ohly: „Geistliche" Prüfung. Vorschlag zur Ethik Johannes Fischers; ZEE 59/2015, 42–48

L. Ohly: Liebe der Intimität. Vorlesungen über Liebe und Freundschaft; Leipzig 2016

L. Ohly: Methodische Vollständigkeit der Ethik. Hermann Deuser zum 70. Geburtstag; ETHICA 24/2016, 41–63

L. Ohly: Rezension zu K. Demmer: Selbstaufklärung theologischer Ethik. ThLZ 141/2016, 108–110

L. Ohly: Evolution und Basisvertrauen. Eine phänomenologische Relecture der Kategorienlehre in der Theologie Hermann Deusers; in: H. Schulz/M. Kleinert (Hg.): Natur, Religion, Wissenschaft, 131–148

L. Ohly/C. Wellhöfer: Ethik im Cyberspace; Frankfurt 2017

Ch. S. Peirce: Semiotische Schriften Bd. 1; Frankfurt 1986

Ch. S. Peirce: Semiotische Schriften Bd. 3; Frankfurt 1993

Ch. S. Peirce: Vorlesungen über Pragmatismus (Hg. E. Walther); Hamburg 1991

Ch. S. Peirce: Religionsphilosophische Schriften (hg. H. Deuser); Hamburg 1995

D. Plüss: Das Messianische – Judentum und Philosophie im Werk Emmanuel Lévinas'; Stuttgart/Berlin/Köln 2001

G.M. Prüller-Jagenteufel: Befreit zur Verantwortung. Sünde und Versöhnung in der Ethik Dietrich Bonhoeffers; Münster 2004

K. Rahner/H. Vorgrimler: Offenbarung; in: Dies.: Kleines theologisches Wörterbuch; Freiburg 1967[6]

J. Rawls: Eine Theorie der Gerechtigkeit; Frankfurt a. M. 1994[8]

J. Rawls: Gerechtigkeit als Fairness: politisch und nicht metaphysisch; in: Ders.: Die Idee des politischen Liberalismus, 255–293

J. Rawls: Die Idee des politischen Liberalismus. Aufsätze 1978–1989; Frankfurt 1994

J.-P. Sartre: Das Sein und das Nichts. Versuch einer phänomenologischen Ontologie, Reinbek bei Hamburg 2003[9]

F. Schleiermacher: Ethik (1812/13) mit späteren Fassungen der Einleitung, Güterlehre und Pflichtenlehre (Hg. H.-J. Birkner); Hamburg 1990[2]

F. Schmitz (Hg.): Tierethik. Grundlagentexte; Berlin 2014

H. Schmitz: Der unerschöpfliche Gegenstand. Grundzüge der Philosophie; Bonn 1995[2]

H. Schmitz: Der Leib, der Raum und die Gefühle; Ostfildern 1998

H. Schulz/M. Kleinert (Hg.): Natur, Religion, Wissenschaft. Philosophisch-theologische Vermittlungen mit Rücksicht auf Hermann Deuser; Tübingen 2017

P. Singer: Praktische Ethik; Stuttgart 1994[2]

J. v. Soosten: Die Sozialität der Kirche. Theologie und Theorie der Kirche in Dietrich Bonhoeffers „Sanctorum Communio"; München 1992

K. Tanner: Der lange Schatten des Naturrechts. Eine fundamentalethische Untersuchung; Stuttgart, Berlin, Köln 1993

P. Tillich: Systematische Theologie Bd. I; Berlin/New York 1987[8]

G. Thomas: Die Gegenwart des Unverfügbaren. Konturen und Entwicklungen der Denkform ‚Person' bei Dietrich Bonhoeffer; EvTh 60/2000, 296–313

B. Waldenfels: Das leibliche Selbst. Vorlesungen zur Phänomenologie des Leibes; Frankfurt 2000

L. Wittgenstein: Philosophische Untersuchungen

L. Wittgenstein: Zettel

U. Zelinka: Normativität der Natur – Natur der Normativität. Eine interdisziplinäre Studie zur Frage der Genese und Funktion. von Normen; Freiburg i. Ue./Freiburg i.Br. 1994

P. Zimmerling. Bonhoeffer als Praktischer Theologe, Göttingen 2006

Theologisch-Philosophische Beiträge zu Gegenwartsfragen

Herausgegeben von Susanne Dungs, Uwe Gerber,
Lukas Ohly, Gerhard Schreiber und Andreas Wagner

Band 1   Walter Bechinger / Uwe Gerber / Peter Höhmann (Hrsg.): Stadtkultur leben. 1997.

Band 2   Elisabeth Hartlieb: Natur als Schöpfung. Studien zum Verhältnis von Naturbegriff und Schöpfungsverständis bei Günter Altner, Sigurd M. Daecke, Hermann Dembowski und Christian Link. 1996.

Band 3   Uwe Gerber (Hrsg.): Religiosität in der Postmoderne. 1998.

Band 4   Georg Hofmeister: Ethikrelevantes Natur- und Schöpfungsverständnis. Umweltpolitische Herausforderungen. Naturwissenschaftlich-philosophische Grundlagen. Schöpfungstheologische Perspektiven. Fallbeispiel: Grüne Gentechnik. Mit einem Geleitwort von Günter Altner. 2000.

Band 5   Stephan Degen-Ballmer: Gott – Mensch – Welt. Eine Untersuchung über mögliche holistische Denkmodelle in der Prozesstheologie und der ostkirchlich-orthodoxen Theologie als Beitrag für ein ethikrelevantes Natur- und Schöpfungsverständnis. Mit einem Geleitwort von Günter Altner. 2001.

Band 6   Katrin Platzer: *symbolica venatio* und *scientia aenigmatica*. Eine Strukturanalyse der Symbolsprache bei Nikolaus von Kues. 2001.

Band 7   Uwe Gerber / Peter Höhmann / Reiner Jungnitsch: Religion und Religionsunterricht. Eine Untersuchung zur Religiosität Jugendlicher an berufsbildenden Schulen. 2002.

Band 8   Walter Bechinger / Susanne Dungs / Uwe Gerber (Hrsg.): Umstrittenes Gewissen. 2002.

Band 9   Susanne Dungs / Uwe Gerber (Hrsg.): Der Mensch im virtuellen Zeitalter. Wissensschöpfer oder Informationsnull. 2004.

Band 10 Uwe Gerber / Hubert Meisinger (Hrsg.): Das Gen als Maß aller Menschen? Menschenbilder im Zeitalter der Gene. 2004.

Band 11 Hubert Meisinger / Jan C. Schmidt (Hrsg.): Physik, Kosmologie und Spiritualität. Dimensionen des Dialogs zwischen Naturwissenschaft und Religion. 2006.

Band 12 Lukas Ohly: Problems of Bioethics. 2012

Band 13 Lukas Ohly: Gestörter Friede mit den Religionen. Vorlesungen über Toleranz. 2013.

Band 14 Uwe Gerber: Gottlos von Gott reden. Gedanken für ein menschliches Christentum. 2013.

Band 15 Uwe Gerber: Fundamentalismen in Europa. Streit um die Deutungshoheit in Religion, Politik, Ökonomie und Medien. 2015.

Band 16 Lukas Ohly (Hrsg.): Virtuelle Bioethik. Ein reales Problem? 2015.

Band 17 Lukas Ohly / Catharina Wellhöfer: Ethik im Cyberspace. 2017.

Band 18 Lukas Ohly: Theologie als Wissenschaft. Eine Fundamentaltheologie aus phänomenologischer Leitperspektive. 2017.

Band 19 Lukas Ohly: Neue Grundlegungen der Theologischen Ethik bis zur Gegenwart. 2018.

www.peterlang.de

www.ingramcontent.com/pod-product-compliance
Lightning Source LLC
LaVergne TN
LVHW042246070526
838201LV00089B/50